Reshad Feild

Die letzte Schranke

Reshad Feild

Die letzte Schranke

Ich ging den Weg des Derwischs

Autobiografische Trilogie
Erster Teil

Aus dem Englischen von
Robert Cathomas

Chalice Verlag

Die englische Originalausgabe erschien
1976 bei Harper & Row, New York, NY, USA
unter dem Titel *The Last Barrier*

Die deutsche Erstausgabe erschien
1977 im Eugen Diederichs Verlag, Düsseldorf / Köln
unter dem Titel *Der Weg des Derwisch*

Deutsche Neuausgabe

Buchgestaltung: Robert Cathomas
Herstellung: Books on Demand GmbH
Printed in Germany

ISBN 978-3-942914-11-6

Ich widme dieses Buch all denen,
die nach dem Weg suchen, und dem Mann,
der mich damit in Verbindung brachte
und den ich hier »Hamid« nenne

Inhalt

Komm, komm, wer immer du bist,
Wanderer, Götzenanbeter,
du, der du den Abschied liebst,
es spielt keine Rolle.
Dies ist keine Karawane der Verzweiflung.
Komm, auch wenn du deinen Schwur
tausendfach gebrochen hast.
Komm, komm, noch einmal, komm!

Mevlana Jalaluddin Rumi

Wer auch immer gehört hat von mir,
lasst ihn sich vorbereiten auf mich.
Wer auch immer sich sehnt nach mir,
lasst ihn suchen mich.
Und wenn er gelangt zu mir,
lasst ihn keinen anderen wählen als ich.

Shams-i Tabriz

Wer nicht weiß und nicht weiß, dass er nicht weiß,
ist ein Dummkopf – meide ihn.
Wer nicht weiß und weiß, dass er nicht weiß,
ist ein Kind – unterrichte ihn.
Wer weiß und nicht weiß, dass er weiß,
schläft – wecke ihn.
Wer aber weiß und weiß, dass er weiß,
ist ein Weiser – folge ihm.

Sprichwort

Eins

AN EINEM HERBSTTAG, ALS ICH WIEDER EINMAL DIE ANTIQUITätengeschäfte in London abklapperte, kam ich an einem Laden vorbei, der mir neu war. Als Antiquitätenhändler durchstöberte ich fast täglich ein paar Geschäfte auf der Suche nach besonderen Stücken, die ich günstig erwerben und später zu einem höheren Preis wieder verkaufen konnte. An diesem Tag zog mich irgendetwas in diesen kleinen Laden, der versteckt in einer Seitenstraße lag und eine Auswahl von Antiquitäten anbot, von denen die meisten aus dem Mittleren Osten stammten. Drinnen war es ziemlich dunkel und es roch nach Räucherstäbchen. Kaum war ich eingetreten, fiel mir die kraftvolle Ausstrahlung des Mannes auf, der vortrat, mich zu begrüßen. Was mich zuerst beeindruckte, war seine Größe. Er war bestimmt über ein Meter achtzig, von mächtiger Statur und hatte, soweit ich mich erinnern kann, einen blauen Anzug an. Er trug einen Schnurrbart und eine Brille und schien in seinen frühen Fünfzigern zu sein.

»Kann ich Ihnen helfen?«, fragte er.

»Ich möchte mich nur etwas umschauen, wenn Sie erlauben«, sagte ich und wurde nun deutlich der enormen Präsenz oder Kraft gewahr, die den ganzen Laden auszufüllen schien.

Er lächelte und sagte: »Ich vermute, Sie sind selbst Händler, also ignorieren Sie die Preisschilder. Nehmen Sie sich Zeit.« Er sprach mit einem leichten Akzent und rauchte eine türkische Zigarette in einer langen Spitze.

An die genaue Abfolge der weiteren Ereignisse erinnere ich mich nur undeutlich. Ganz sicher aber weiß ich, dass ein tiefer Instinkt mich davon überzeugte, dieser Mann wisse etwas über ein Thema, das mich seit vielen Jahren faszinierte. Seit mich ein Heiler einige Zeit zuvor von einer schweren Krankheit befreit und ich entdeckt hatte, dass auch ich die Gabe des Heilens besaß, widmete ich neben meiner Tätigkeit als Antiquitätenhändler meine ganze Freizeit der Behandlung von Menschen, die von den Schulmedizinern mit der Begründung aufgegeben worden waren, ihre Leiden seien entweder nur psychosomatisch oder aber unheilbar, so dass die

Wissenschaft nichts mehr für sie tun könne. Während ich spezielle Systeme des Heilens praktizierte, versuchte ich unablässig, mehr Wissen über dieses Thema in Erfahrung zu bringen. Im Verlaufe meiner Studien hatte ich viel über die Derwische aus dem Mittleren Osten gelesen, über jene außerordentlichen Menschen also, die ihr Leben vollkommen Gott hingegeben hatten und denen man aus diesem Grund viele Wunderkräfte nachsagte. Je mehr ich über sie erfuhr, desto stärker wuchs mein Interesse. Das Studium »des Weges«, dem die Derwische und die anderen Sufis folgen, wurde in meinem Leben fast zu einer Besessenheit, und doch hatte ich bis zu diesem Tag niemanden getroffen, der aus eigener Erfahrung irgendetwas über die von ihnen angewandten Heilverfahren oder ihre verschiedenen spirituellen Praktiken wusste. Aber hier, in diesem kleinen Antiquitätengeschäft, war ich plötzlich sicher, einen Schlüssel gefunden zu haben, der vielleicht eine Tür zu einigen ihrer Geheimnisse aufschließen konnte. Ich atmete tief durch und wandte mich an den Ladenbesitzer.

»Sie mögen mich vielleicht für etwas seltsam halten«, begann ich, »und bitte verzeihen Sie mir, falls ich die falsche Frage stelle, aber wissen Sie etwas über die Derwische im Mittleren Osten?«

Auf einmal schien sich die Atmosphäre im Laden zu verändern. Der Mann war sichtlich überrascht, gewann jedoch schnell seine Fassung zurück und drückte die Zigarette in einem Aschenbecher aus, der vor ihm auf dem Tisch stand. Nach einem endlos erscheinenden Moment blickte er mich an.

»Was für eine außergewöhnliche Frage«, sagte er. »Warum wollen Sie das wissen?«

»Ich kann nur sagen, dass eine Art Eingebung mich dazu veranlasst«, erwiderte ich. »Seit langem studiere ich Bücher über diese Wege und suche jemanden, der sie aus erster Hand kennt. Aus irgendeinem Grund dachte ich soeben, dass Sie vielleicht aus dem Mittleren Osten stammen und etwas über diese Dinge wüssten.«

»Und wie kommen Sie darauf?«, fragte er misstrauisch.

Jetzt, nachdem ich die Frage gestellt hatte, begann ich mich ziemlich unwohl zu fühlen und wünschte, ich hätte das Thema gar nicht erst zur Sprache gebracht. Es war eine wirklich eigenartige Situation. Da stand ich, ein vierunddreißigjähriger englischer Antiquitätenhändler, und befragte diesen imposanten Mann, dem ich noch nie zuvor begegnet war, zu einem Thema, das, vorsichtig ausgedrückt, doch ziemlich esoterisch war.

»Bitte verzeihen Sie«, stammelte ich. »Sie müssen denken, ich hätte sehr schlechte Manieren.«

»Ganz und gar nicht«, antwortete er mit einem Lächeln. »Nichts geschieht je durch Zufall, nicht wahr? Seltsamerweise bin ich tatsächlich selbst sehr an den Derwischen interessiert.« Über seine Brille hinweg warf er mir einen bohrenden Blick zu. »Ich will den Laden sowieso gleich schließen und habe noch etwas Zeit. Warum gehen wir beide nicht einfach einen Kaffee trinken? Dann können wir uns ein wenig über diese Dinge unterhalten.«

Ich erinnere mich nicht mehr daran, wie wir das Geschäft verließen oder die Straße hinuntergingen, um ein Café zu finden. Die ganze Sache übte eine eigenartige Wirkung auf mich aus. Ohne einen Grund, den ich damals hätte verstehen können, spürte ich eine tiefe Angst, fast so als beträte ich gerade eine mir vollkommen unbekannte Welt. Und obwohl ein Teil von mir wünschte, ich wäre sonst wo, war da auch etwas anderes, das mich in dieser Situation ausharren ließ, die schließlich den gesamten Verlauf meines Lebens ändern sollte.

Nachdem wir uns gesetzt und Kaffee bestellt hatten, erzählte er mir, sein Name sei Hamid, er komme ursprünglich aus der Türkei und lebe seit ungefähr zweieinhalb Jahren in England. Das Thema, das mich so faszinierte, umging er, aber ich erfuhr doch einiges über die Derwische in der Türkei. Er erzählte mir, Atatürk, der erste Präsident des Landes, habe ihre Orden verboten, weil ihr Einfluss, der bis in die Politik hineinreichte, zu groß geworden war. Und Hamid deutete auch an, dass es in der Türkei noch immer Menschen gebe, die ihre Wege kannten. Tatsächlich aber wurde unsere anfänglich leichte Konversation mehr und mehr zu einer Art Befragung. Ich hatte den Eindruck, ausgiebig analysiert zu werden, und dabei fühlte ich mich immer unbehaglicher.

»Ich bin sehr neugierig zu erfahren, wie Ihr Interesse an diesen Dingen geweckt wurde«, sagte er schließlich, als wir aufstanden und das Café verließen. »Haben Sie Lust, mich morgen Abend in meiner Wohnung zu besuchen und mit mir zu essen? Dann können wir unsere Unterhaltung fortsetzen. Haben Sie bestimmte Vorlieben, was das Essen betrifft?«

Halb um Entschuldigung bittend, erklärte ich, dass ich seit einigen Jahren Vegetarier sei, ihm damit aber keine Umstände bereiten wolle. »Wunderbar«, sagte er, »da haben wir noch eine weitere Übereinstimmung. Ich habe nämlich gerade ein Buch über vegetarische Gerichte aus dem Mittleren Osten geschrieben. Also werde ich für Sie etwas Besonderes kochen. Kommen Sie morgen Abend um halb acht bei mir vorbei.«

Damit drehte er sich um und verschwand in der Menge. Ich stand noch einen Augenblick da und sah ihm nach. Dann kehrte ich in meine Wohnung zurück, in der ich alleine lebte, seit meine Frau und ich uns vor einiger Zeit getrennt hatten. Ich glaube nicht, dass ich in jener Nacht mehr als ein paar wenige Stunden schlief. Rastlos versuchten meine Gedanken, all das einzuordnen, was an diesem Tag vorgefallen war.

Während des nächsten Jahres verbrachte ich mit Hamid so viel Zeit wie möglich. Stundenlang saßen wir in seinem Laden beisammen, und er führte mich Schritt für Schritt und sehr vorsichtig in den Weg der Sufis ein, die dem mystischen Pfad des Islams folgen. Ich wurde sein Schüler und nahm begeistert so viel an Informationen auf, wie ich nur konnte. Doch aus irgendeinem Grund, den ich nicht verstand, sprach er nie über jenen besonderen Gegenstand, der mich am meisten faszinierte, nämlich die Heilkunst. Wenn ich ihn danach fragte, umging er das Thema und sagte, er sei sich sicher, dass ich über sensitive Kräfte verfüge und daher rechtzeitig spüren würde, was zu tun sei. Das müsse für den Moment genügen. »Bleib auf dem geraden Weg«, sagte er jeweils. »Komm nicht von ihm ab. Hinterfrage stets dein Motiv, diesen Dingen nachzugehen. Es ist eine gefährliche Suche, und es ist unabdingbar, dass du ein gutes Fundament an wirklichem Wissen hast; ansonsten könntest du den Boden unter den Füßen verlieren.«

Etwa einmal die Woche besuchte ich Hamid in seiner Wohnung, um mit ihm zu essen. Wenn er bei meinem Eintreffen noch beim Zubereiten war, bestand er darauf, dass ich schweigend dasaß, bis er fertig war. Er arbeitete stets derart konzentriert und ordnete die Speisen so perfekt an, dass jede Mahlzeit die allerwichtigste zu sein schien, die er je gekocht hatte. Lange Zeit hatte er mich nicht gefragt, weshalb ich Vegetarier sei. Aber eines Tages, als er gerade Salat zurechtmachte, schaute er auf und fragte: »Warum isst du kein Fleisch?« Ich setzte zu einem längeren Vortrag an über die Vorzüge des Vegetarismus und seinen Zusammenhang mit dem spirituellen Leben, bis er mich kurzerhand unterbrach. »Gut«, sagte er. »Aber ich bin kein Vegetarier. Und weißt du, weshalb nicht?«

Ich schüttelte den Kopf.

Er lächelte. »Ich bin kein Vegetarier, weil ich weiß, dass Gott vollkommen ist und dass darum alles im Universum seinen richtigen Platz hat. Das ist keine Kritik an dir«, fügte er hinzu, »aber je weiter du auf dem Pfad vorankommst, desto mehr musst du fähig werden, alles umzuwandeln, was dir begegnet. Eines Tages werden wir eingehender darüber sprechen.«

Das Jahr verging schnell. Unsere Beziehung vertiefte sich und bald schon besuchte Hamid all die verschiedenen Vorträge, die ich zu jener Zeit hielt. Meistens sprach ich über das Heilen und das, was man den »feinstofflichen Körper« des Menschen nennt, der von jenen, die ihre sensitiven Fähigkeiten genügend entwickelt haben, gesehen oder gespürt werden kann. Damals wurde die Welt sich der Möglichkeit neuer Lebensweisen gerade erst bewusst, und die Diskussion solcher Themen zog viele, vor allem jüngere Menschen an. Neben meinen Vorträgen und Wochenend-Workshops leitete ich eine mittlerweile stark angewachsene Gruppe, in der wir verschiedene Meditationsformen aus dem Osten und dem Westen studierten, die sich auch in der Psychotherapie anwenden ließen. Hamid nahm an diesen Gruppentreffen teil, und zwar immer auf dieselbe Weise. Er traf erst ein, unmittelbar bevor ich begann, und ging wieder kurz vor dem Ende, so dass niemand groß von ihm Notiz nahm. Über unsere Beziehung verlangte er von mir ein vorläufiges Stillschweigen. Am jeweils darauffolgenden Tag ging er mit mir die Ereignisse des vorangegangenen Abends im Detail durch. Obwohl er behauptet hatte, er wisse nichts über das Heilen, wurde aus seinen Bemerkungen zunehmend deutlich, dass er weit mehr davon verstand, als er zuzugeben bereit war.

Dann geschah etwas, dass das Wesen unserer Beziehung veränderte. Eines Tages erhielt ich einen Brief von einem alten Klassenkameraden, der anfragte, ob ich einem engen Freund von ihm helfen könne. Dieser Mann und seine Frau hatten während mehrerer Jahre unter schwerwiegenden Problemen gelitten. Die Frau war längere Zeit im Krankenhaus gewesen und hatte ihn schließlich verlassen. Seitdem hatte er heftige Depressionsschübe bis hin zu Selbstmordgedanken; häufig schloss er sich tagelang in seinem Zimmer ein. Weder sein Arzt noch Heilkundige unterschiedlichster Richtungen, die er konsultiert hatte, konnten ihm helfen.

Einem derartigen Fall war ich bisher noch nie begegnet. Als ich an jenem Abend bei Hamid zum Essen war, erzählte ich ihm davon und zeigte ihm auch den Brief. Zu meiner Überraschung war er sehr daran interessiert und sagte, er würde den kranken Mann gerne treffen.

»Kann ich dich begleiten?«, fragte er.

»Sicher«, entgegnete ich, »aber ich habe keine Ahnung, was ich tun werde.«

»Wenn du willst, werde ich dir helfen«, sagte er und schenkte uns Kaffee ein.

»Du wirst was?«, fragte ich überrascht.

Er lächelte und meinte: »Ich sagte, ich werde dir helfen, wenn du das willst. Ich weiß tatsächlich ein bisschen was von diesen Dingen, aber bisher war es noch nicht der richtige Moment, mit dir darüber zu sprechen.«

»Warum hast du mir die ganze Zeit hindurch nicht gesagt, dass du etwas vom Heilen verstehst?«, fragte ich verblüfft.

»Du bist alleine ganz gut zurechtgekommen. Es bestand also kein Anlass, und außerdem interessierte es mich, wie dein Verstand funktioniert. Wenn du also willst, treffen wir uns hier übermorgen um elf Uhr vormittags. Ich werde den Laden an dem Tag geschlossen lassen, und vielleicht kannst auch du dir frei nehmen. Heute Abend solltest du dem Mann Bescheid geben, dass wir kommen werden und dass er sich ein frisches, weißes Ei kaufen soll.«

»Ich verstehe nicht ganz, Hamid. *Was* soll er tun?«

»Er soll ein gutes, weißes Ei kaufen und er muss es, bevor wir ihn treffen, vierundzwanzig Stunden lang ununterbrochen bei sich tragen. Er soll es so oft wie möglich in der Hand halten und nachts neben sich auf ein Tischchen legen, möglichst nahe bei seinem Kopf, ohne dass es Gefahr läuft zu zerbrechen. Ist das klar? Keine Sorge, wir werden ihm nichts tun! Nun geh und ruf ihn an. Du kannst gleich von hier aus telefonieren, wenn du willst.«

Ich fragte mich, was der Mann am anderen Ende der Leitung wohl dazu sagen würde, aber zu meiner Überraschung reagierte er überhaupt nicht verwundert auf meine Anweisungen. Er sagte einfach, dass er das Ei morgen besorgen werde und sich darauf freue, uns zu sehen. Zudem sagte er, es sei ihm seit langem nicht mehr so gut gegangen wie in diesem Moment.

Als ich zwei Tage später in seiner Wohnung eintraf, trug Hamid seinen besten Anzug und sein Haar war noch feucht von der Dusche. Er drückte mir eine leere Papiertüte in die Hand, die ich für ihn bereithalten solle.

»Wozu brauchst du die?«, fragte ich.

»Für das Ei«, antwortete er. »Wir werden es mitnehmen, wenn wir wieder gehen.«

»Willst du mir nicht verraten, was du damit vorhast?«, fragte ich.

»Wart's ab, du wirst es schon sehen«, sagte er und stieg in den Wagen. Schweigend fuhren wir durch den Hyde Park in Richtung Hampstead, wo der Mann wohnte. Wir hatten gerade Kensington Gardens hinter uns gelassen und fuhren durch Londons Zentrum, als mir die Vorstellung, dass dieser Mann jetzt dasaß und mit einem Ei in der Hand auf uns wartete, derart unwirklich erschien, dass ich lachen musste.

»Was ist denn so komisch?«, fragte Hamid, »willst du etwa nicht, dass es diesem Mann wieder besser geht?«

»Doch, natürlich«, erwiderte ich.

»Dann sei gefälligst ernst, um Himmels willen. Wir haben da eine sehr schwierige Aufgabe.«

Den Rest der Strecke legten wir schweigend zurück. Unser Ziel stellte sich als kleines, aber schönes Haus im Regency-Stil heraus, das im oberen Teil von Hampstead Hill in einer ruhigen Seitenstraße lag. Hamid war in einer eigenartigen Stimmung. Noch nie zuvor hatte ich ihn so erlebt. Seine Augen waren halb geschlossen und seine Lippen bewegten sich lautlos, so als spräche er mit sich selbst oder als ob er bete.

Kaum hatte ich angehalten, öffnete er die Tür und stieg aus. Bis ich den Wagen abgeschlossen und ihm hinterhergeeilt war, hatte er das Haus bereits betreten. Wir wurden von einem schlanken Mann begrüßt, der sich als Malcom vorstellte. Mit nervösen Gesten führte er uns ins Wohnzimmer und bot uns Tee an, den Hamid dankend annahm. Als er den Raum verlassen hatte, wandte sich Hamid an mich: »Also, wo ist es?«

Unweigerlich schaute ich mich um. »Wo ist was, Hamid?«

Plötzlich schien er verärgert zu sein: »Du bist es doch, der sensitive Kräfte besitzt, du solltest es wissen. Irgendetwas in diesem Haus ist ganz und gar nicht in Ordnung. Los, finde es.«

»Aber Hamid«, wandte ich ein, »ich kann ohne seine Erlaubnis nicht einfach im Haus herumschnüffeln.«

»Tu, was ich dir sage. Geh nach oben und finde heraus, was hier nicht stimmt.«

In dem Augenblick fühlte ich mich unbehaglicher bei der Vorstellung, Hamid nicht zu gehorchen, als ungebeten durch das

Haus zu gehen. Ich hatte keinen Schimmer, wonach ich suchen sollte, doch in Hamids Aufforderung lag so viel Nachdruck, dass ich oben an der Treppe stand, noch bevor ich Zeit hatte zu hinterfragen, was ich dort überhaupt tat. Im oberen Stockwerk stand ich vor vier geschlossenen Türen. Die ersten beiden führten in Schlafzimmer, die dritte in ein Bad. Aber der vierte Raum war anders. Es war ein Atelier. Das Einzige, was ich in der Dunkelheit ausmachen konnte, war ein großes Gemälde in der Mitte des Raumes. Ich schob die Vorhänge beiseite, und als ich mich umdrehte, bekam ich einen fürchterlichen Schreck. Das Gemälde auf der Staffelei war fast zwei Meter hoch, doch derart schmal, dass es sogar noch höher erschien. Das Bild stellte einen riesigen Totenschädel auf dem Rückgrat eines Pferdes dar, das sich aus einer bewegungslosen Wasserfläche erhob. Das Rückgrat schien beinahe durchsichtig, wie von einem matten Feuer verzehrt, und der Schädel war von einem gespenstischen, roten Glühen aus seinem Inneren durchdrungen. Bei näherer Betrachtung des Gemäldes fielen mir kleine Flämmchen auf, die zwischen den Rückenwirbeln und dem Kiefer hervorzüngelten. Die Stimmung des grauenhaft Bösen, die aus dem Bild sprach, war erdrückend. Ich schloss die Tür leise und ging schnell wieder nach unten. Der Tee war serviert, und die beiden unterhielten sich.

»Hast du die Toilette gefunden?«, fragte mich Hamid.

»Ja«, sagte ich, ohne zu wissen, was ich sonst hätte antworten sollen. Hamid bat Malcom um etwas braunen Zucker für seinen Tee. Als dieser erneut in der Küche verschwunden war, fragte mich Hamid: »Nun, was ist es?«

Ich erzählte es ihm so genau wie möglich. Er schien zufrieden zu sein, beinahe erleichtert. »Danke«, sagte er. »Jetzt können wir weitermachen.«

Als Malcom mit dem Zucker zurückkam, verlor Hamid keine Zeit: »Haben Sie das Ei, das mein Freund Sie gebeten hatte zu besorgen? Bitte geben Sie es mir.«

Malcom kramte das Ei vorsichtig aus seiner Jackentasche hervor und reichte es Hamid. Der wog es einen Moment behutsam in seiner Hand. Dann bat er um einen Stift und begann, das Ei rundherum mit arabischer Schrift zu bekritzeln. Derweil wurde kein einziges Wort gesprochen. Nachdem die Schale vollständig beschriftet war, wandte sich Hamid mit einem strengen Gesichtsausdruck an Malcom.

»Sie haben einen sehr schweren Fehler gemacht«, fing er an. »Durch den Missbrauch von sexueller Energie haben Sie sich selbst großem Unheil ausgesetzt. Mir wurde gesagt, dies sei das dritte Mal, dass Sie um Hilfe gebeten haben. Ist das korrekt?«

»Was meinen Sie damit?«

»Ich meine damit, dass Sie bereits zweimal jene aufgesucht haben, die über diese Dinge Bescheid wissen, aber Sie haben deren Anweisungen nicht befolgt, und deshalb geht es Ihnen nicht besser. Ist das nicht so?«

Sehr beschämt erklärte Malcom, es sei tatsächlich wahr, dass er schon zwei Heiler aufgesucht habe, doch diese hätten ihm aufgetragen, bestimmte Dinge zu tun, wozu er sich nicht imstande fühlte.

»Was taten sie, um Ihnen zu helfen?«, fragte Hamid.

»Sie gaben mir vor allem spezielle Kräuter und Tees«, entgegnete er.

»Aber haben sie Ihnen nicht verboten, während vierzig Tagen rotes Fleisch zu essen, und haben sie nicht gesagt, dass Sie in dieser Zeit die Finger vom Alkohol lassen müssen?«

Malcom blickte störrisch und verwirrt. »Woher wissen Sie das?«, fragte er.

»Das zeigt das Ei«, erwiderte Hamid. »Alles Wissenswerte liegt im Ei, nicht wahr? Da Sie nun also um Hilfe gebeten haben: Werden Sie meine Behandlung vorbehaltlos akzeptieren?«

Malcom nickte. »Dann holen Sie jetzt bitte ein Handtuch und legen Sie es sich um die Schultern«, sagte Hamid. »Ich werde dieses Ei auf Ihrer Stirn zerbrechen.«

Schlagartig wurde es still. Weder Malcom noch ich rührten uns einige Augenblicke lang, worauf Hamid ihn noch einmal anwies, ein Handtuch zu holen. Als er zurückkehrte, sah Malcolm elend aus und irgendwie kleiner als zuvor. Die Atmosphäre war so angespannt, dass sogar Hamid leicht zitterte und sich auf seiner Stirn kleine Schweißperlen bildeten. »Bevor ich das tue«, sagte er, »müssen Sie versprechen, das Bild dort oben zu verbrennen, außerdem müssen Sie versprechen, vierzig Tage und vierzig Nächte lang kein Fleisch zu essen und keinen Alkohol zu trinken. Wenn Sie dieses Mal versagen, werden Sie keine weitere Chance erhalten. Haben Sie das verstanden?« Malcolm nickte betrübt. »Aber wieso muss ich das Bild verbrennen?«, fragte er. »Es ist das beste, das ich je gemacht habe.«

»Vielleicht ist es gut gemalt, aber es kommt nicht aus dem Guten. Mein Freund hat mir bereits davon erzählt. Bitte verzeihen Sie, ich habe ihn nach oben geschickt, um die Ursache dessen zu finden, was ich in diesem Haus fühlen konnte.«

Hamid erhob sich. Ich konnte sehen, wie sich Malcolm, seinen Kopf auf Höhe von Hamids linkem Ellbogen, mit geschlossenen Augen leicht nach vorne beugte. Für einen Moment wünschte ich, ich hätte mich nie auf Hamid eingelassen. Dann tat Hamid zwei Schritte nach vorn, hob seine Hand, die das Ei hielt, und zerbrach es mit einer kräftigen Bewegung auf Malcoms Stirn, so dass das Ei genau über seinen Augenbrauen zerplatzte. Es schien förmlich zu explodieren. Dotter und Eiweiß spritzten von seiner Nase ab und landeten als schmutzig-gelbe Masse in seinem Schoß.

»Reich mir bitte die Papiertüte«, befahl Hamid.

Er nahm sie in seine linke Hand und beförderte die Pampe hinein. Dann untersuchte er Malcolm auf Überbleibsel der Eierschale und gab mir die Tüte zurück. Schließlich nahm er Malcom das Handtuch von den Schultern und wischte damit dessen Gesicht sehr sanft und sorgfältig ab.

»Gut«, sagte er, »das war's. Es tut mir leid, dass Ihr Anzug etwas abbekommen hat, aber die Reinigung wird das wieder hinkriegen. Öffnen Sie jetzt Ihre Augen.«

Hamid lächelte. Die Stimmung im Zimmer hatte sich vollkommen verändert. Eine frische Leichtigkeit lag in der Luft, und ich bemerkte die Sonne, die durch das Fenster auf das Sofa schien, auf dem wir gesessen hatten.

»Denken Sie daran, tun Sie, was ich Ihnen gesagt habe, denn Sie werden keine weitere Chance erhalten. Komm«, sagte er zu mir. »Nimm die Tüte mit. Wir müssen gehen.«

Er ließ mich in den Süden Londons fahren, dorthin, wo die Themse durch die Innenstadt fließt. Er war in sehr heiterer Stimmung und erzählte Anekdoten aus seinen frühen Tagen in der Türkei, so als wäre nichts geschehen. Schließlich bat ich ihn um eine Erklärung.

»Es gibt nichts zu erklären«, sagte er. »Für dich ist es noch zu früh, von diesen Dingen zu erfahren. Aber eines Tages können wir vielleicht etwas ausführlicher darüber reden, wenn du willst.«

»Aber das Ei schien regelrecht zu explodieren«, sagte ich, »und dann landeten Dotter und Eiweiß genau an dieser einen Stelle. Das ist nicht logisch.«

Hamid lachte laut heraus: »Ich habe dir doch gesagt, das Ei werde alle Geheimnisse enthalten, die wir erfahren wollten.«

Damit konnte ich mich nicht zufriedengeben. Ich war Zeuge einer unglaublich kraftvollen Szene gewesen, die für mich aber einfach keinen Sinn ergab. Seit über fünf Jahren arbeitete ich als professioneller Heiler, aber ich hatte noch nie etwas von derartiger Tiefe und Stärke gesehen, wie das, was Hamid heute getan hatte. Es unterschied sich nicht nur graduell, sondern grundsätzlich. Schließlich fragte ich ihn: »Ist der Mann nun wirklich geheilt? Wird er seine Gesundheit wiederlangen?«

Hamid sah mich ernst an. »Das hängt ganz allein von ihm ab«, sagte er. »Wir haben ihm alles gegeben, was er braucht, um vollständig gesund zu werden, aber wir können ihn nicht zwingen, es anzunehmen. Alles, was wir jetzt noch tun können, ist beten.«

Wir parkten den Wagen am Ufer der Themse. Hamid eilte über den Bürgersteig, und ich folgte ihm, so schnell ich konnte. Er hielt die Papiertüte in seiner Hand, und als er sie hinaus ins Wasser warf, hätte jeder, der vorbeiging, geglaubt, er füttere die Möwen. Schweigend schaute er zu, wie die Tüte im schmutzigen Wasser versank. Dann gingen wir zurück zum Wagen.

»Komm mit in meine Wohnung«, sagte er. »Wir haben noch nicht zu Mittag gegessen, und ich bin hungrig!«

Während des Essens gab er mir bestimmte Anweisungen, die ich ausführen solle, und erklärte mir genau, wie ich mit Malcom in den nächsten vierzig Tagen zu verfahren habe. Die Methode, die er angewandt hatte, weigerte er sich zu erklären, und auch weshalb er es für nötig gehalten hatte, ein Ei auf Malcoms Kopf zu zerschlagen, wollte er mir nicht erzählen. Das Ganze passte überhaupt nicht zu Hamid, der sonst über alles, was irgendwie nach Magie roch, die Stirn runzelte. Doch dann verblüffte er mich abermals.

»Morgen reise ich nach Istanbul ab. Ab Anfang Januar kannst du mich in Südanatolien finden. Wenn du in der richtigen Haltung und zur richtigen Zeit kommst, will ich dich empfangen. Doch du musst alleine kommen und alles, was vergangen ist, hinter dir lassen. Wenn du dem Weg folgen willst, musst du alles zurücklassen. Es darf keine losen Enden geben, keine schmutzige Wäsche im Schrank, keine unbezahlten Rechnungen. Nichts darf dich daran hindern, mit offenen Händen zu kommen. Bisher war all unsere gemeinsame Arbeit nichts weiter als eine Vorbereitung auf diesen Moment. Nun liegt es an dir, den nächsten Schritt zu tun; es ist ein Schritt ins vollkommen Unbekannte.«

Dann lächelte er mich an und legte seine Hand auf meinen Arm. »Es ist wahr, dass ich etwas über die Derwische weiß. Du musst mir verzeihen, aber die Dinge, denen wir vielleicht eines Tages gemeinsam auf den Grund gehen werden, sind nicht für jedermann bestimmt, und ich musste vollkommen sicher gehen, dass du wirklich von deinem Herzen aus, und nicht nur vom Kopf her, wissen willst. Aber ich denke, ein bisschen hast du bereits davon mitbekommen. Ist es nicht so?«

Er gab mir eine Ansichtskarte: »Schau dir dieses Bild gut an. So Gott will, wirst du diesen Ort eines Tages besuchen. Dann wirst du wissen, dass deine wahre Reise begonnen hat.«

Die Fotografie auf der Karte zeigte, so schien es mir, das Innere einer mächtigen Grabkammer. Im Vordergrund bedeckte ein wunderschönes goldenes Tuch vermutlich einen Sarg, auf dessen Kopfende ein großer blauer Turban lag. Lichtstrahlen durchfluteten den Raum und spiegelten sich an den farbigen Wänden der Kammer und an deren roten, schwarzen und grünen Kacheln, in die goldglänzende Schriftzeichen eingearbeitet waren. Auf die Rückseite der Karte hatte Hamid seine Adresse geschrieben: »c/o Postfach 18, Side, Anatolien, Türkei.«

Wir verbrachten auch den Rest des Nachmittags zusammen. Erst jetzt wurde mir bewusst, wie sehr er und die Zeiten des gemeinsamen Studiums mir mittlerweile ans Herz gewachsen waren. Der Gedanke an sein Fortgehen ließ ein Gefühl des Verlusts in mir aufsteigen; doch gleichzeitig wusste ich, dass es jahrelange, weitreichende Konsequenzen für mich haben würde, sollte ich Hamid wirklich folgen. Bevor ich ging, umarmten wir uns; tief bewegt verließ ich das Haus. Es war ein kühler Tag im November 1969. Ein leichter Nebel hing in der feuchten Luft. Von einem Laubfeuer im Park roch es nach verbrannten Blättern.

Als ich in meiner Wohnung eintraf, war die vielleicht wichtigste Entscheidung meines Lebens gefallen. Ich hatte mich entschlossen, mein Geschäft auf die eine oder andere Art zu verkaufen, alle Angelegenheiten ins Reine zu bringen und England zu verlassen, um zu Hamid in die Türkei zu fahren. Ich setzte mich an meinen Schreibtisch und schrieb ihm. Dann formulierte ich einen Brief an meinen Geschäftspartner, der gerade einen ausgedehnten Urlaub in Amerika machte, und erklärte mich darin einverstanden, ihm nun meinen Geschäftsanteil zu verkaufen, an dem er bereits seit einiger Zeit interessiert war. Ich rief einen Makler an, um meine frei werdende Wohnung anzubieten, schrieb an Freunde und meine Familie Briefe, in denen ich meine Entscheidung, England auf unbestimmte Zeit zu verlassen, zu erklären versuchte, und informierte meine Meditationsgruppe über das, was ich vorhatte. Dann, und das fiel mir besonders schwer, schrieb ich an alle, die mich als Heiler aufgesucht hatten, und gab ihnen den Namen von jemand anderem, der ihnen helfen könne. Die ersten Schritte waren also getan, und es blieben mir nun noch sechs Wochen, alles richtig vorzubereiten, bevor ich in die Türkei abreiste.

Anderthalb Monate später saß ich im Flugzeug nach Istanbul. Von Hamid hatte ich nur einen einzigen Brief erhalten. Darin schrieb er, er freue sich, mich zu sehen, und gab mir eine Liste von Leuten, die ich besuchen müsse, bevor ich ihn im Süden träfe. Ich war voll ungeduldiger Vorfreude, ihn zu sehen, doch offenbar sollte sich meine Reise zu einer Pilgerfahrt entwickeln, bevor ich mein Ziel erreichen konnte.

❧

Weil ich liebe,
Gibt es einen unsichtbaren Weg am Himmel.
Vögel ziehen diesen Weg, Sonne und Mond,
Und alle Sterne wandern diesen Pfad des Nachts.

Kathleen Raine

So wie die Blüte der Frucht vorangeht, wohnt der Kindheit des Menschen das Versprechen seines Lebens inne.

Hazrat Inayat Khan

Zwei

MEINEN ERSTEN TAG IN ISTANBUL VERBRACHTE ICH DAMIT, durch die Straßen zu gehen und mich an das Getümmel und den Lärm zu gewöhnen. Alle Autos schienen gleichzeitig zu hupen, in den Verkehrsstaus schrien sich die Fahrer gegenseitig an, und die Fußgänger schimpften über die Autofahrer. Kinder zerrten an meinem Mantel und versuchten, mir Süßigkeiten zu verkaufen, und an jeder Straßenecke bot jemand irgendetwas feil: Männer mit Koffern voller Hosen, kleine Jungen mit Einkaufstaschen und dunkelhäutige Kurden, die sich mit Gebetsteppichen vom Vansee und aus Anatolien durch die Menge kämpften. Frauen trugen Kisten mit rosaroten und knallgrünen Küchenutensilien aus Plastik, Glücksbringer und Körbe voll frischer Blumen. Da gab es alte Männer, die nichts außer Nagelknipsern verkauften, und an einigen Straßenecken drängten sich die Menschen vor rotglühenden Kohlenbecken, über denen Maiskolben gebraten wurden und Fisch, der am Morgen im Bosporus gefangen worden war. Auf der einen Straßenseite bot ein alter Mann seine Dienste als Messerschleifer an, gegenüber reparierte jemand Schreibmaschinen.

Unter anderem führten mich meine Spaziergänge auch zur Blauen Moschee, sicherlich eine der herrlichsten Bauten der Welt, und zum ersten Mal hörte ich den Ruf zum Gebet über die Dächer hallen. Es war wahrlich eine neue Welt, aufregend, frisch und für jemanden, der nie zuvor in Istanbul gewesen war, vielleicht auch ein bisschen beängstigend. Den ganzen Tag über war ich herumgelaufen mit Ausnahme weniger Pausen, in denen ich mich, erschöpft, auf einen türkischen Mokka in kleine Cafés gesetzt hatte, neben Männer, die schwarzen Tabak in Wasserpfeifen rauchten und das geschäftige Leben betrachteten, das draußen vorbeizog. Gegen Abend wurde ich hungrig. In der Altstadt suchte ich mir ein Restaurant und bestellte *köfte,* kleine Hackfleischbällchen am Spieß, die über offener Holzkohle gebraten und mit gefülltem Gemüse serviert werden. Zu meiner Überraschung verursachten sie mir keinerlei Beschwerden trotz der vielen Jahre, in denen ich mich fleischlos ernährt hatte. Die Veränderung, von der ich wusste, dass sie mir bevorstand, musste bereits eingesetzt haben!

Ich schlief gut in dieser ersten Nacht in meinem kleinen Hotelzimmer. Am nächsten Morgen begann ich sofort nach dem Frühstück, den Namen des Scheichs im Telefonbuch zu suchen, den Hamid mir genannt hatte: ein spiritueller Lehrer, den ich aufsuchen solle, sobald ich in Istanbul angekommen sei. Hamid hatte geschrieben, dass der Mann durch die Vermittlung einer Gruppe mit dem Namen *Société Métaphysique de Turquie* zu finden sei, doch dass es schwierig werden könnte, diese Leute zu überreden, mir seine Adresse zu geben, denn in diesen Dingen herrsche immer eine besondere Verschwiegenheit. Trotz all meiner Bemühungen blieb ich erfolglos. Im Telefonbuch fand sich keine Gesellschaft dieses Namens, und ich hatte wirklich keine Idee, wo ich sonst noch nach ihr suchen sollte. Erschwert wurde die ganze Sache dadurch, dass ich nicht ein einziges Wort Türkisch sprach. So entschloss ich mich, das Hotel zu verlassen und zum Taksim zu gehen, jenem großen, modernen Platz, wo sich Hotels, Reisebüros und die Agenturen der Fluggesellschaften aneinanderreihen, in denen immer mindestens ein Angestellter Französisch oder Englisch spricht. Ich dachte, vielleicht würde mir mein Instinkt weiterhelfen. Doch all meine Erkundigungen blieben umsonst, und gegen Abend war ich beinahe davon überzeugt, dass meine Aufgabe unlösbar sei. Wäre ich nicht von Natur aus so dickköpfig und hätte ich nicht so viel Vertrauen in Hamid gehabt, ich hätte noch in dieser Nacht aufgegeben. Doch irgendetwas trieb mich weiterzumachen, und so entschied ich mich am nächsten Morgen, es in der Altstadt zu versuchen, wo ich jeden, der so aussah, als könnte er Englisch, darauf ansprach, ob er je von der *Société Métaphysique de Turquie* gehört habe.

Am Mittag des zweiten Tages war ich keinen einzigen Schritt weiter. Obwohl Hamid mich angewiesen hatte, noch eine andere Person in Istanbul zu treffen, hatte er betont, es sei wichtig, diese Menschen in genau der Reihenfolge aufzusuchen, die er mir aufgetragen hatte. Ich war nun soweit, dass ich aufgeben wollte; ich hatte Blasen an den wunden Füßen und war zunehmend ernüchtert von der ganzen Angelegenheit. Am Nachmittag des dritten Tages betrat ich, nur wenige Häuser von meinem Hotel entfernt, einen Frisörladen, um meinen Bart stutzen zu lassen. Der Frisör hatte zwei Jahre lang in einem Pariser Hotel gearbeitet und war begeistert über die Gelegenheit, mit jemandem Französisch zu sprechen. Wir plauderten über Paris und über London, wo er ebenfalls kurz gewesen war, und schließlich über Istanbul. Bevor ich ging, stellte ich ihm die unvermeidliche Frage, ob er etwas von dieser Gesellschaft wisse, nach der ich suchte. »Aber sicher«, antwortete er beiläufig, »ich kenne die *Société*. Wenn Sie wollen, bringe ich Sie hin.«

Wie war es bloß möglich, dass es so einfach sein sollte? Nachdem ich die Stadt drei Tage lang abgesucht hatte, fand ich die Information, die ich benötigte, in einem Frisörsalon nur wenige Schritte von meinem Hotel entfernt! Ich versuchte, dem Frisör die Umstände zu erklären, die mich hierher gebracht hatten, aber der lächelte nur und meinte, genau wie Hamid, dass es so etwas wie Zufall nicht gebe und dass ich, wenn es mir bestimmt sei, den Scheich zu finden, ihn finden werde und »wenn nicht, dann nicht«. Und er fügte hinzu: »Als ich noch ein junger Mann war, hatte auch ich mit diesen Dingen zu tun. Doch nun habe ich Familie und einen Beruf, der es mir erlaubt, den ganzen Tag mit Menschen zu reden, und ich habe nicht mehr viel Zeit zum Studieren. Man sagt, der Scheich, der die Leute in der Gesellschaft kennt, sei wirklich ein sehr großer Mann, und ich hoffe, dass Sie ihn treffen werden. Das Büro der Gesellschaft ist übrigens erst abends geöffnet. Deshalb wird es wohl besser sein, wenn Sie zu Ihrem Hotel zurückkehren und wir uns später dort treffen.«

Die nächsten zwei Stunden verbrachte ich im Empfangsraum des Hotels, blätterte in wochenalten Zeitungen, die ich bereits in London gelesen hatte, und wartete ungeduldig, bis es Abend wurde.

Endlich erschien der Frisör, wir verließen das Hotel und überquerten den Platz. Es wurde bereits dunkel, als wir in eine enge Seitenstraße einbogen. Ein kühler Wind kam auf und Regen lag in der Luft. Die Menschen hatten ihre Mantelkragen hochgeschlagen und drängten sich in den Hauseingängen, die Straßenlaternen beleuchteten den Dunst, der aus den Kanaldeckeln hochstieg. Der Frisör ging schweigend und dermaßen schnell, dass ich beinahe laufen musste, um mitzuhalten. Ich hätte nicht sagen können, ob er absichtlich eine verwirrende Route wählte, aber ich wusste, dass ich den Weg niemals allein wiederfinden würde.

Wir erreichten einen kleinen Platz am Ende einer Sackgasse, und dort, an der massiven Holztür eines der Gebäude, verriet ein

Messingschild die *Société Métaphysique de Turquie.* Mein Begleiter klopfte an, und kurz darauf wurde die Tür von einer Frau geöffnet. Sie war Mitte vierzig und hatte ihr dunkles Haar zu einem strengen Knoten gebunden. Sie trug einen einfachen schwarzen Rock und eine weiße Bluse und entsprach keineswegs meiner Vorstellung der Person, die zu besuchen ich von so weit her gekommen war. Zunächst musterte sie mich durchdringend, dann wandte sie sich an meinen Begleiter. Nachdem sie ein paar Worte auf Türkisch miteinander gewechselt hatten, zog sich die Frau ins Haus zurück und schloss die Tür. Der Frisör verbeugte sich leicht, verschwand im Dunkeln der Straße und ließ mich alleine an der Türschwelle zurück.

Die Zeit reichte gerade aus, dass meine Besorgnis zur Furcht anwuchs, bevor sich die Tür erneut öffnete und die Frau wieder erschien, diesmal in Begleitung eines Mannes. In recht gutem Französisch begann nun die Frau, meine Gründe zu erfragen, weshalb ich in Istanbul sei und welches Interesse ich an der Metaphysischen Gesellschaft habe. Ich gab mir Mühe, ihre Fragen zu beantworten, war mir aber nicht sicher, was sie wirklich wissen wollte. Schließlich fragte sie: »Weshalb wollen Sie unseren Scheich sehen?« Ich war sprachlos, bis mir klar wurde, dass mein Führer, der Frisör, ihr über meine Suche berichtet haben musste. Also versuchte ich zu erklären, dass mein Lehrer mir diese Aufgabe aufgetragen hatte, doch meine Schilderung geriet ziemlich verworren. Sie schienen Hamids Namen nicht zu kennen und fuhren mehre Minuten lang fort, mich auszufragen. Plötzlich aber sagte die Frau: »Wir werden jetzt gehen.«

Wir nahmen ein Taxi, das uns durch eine der ältesten Gegenden Istanbuls fuhr. Es war bereits spät am Abend; die Stadt war ein einziges Lichtermeer und die Märkte quollen noch immer von Menschen über. Das Taxi hielt in einer engen Gasse, deren Häuser in den oberen Stockwerken so weit vorsprangen, dass es fast möglich schien, als könnten sich die Bewohner aus ihren Fenstern über die Gasse hinweg die Hände reichen. Wir stiegen aus dem Wagen, klingelten an einem der alten Häuser und warteten, während wir zum Balkon hinaufblickten. Nach kurzer Zeit erschien dort ein alter Mann im Schlafanzug. Er winkte unserer Gruppe zu und deutete an, er werde gleich herunterkommen, um uns hineinzulassen. Als er die Tür öffnete, trug er noch immer seinen Schlafanzug, über den er eine blaue Jacke geworfen hatte. An die Wand oberhalb der Treppe war eine schöne rote Rose gemalt, fast zwei Meter hoch. Wir ließen unsere Schuhe oben an der Treppe vor einer Tür stehen, und ich betrat den Raum, in dem ich den ersten jener Menschen treffen sollte, zu denen ich geschickt worden war.

Der Scheich sprach mindestens zwei Stunden lang auf Türkisch, während seine Frau neben der Tür saß und gelegentlich frischen Tee und Süßgebäck brachte. Die ganze Zeit über beachtete er mich nicht. Er sah jeden einzelnen abwechselnd an, doch immer, wenn sein Blick mich streifte, wandte er seine Augen ab. Soweit ich verstand, erörterte man eine Stelle aus dem Koran. Alle wurden sehr aufgeregt, und immer wieder rief jemand: *»Allah.«* An einer Stelle brachte etwas, das er sagte, alle zum Weinen. Es war jetzt etwa acht Stunden her, seitdem ich den Frisörsalon betreten hatte. Vielleicht hatte ich irgendetwas falsch gemacht, und es würde mir nie gestattet sein, diesen Scheich zu begrüßen und zu wissen, ob er mich aufnahm oder nicht. Möglicherweise hatte er meine Gedanken gelesen, denn plötzlich wandte er sich mit einer kurzen, direkten Frage an mich. Der Mann der *Société Métaphysique,* der zu meiner Rechten saß, übersetzte sie für mich ins Französische: »Warum sind Sie gekommen?« Ich begann zu erklären, und für eine Weile hörte der Scheich der Übersetzung zu, so als wäre er sehr interessiert. Doch mit einem Mal schien es ihn zu langweilen. Er hob seine Hand und unterbrach das Gespräch. Nach einem Moment der Stille schaute er mich direkt an und begann zu sprechen. Seine Stimme und die des Übersetzers waren die einzigen Laute im Raum – sogar der unablässige Lärm der Straße schien verebbt.

»Es waren einmal zwei Schmetterlinge, einer in London und einer in Istanbul. Aus Liebe flogen sie einander entgegen, und als sie sich trafen, starb der eine. Verstehen Sie?«

Nach einer Pause fuhr er fort: »Bevor die Schildkröte ihre Eier in den Sand legt, gräbt sie ein Loch für sie, dann bedeckt sie sie mit Sand und kriecht zurück ins Meer. Die Eier werden vom Magnetismus ausgebrütet, nicht nur von der Wärme der Sonne, wie die Leute irrtümlich glauben. Denn die Schildkrötenmutter ist auf unsichtbare Weise noch immer mit ihren Eiern verbunden, auch wenn sie ins Meer zurückgekehrt ist. Nachdem sie ausgeschlüpft sind, versuchen die Schildkrötenbabys, ins Wasser zu gelangen. Aber nur sehr wenige erreichen ihr Ziel. Denn auf sie warten die Vögel, die sich versammelt haben, um sich von den kleinen

Kreaturen zu ernähren; und wenn sie es schaffen, das Meer zu erreichen, warten dort die Fische, denn auch sie wissen instinktiv, wann die Schildkröten schlüpfen. Von den Tausenden von Schildkröten, die geboren werden, überleben nur sehr wenige, um zurückzukehren und selbst Eier zu legen.«

Er schaute mich sehr freundlich an und fügte hinzu: »Wie Sie sehen, weiß der Scheich nicht unbedingt, wen er unterrichtet.«

Die Gruppe schien sehr glücklich; einige drehten sich zu mir um und schüttelten meine Hand. Andere kamen zu mir herüber, umarmten und küssten mich auf beide Wangen. Ich war völlig verwirrt. Welche Beziehung bestand zwischen den Schildkröten und dem Scheich und seiner Lehre? Was sollte das Ganze mit dem Magnetismus und der Sonne? Und falls ich einer der Schmetterlinge sein sollte, wahrscheinlich derjenige aus London, war ich dann tot? Oder war es der Scheich?

Noch bevor ich Zeit hatte, über diese Fragen nachzudenken, hob der Scheich erneut seine Hand und bat um Stille. Dann erzählte er folgende Geschichte.

»Es war einmal ein Rosenbusch. Er war sorgfältig gepflanzt, so dass seine Wurzel tief in die Erde wuchs, die lange darauf vorbereitet worden war, ihn zu empfangen. Diese Wurzel war Abraham. Als die Rose heranwuchs, musste sie richtig beschnitten werden, sonst wäre sie vielleicht verwildert und hätte nicht den Zweck erfüllen können, den der Gärtner für sie bestimmt hatte. Dank der guten Erde, der tiefen Wurzel und dem Schnitt war der Stamm gerade und stark gewachsen. Dieser Stamm war Moses. Eines Tages wuchs daran die Knospe der vollkommensten roten Rose, die man je gesehen hatte. Die Knospe war Jesus. Die Knospe öffnete sich – die Blüte war Mohammed.«

Der Scheich hielt inne, wandte sich um und sprach mit seiner Frau. Sie verließ den Raum und kam mit einer kleinen Glasphiole zurück. Er wies auf mich, und sie kam zu mir herüber: »Nimm sie«, sagte er, »und sag mir, was das ist.« Ich nahm die Phiole und roch daran. »Es ist Rosenöl«, antwortete ich, »die Essenz der Rose.«

Der Scheich lächelte und bedeutete mir, zu ihm zu kommen und mich vor ihm hinzusetzen. Seine Ausstrahlung war überwältigend. Er nahm meine Hände in seine. »Hör genau zu und erinnere dich auf deiner Reise an das, was ich dir nun zu sagen habe. Heute bedarf die Menschheit des Dufts der Rose, eines Tages jedoch wird sie noch nicht einmal diesen brauchen.«

Er beugte sich vor, küsste meine Hände und führte sie an seine Stirn. Dann hielt er seine rechte Hand über meinen Kopf und hauchte in den Raum: »*Huuuuu…*«

Danach stand er auf und verließ den Raum. Das Treffen war beendet. Wir nahmen unsere Schuhe und gingen die Stufen hinab. Auf halbem Weg drehte ich mich noch einmal um. Der alte Scheich stand oben an der Treppe, vor der Rose, die an die Wand gemalt war. Er beugte sich vor und rief mir etwas zu. Der Übersetzer hinter mir sagte leise: »Schau noch einmal zurück und behalte es im Gedächtnis. Vergiss die Rose nicht.«

Der Mann, der übersetzt hatte, begleitete mich in einem Taxi zurück zu meinem Hotel. Er schwieg, und ich verbrachte die Fahrt mit dem Versuch zu enträtseln, was die Geschichten des Scheichs wohl bedeuten mochten. Plötzlich wandte sich mein Begleiter an mich: »Verstehst du, weshalb unser Scheich das Beispiel der Schildkröte benutzte, um dir etwas zu erklären?«

Ich entgegnete, ich hätte nicht viel von dem verstanden, was gesagt worden war, und bat ihn um eine Erklärung.

Nach kurzem Überlegen sagte er: »Ich will dir ein bisschen mehr erzählen, aber du musst verstehen, dass jede Antwort gleichzeitig eine Begrenzung ist. Die Wahrheit dehnt sich über jede Erklärung hinaus, daher ist es besser, man lässt uns mit einer Frage zurück anstatt mit einer Antwort. Ich kann dir ein paar Hinweise geben, doch dann musst du dir selbst die Zeit nehmen, darüber nachzudenken. Aber lass uns zuerst in dein Hotel fahren und einen Kaffee trinken.«

Es war schon sehr spät, und die wenigen Menschen, die jetzt noch unterwegs waren, beeilten sich, vor dem Regen und dem kalten Wind Schutz zu finden. Im Hotel setzen wir uns in eine Ecke der Empfangshalle neben den warmen Kamin und tranken unseren Kaffee.

»Der Scheich hat dir vor allen Dingen zu verstehen geben wollen – es ist dir doch klar, dass er diese Geschichte ausschließlich für dich erzählt hat, oder? –, dass du und ich und die gesamte Menschheit durch einen unsichtbaren Faden miteinander verbunden sind. Du siehst also: Was immer an einem Ort gesagt oder getan wird, hat überall in der Welt seine Auswirkung. Doch diese Wirkung hängt vom Grad unserer Aufmerksamkeit ab. Du hast nach einem Führer gesucht, der dir auf deiner Reise helfen kann. Tatsächlich ist der Führer für jeden immer schon da, doch solange wir nicht wach sind, wissen wir das nicht. Als der Scheich sagte, er wisse nicht notwendigerweise, wen er lehrt, hat er dir erklärt, dass er jeden Tag eine Botschaft aussendet, die sich auf der Welt verbreitet, und diejenigen, die wach genug sind, hören den Ruf. Auch wenn sie den Scheich niemals kennenlernen, ja sogar wenn sie Tausende von Kilometern von ihm entfernt sind, können sie noch immer den inneren Sinn dessen hören, was der Scheich lehrt, denn Energie folgt den Gedanken. Andererseits dürfen wir nicht vergessen, dass die Saat eine lange Zeit brauchen mag, um zu wachsen. Was du mich jetzt sagen hörst und was du von unserem Scheich gehört hast, wird sich in dir viele Jahre lang entfalten, und so erwächst vielleicht aus unserem Zusammentreffen ein bisschen mehr Verständnis.

Der Grund dafür, dass der Scheich von einer Schildkröte und nicht von einem anderen Geschöpf gesprochen hat, liegt darin, dass die Schildkröte sowohl im als auch außerhalb des Meeres existieren kann. Sie kommt aus der einen Welt in eine andere, um ihre Eier zu legen. Danach kehrt sie in die Welt zurück, aus der sie kam. Weil alles miteinander verbunden ist, ist auch sie in der unsichtbaren Welt mit den Eiern verbunden, die sie gelegt hat. Das ist der Magnetismus, von dem der Scheich sprach, welcher, zusammen mit der Kraft und der Wärme der Sonne, die Eier schließlich ausbrütet. Damit dies geschehen kann, braucht es sowohl die Sonne als auch diese besondere Art von Energie, die von der Mutter auf ihre Kinder wirkt. Die Schildkröten schlüpfen aus, was aber noch nicht bedeutet, dass sie auch überleben. Nur die starken schaffen es bis ins Meer, wo sie heranwachsen und alt und weise genug werden, eines Tages zurückzukehren, ihre eigenen Eier zu legen. Verstehst du es jetzt ein bisschen besser?«

»Ich bin mir nicht sicher«, sagte ich. »Ich denke, ich beginne zu begreifen, aber es wird noch lange dauern, bis ich fähig werde, wirklich zu verstehen, was all das bedeutet. Noch immer völlig unklar ist für mich, was es mit dem Tod des einen Schmetterlings auf sich hat.«

»Ah«, sagte mein Begleiter, »das zu verstehen, ist schwer, wenn man mit unserer Ausdrucksweise nicht vertraut ist. Doch wenn du einmal gelernt hast, wie der Scheich Geschichten benutzt, um etwas Bestimmtes zu illustrieren, ist es einfach. Aber denk daran, dass ich dir nicht wirklich etwas ›erkläre‹. Du musst eine eigene Bedeutungen in dem finden, was du heute Abend gehört hast.

Natürlich warst du der eine Schmetterling und unser Scheich war der andere. Er sagte, dass die beiden aufeinander zugeflogen seien, womit er meint, dass genauso, wie der Schüler den Lehrer braucht, der Lehrer auch des Schülers bedarf, so dass die Botschaft weitergegeben werden kann. Hier ist der Schmetterling gleich der Seele; doch damit wirkliches Verstehen erwachsen kann, darf es keine zwei Seelen mehr geben. Du redest vielleicht noch von ›meiner Seele‹ oder ›seiner Seele‹. Doch für das Verständnis, das du in dir selbst zu nähren versuchst, ist es notwendig, die Vorstellung deiner eigenen Seele sterben zu lassen, so dass du zu der *einen* Seele gelangen kannst. Der Scheich mochte dich, und als er erzählte, die beiden Schmetterlinge hätten sich getroffen und einer von ihnen sei gestorben, sagte er dir, dass eine Zeit kommen wird, da all das, was du zu sein glaubst, sterben wird, und dann kommt das Verstehen.«

Er ergriff meine Hand für einen Moment und sagte: »Wenn wir uns richtig begegnen, begegnen wir uns im Herzen, und dann ist da kein ›du‹ und kein ›ich‹ mehr. Nun muss ich gehen, mein Freund. Viel Glück auf deiner Reise. Du weißt, sie ist die einzig wirkliche Reise, die es in dieser Welt zu unternehmen gilt.« Er stand auf, schüttelte mir noch einmal die Hand und war gegangen.

Ich ging auf mein Zimmer, doch ich war noch hellwach, so dass es mir sinnlos schien ins Bett zu gehen. Gedankenversunken setzte ich mich ans Fenster und schaute hinaus auf die schattenhaften Silhouetten der Stadt, die Ziegeldächer, die alten Gebäude im europäischen Teil, die modernen Hotels, die schlanken Minarette, die wie mahnend aus der Dunkelheit ragten und von denen schon bald der erste Ruf zum Gebet erschallen würde. Ich schaute bis die Händler in den noch dämmerigen Straßen ihr Marktgeschrei anstimmten, um ihre Waren den Leuten anzupreisen, die auf dem Weg zur Arbeit waren. Unter mir hörte ich ein gedämpftes Klingeln und das Hallen langsamer Schritte auf dem Kopfsteinpflaster. Aus dem Halbdunkeln tauchte ein Mann auf, der einen großen Braunbären an einer Leine führte. Wahrscheinlich kam er aus dem Osten der Türkei und brachte das Tier hier in den Straßen oder an einem der Piers am Bosporus zum Tanzen. Wie er so hinter dem Mann hertrottete, tat mir der Bär leid. Noch ein Darsteller in dieser Stadt der Kontraste.

Als die Sonne aufging, überlegte ich mir, wie ich die zweite Person finden könnte, die zu besuchen mir aufgetragen war. Wieder hatte ich nur einen Namen und keine Adresse, doch Hamid hatte geschrieben, der Mann arbeite in einem der Schneiderläden an den für dieses Handwerk bekannten Straßen in der Nähe des großen Marktes. Aber nur wenn ich wach genug sei, könne ich den richtigen Laden finden. Zum Marktplatz gelangte ich leicht, aber einen besonderen Schneiderladen zu finden, schien unmöglich. Den ganzen Morgen ging ich die Straßen auf und ab, schaute in die Läden und suchte nach einem Zeichen, das mir verraten würde, dass ich auf der richtigen Spur sei.

Gegen Nachmittag gelangte ich in eine Gegend mit vielen Buchläden. Aufs Geratewohl betrat ich eines der Geschäfte und wurde sogleich von einer schön gestalteten arabischen Schriftrolle angezogen. Der Ladenbesitzer, der mich beobachtet hatte, sprach schnell auf einen Jungen ein, der neben dem Ladentisch stand. Der Junge lief hinaus, während mich der Besitzer mit einladenden Gesten aufforderte, ihm im Hinterzimmer bei einem Tee Gesellschaft zu leisten.

Wir saßen uns am Tisch gegenüber und schlürften gesüßten Pfefferminztee aus kleinen Gläsern, als der Junge mit einem älteren Mann zurückkehrte, der erklärte, er freue sich, als Übersetzer zu dienen. Als Erstes wollte der Buchhändler von mir wissen, weshalb ich mich gerade für diese Schriftrolle interessiere und ob ich verstünde, was darauf geschrieben stehe? Als ich das verneinte, begann der ältere Mann, die Worte für mich zu übersetzen. Es handelte sich um den Eröffnungsvers des Korans, das tägliche Gebet eines jeden Muslims auf der Welt: »Im Namen Gottes, des Allergnädigsten und Allbarmherzigen…« Für einen Augenblick wurde es still im Raum, und dann bestand der Buchhändler gestenreich und mit breitem Lächeln darauf, dass ich die Schriftrolle als Geschenk annehme.

Nachdem wir einige Zeit miteinander gesprochen hatten, erhob sich der Buchhändler und winkte mich in einen anderen Raum. Aus dem Dunkeln trat ein alter Mann mit hoher Stirn auf uns zu. »Das hier ist ein echter Derwisch«, sagte der Übersetzer, und die drei Männer sprachen einen Moment lang auf Türkisch miteinander. Schließlich wandte sich der alte Mann zu mir, hob seine Hand und hauchte über meinen Kopf hinweg das Wort *»Hu«*, so wie es der Scheich in der vergangenen Nacht getan hatte.

Als wir uns zu frischem Tee wieder hingesetzt hatten, erzählte ich dem Buchhändler von meinem Auftrag und fragte ihn, ob er etwas über den Scheich wisse, der in einem Schneiderladen arbeite. Er schüttelte nur den Kopf. »Aber wie soll ich ihn bloß finden?«, fragte ich kleinlaut. »Den ganzen Tag bin ich umhergelaufen und kann noch nicht einmal die richtige Straße mit den Schneiderläden finden. Und ich spreche kein Wort Türkisch.« Er lächelte über den verzweifelten Ton in meiner Stimme und erhob sich als Zeichen, dass das Treffen beendet sei. Auch der Übersetzer lächelte, als er die Worte des Buchhändlers wiederholte: »Es gibt einen Ausspruch des Propheten Mohammed (Friede und Segen seien mit ihm): ›Vertraue auf Allah, doch binde zuerst dein Kamel an.‹ Vielleicht haben Sie noch nicht hart genug an sich selbst gearbeitet, denn ansonsten würde Allah Sie ganz sicher zu ihm führen.« Ich bedankte mich bei den zwei Männern, und als ich ging, rief mir der Besitzer nach: *»Salam aleikhum«* – »Friede sei mit dir.«

Den Rest des Tages suchte ich die Umgebung des Marktplatzes nach der Straße der Schneider ab, wobei ich mich auf Englisch und Französisch und sogar mithilfe meines türkischen Sprachführers versuchte durchzufragen. Die Szene kam mir langsam wie ein Traum vor; ich fühlte mich losgelöst und distanziert, so als wäre mein Suchen gar nicht wirklich. Gegen Ende des Nachmittags, als die Sonne hinter der Blauen Moschee versank und der Ruf zum letzten Gebet von jedem Minarett der Stadt erschallte, entschied ich mich aufzugeben. Wenn es die richtige Zeit gewesen wäre, hätte ich den Mann vielleicht gefunden. Ich wusste, dass ich an diesem Tag mein Bestes gegeben hatte, und ich sagte mir, dass, falls es für mich wirklich wichtig wäre, ihn zu treffen, mir bestimmt eine weitere Chance geboten würde.

Als ich ins Hotel zurückkam, war ich dermaßen erschöpft, dass ich gerade noch die Kraft fand, mich zu waschen und kurz zu meditieren, bevor ich aufs Bett sank. Der Bus nach Ankara, meiner nächsten Station, fuhr um sechs Uhr morgens.

Die Liebe selbst soll dir ihre Geschichte erzählen,
Denn gleich einem Spiegel ist sie so vielsagend wie still.

MEVLANA JALALUDDIN RUMI

Im Entzücken liegt das Geheimnis. Und das Geheimnis ist dies: ruhig zu werden und zu lauschen – aufzuhören zu denken, aufzuhören sich zu bewegen, fast aufzuhören zu atmen; eine innere Stille zu schaffen, in der Aufnahmefähigkeiten und Gewahrseinskräfte, die zu launisch und zu flüchtig sind für den Alltagsgebrauch, sich wie Mäuse in einem verlassenen Haus leise hervorwagen.

ALAN MCGLASHAN

Drei

TÜRKISCHE BUSSE SIND WAHRSCHEINLICH DIE EINZIGEN AUF der Welt, in denen der Schaffner durch die Sitzreihen geht und die Hände der Fahrgäste mit Kölnischwasser benetzt. Von diesem frischen Duft begleitet, setzte ich mich in den hinteren Teil des Busses, ohne mich um die lautstarken Gespräche und das Geplauder der übrigen Passagiere zu kümmern. Nach Ankara zu gelangen, war alles, wonach mir der Sinn stand. Dort sollte ich einem sehr bedeutenden Mann – laut Hamid gar einem Heiligen – meine Aufwartung machen. In England hatte mir Hamid einige Monate zuvor aufgetragen, eingehend über einen Ausspruch dieses Mannes nachzudenken: »Es gibt keine Schöpfung in der relativen Welt, es gibt nur das Werden des Seins.«

»Dieser Satz«, hatte Hamid gesagt, »enthält eines der großen Geheimnisse. *Insh'Allah,* so Gott will, wirst auch du ins Sein gelangen, wirst du der Tropfen sein, der zum Ozean wird. Dann, und nur dann, wird es dir überhaupt möglich sein, irgendetwas zu ›tun‹. Solange du die Allmacht Gottes nicht verstehst, wirst du immer denken, *du* seist die Ursache von etwas. Glaube nicht, du könntest wählen. Denkst du wirklich, du hättest es dir ausgesucht, mein Schüler zu werden? Etwas hat nach unserem Zusammenkommen gerufen. Wenn du weißt, was oder wer uns rief, wirst du vielleicht den Anfang des Weges finden.«

Nach der Ankunft in Ankara gab ich mein Gepäck zur Aufbewahrung im Busbahnhof ab und nahm ein Taxi zu der mir gegebenen Adresse. Ich wollte keine Zeit verschwenden und so lange wie möglich im Haus dieses Mannes verbringen – vorausgesetzt natürlich, er würde mich hereinbitten. Hamid hatte stets betont, ich müsse wach und respektvoll bleiben – und dürfe nicht etwa enttäuscht sein, falls ich nicht empfangen würde. »Einige Lehrer sind für diese Schüler des Weges, und andere Lehrer für jene. Es ist deshalb keine Schande, wenn du deinen Weg weitergehst, ohne sämtliche derjenigen zu treffen, die zu besuchen du geschickt wurdest. Die Hauptsache ist es, in der richtigen Absicht zu gehen. Man wird den Grad deiner Aufrichtigkeit erkennen.«

Wir fuhren durch die Sträßchen der Altstadt und erreichten schließlich einen Platz auf einer Anhöhe, der mit Autos zugeparkt und von Läden umsäumt war, die religiöse Bücher und Gebetsketten verkauften. Die Menschen eilten gerade in die Moschee, und die Männer setzten ihre Kappen auf und vollzogen am Brunnen beim Tor ihre rituellen Waschungen. Der Ruf zum Gebet musste bereits erschallt sein.

Der Fahrer hielt bei einem Garten neben der Moschee und nahm mein Geld entgegen. Noch bevor ich ihn bitten konnte, mir das Haus des Mannes zu zeigen, den ich besuchen wollte, sauste er bereits wieder über den Platz zurück in die Richtung, aus der wir gekommen waren. Ich stand einen Augenblick lang in der Wintersonne, schaute auf die Stadt hinunter und versuchte, mich zurechtzufinden. Der letzte Gläubige war in der Moschee verschwunden und der lederne Vorhang gesenkt worden.

Ich überquerte den Platz in Richtung der Geschäfte. Im ersten Laden betete der Besitzer auf einem Teppich beim Eingang. Auch der zweite Geschäftsinhaber kniete vor seiner Tür, doch der Besitzer des dritten Ladens begrüßte mich auf Englisch. »Sie sind Amerikaner.« Das war weniger eine Frage als eine Feststellung. Es schien zwecklos, darauf hinzuweisen, dass ich Engländer sei. »Der Sohn meines Freundes studiert in Kalifornien. Er studiert Physik, aber mein Freund ist sehr unglücklich, weil ihm sein Sohn geschrieben hat, er werde ein amerikanisches Mädchen heiraten, die keine Muslima ist. Und er schreibt, sie wisse noch nicht einmal, dass man sich vor dem Gebet waschen muss.«

Er setzte seinen Monolog fort: »Das Problem der Westler ist, dass sie den Sinn der rituellen Waschungen nicht verstehen. Ganz egal ob Christ oder Muslim: Wie kann jemand, der an Gott glaubt, beten lernen, ohne zu wissen, wie man sich wäscht?«

»Sagen Sie mir bitte«, unterbrach ich ihn, »kennen Sie Haci Bayram-i Veli?« Er sah mich auf dieselbe Weise an, wie es der Taxifahrer zuvor getan hatte, und wurde feierlich. »Dort ist Haci Bayram-i Veli, möge Gott sein Geheimnis segnen«, sagte er und zeigte auf die Moschee. »Er hat seine Pilgerfahrt nach Mekka viele Male unternommen. Auch ich hoffe, eines Tages dorthin zu fahren.«

Damit umarmte er mich. »Wie wundervoll, dass ein Amerikaner aus Berkeley, Kalifornien, von dem großen Heiligen gehört hat.«

Ich erklärte, mir sei aufgetragen worden, ihn auf meinem Weg zu meinem Lehrer in der Südtürkei aufzusuchen, und dass ich, bevor ich hierher kam, über einen besonderen Satz kontemplieren musste. Als ich den Satz aussprach, wurde er noch aufgeregter und lief aus dem Laden, um seine Freunde zu holen, die gerade aus der Moschee kamen. Mehr als ein Dutzend Männer versammelten sich um mich und riefen *»Muselmann, muselmann!«* Dann trugen sie mich beinahe aus dem Geschäft und quer über den Platz zur Moschee. So sollte ich also ihren Scheich kennenlernen! Meine erwartungsvolle Vorfreude stand der lauten Begeisterung meiner Begleiter in nichts nach.

Am Brunnen neben dem Tor zur Moschee wuschen sie alle ihre Hände, Füße und Gesichter und ermunterten mich, es ihnen gleichzutun. Der Ladenbesitzer sprach mit einem Mann, der neben einer niedrigen Tür stand, und wir traten ein. Als meine Augen sich an die Lichtverhältnisse gewöhnt hatten, sah ich, dass die Wände mit schöner arabischer Schrift dekoriert waren.

»Haci Bayram-i Veli«, erklärte mein Begleiter. Ich brauchte einen Moment, ehe ich realisierte, dass ich in einer Grabkammer stand. Jene Worte von Haci Bayram-i Veli waren für mich so wirklich und präsent gewesen, dass es mir nie in den Sinn gekommen war, er könnte bereits vor Jahrhunderten gestorben sein.

Irgendwie war mir klar, was ich jetzt zu tun hatte. Im Islam sagt man: »Wenn du betest, bete mit deinen Händen.« Wie die neben mir Stehenden öffnete auch ich meine Hände mit den Handflächen nach oben. Ich hatte zwar keine Ahnung, was diese Art von Gebet bedeutet, doch ich fühlte, dass, wenn ich mich nur ganz und gar öffnen könnte, ich vielleicht beginnen würde zu verstehen. Dabei spürte ich eine Beklemmung in meiner Kehle und gleichzeitig ein starkes Brennen mitten in der Brust. Ich begann zu weinen, und als mir die Tränen über das Gesicht liefen, wusste ich, in einer Sprache jenseits aller Worte, was es bedeutet, von jemandem aufgenommen zu werden, der eine Welt jenseits von Zeit und Raum erreicht hat. Es war nicht mehr von Belang, ob er noch lebte oder schon tot war. Diese Art von Gebet versetzt uns in eine vollkommen andere Dimension. Ich blieb lange in der Moschee.

Als ich wieder ins Sonnenlicht hinaustrat, wurde mir klar, dass es mir vergönnt gewesen war, einen weiteren Schritt zu tun, und dass Hamid die Route dieser außergewöhnlichen Reise gut abgesteckt hatte.

Noch am selben Abend saß ich wieder in einem Bus, dieses Mal in Richtung Antalya, der letzten Zwischenstation, bevor ich Hamid an der vereinbarten Adresse in Side treffen sollte. In einem Telegramm hatte ich ihm angekündigt, dass ich bald dort ankommen werde, und je näher ich meinem Ziel kam, desto aufgeregter wurde ich.

Kurz nach Mittag fuhr der Bus in Antalya ein. Gegenüber dem Busbahnhof entdeckte ich ein Reisebüro und beschloss, mich dort nach dem nächsten Bus nach Side zu erkundigen. Ich trug mein Gepäck über die Straße und wandte mich an den Inhaber der Agentur, der Französisch sprach. Nichts in der Türkei geschieht schnell; so plauderten wir einige Minuten lang und ich erzählte ihm, dass ich einige Zeit in Side verbringen wolle, um einen Freund zu besuchen. »Ist er Engländer?«, wurde ich gefragt. »Nein, Türke, aus Istanbul«, antwortete ich, »aber er ist häufig in London.« »Ah«, sagte der Mann und verfiel in Schweigen. Nach einer Weile sagte er: »Sind Sie Engländer?« »Ja«, erwiderte ich. »Ah.« Erneute Pause. »Um nach Side zu gelangen, brauchen Sie einen Wagen oder einen Jeep, das heißt, wenn Sie nicht auf den morgigen Bus warten wollen.« »In dem Fall werde ich hier übernachten. Können Sie mir ein Hotelzimmer besorgen?« »Ah, schauen Sie, wenn die Sonne untergeht, ist es morgen, und morgen ist der letzte Mittwoch des Mondes. Darum wäre es besser, Sie fahren jetzt gleich, noch heute Abend vor Sonnenuntergang. Es ist nicht gut, etwas am falschen Tag zu beginnen. Aber wahrscheinlich glauben Sie gar nicht an solche Dinge.« Es war eine Frage.

Der letzte Mittwoch des Mondes! Hamid hatte mir bereits erklärt, dass die islamischen Länder sich nach dem lunaren, und nicht nach dem westlichen Sonnenkalender richten. Bestimmte Tage, insbesondere der letzte Mittwoch vor Neumond und der dreizehnte Tag nach Vollmond, erachtet man traditionell als höchst ungünstig für den Beginn einer neuen Unternehmung. Wenn ich in der richtigen Haltung eintreffen wollte, musste ich unbedingt noch heute nach Side fahren oder aber bis Donnerstag warten.

Der Mann hinter dem Ladentisch unterbrach meine Gedanken. »Ihr Freund, ist er sehr groß und kräftig und trägt er eine Brille und einen Schnurrbart?« »Ja, ja«, stammelte ich, »kennen Sie ihn?« »Nein«, antwortete er, »doch zehn Minuten bevor Sie hereinkamen, schaute ein großgewachsener Türke mit Schnurrbart und

Brille vorbei und fragte, ob ich einen Engländer mit einem roten Bart gesehen hätte.« Meine Aufregung brachte ihn zum Schmunzeln. Er wies seinen Gehilfen an, auf mein Gepäck aufzupassen, und führte mich hinaus auf die Straße. »Er ist in diese Richtung gegangen.« Er zeigte hinunter zum Meer. »Beeilen Sie sich – vielleicht erwischen Sie ihn noch.«

Ich lief die Straße hinunter und schaute in die Geschäfte und Seitengassen. Unten am Meer stand ich im kalten Wind. Nur ein paar alte Männer schlenderten vorbei, und die Straßenhunde streunten auf der Suche nach etwas Fressbarem den Gebäuden entlang. Womöglich war ich zu spät; der Nachmittag war schon halb vorbei. Fast panisch rannte ich eine andere Straße hinauf – auch hier nichts. Ein oder zwei Mal glaubte ich, ihn zu sehen, doch jedes Mal verschwand er hinter der nächsten Ecke, und wenn ich diese erreichte, war er schon weg.

Mit rasendem Herzen und stechender Brust lenkte ich meine Schritte schließlich zum Reisebüro zurück. Der Besitzer trat vor die Tür, um mich abermals zu begrüßen. »Ah«, sagte er wieder, »gerade als Sie in diese Richtung die Straße hinuntergingen«, er zeigte in die Richtung, die ich genommen hatte, »kam Ihr Freund von da drüben her.« Und er zeigte in die Gegenrichtung. »Nun sitzt er dort im Café auf der anderen Straßenseite. Lassen Sie uns hingehen.« Ich nahm mein Gepäck, und wir gingen an die Stelle zurück, an der ich in Antalya angekommen war.

Als wir das Café betraten, sah ich Hamid nirgends – doch dann kam er schnellen Schrittes auf mich zu. Wir umarmten uns, und ich musste weinen, so erleichtert war ich über unser Wiedersehen. »Gut«, sagte er, »du kommst genau zur rechten Zeit. Willkommen in der Türkei. Mein Wagen steht vor der Tür; wir wollen sofort aufbrechen. Wir müssen Side noch vor Sonnenuntergang erreichen.«

Der Mann aus dem Reisebüro winkte uns hinterher, als wir Richtung Side losfuhren.

Das Blau der weiten Ägäis funkelte in der Nachmittagssonne, als wir durch Oliven- und Mandarinenhaine fuhren. Familien kehrten aus den Feldern zurück – die Männer auf Eseln, nebenher die Frauen und Kinder zu Fuß. Einige der Esel waren mit Körben oder Heubündeln dermaßen bepackt, dass unter dieser mächtigen Fuhre nur die Beine hervorschauten. Überall liefen und spielten

Hunde und schnappten einander nach den Beinen. Einige der Frauen waren verschleiert, ihre langen schwarzen Gewänder wehten im Wind. Ein seit tausendfünfhundert Jahren unverändertes Bild, natürlich und in Einklang mit der bewegenden Harmonie der Landschaft.

Wir erreichten das Dorf kurz vor Sonnenuntergang. »Von der Klippe da drüben hat man einen imposanten Ausblick. Dort können wir der Schönheit des Sonnenuntergangs unsere Verehrung erweisen«, sagte Hamid, hielt den Wagen an und zeigte aus dem Fenster hinaus. »Direkt an der Klippe hinter dem Hügel liegt ein altes griechisches Amphitheater. Vielleicht schauen wir es uns demnächst genauer an. Aber jetzt bist du sicher müde, und morgen ist der letzte Mittwoch vor Neumond.«

Wir verließen den Wagen und stiegen dem Felsen entlang hinauf. Vom Meer her blies ein kalter Wind. Oben auf der Klippe bemerkte ich, dass wir tatsächlich auf den Ruinen einer der großen Mauern des Amphitheaters standen. Direkt unter uns breitete sich das Rund der Arena. Es war, als ob die Zeit zurückgedreht sei; alles lag noch so da, wie es ein längst vergessenes Erdbeben hinterlassen hatte. Mächtige Säulen lagen wie umgestürzte Bäume übereinander. Soweit ich sehen konnte, zeugte nichts von Ausgrabungen, und ich fühlte mich, als wären wir die ersten Menschen, die Zeugen dieser Szenerie wurden, seit der Ort verlassen worden war. Da, wo wir saßen, war der Boden mit Bruchstücken von Marmorkapitellen und Säulenresten übersät. Hohe Lavaformationen, rot und orange in der untergehenden Sonne, ragten am Strand auf. Die Gestalt von Hamid, der mit angezogenen Knien und gefalteten Händen dasaß, zeichnete sich scharf vor dem Hintergrund des Meeres ab. Er schien tief in Gedanken; seine Lippen bewegten sich leicht und sein Gesichtsausdruck war von einer Intensität, die ich nie zuvor bei ihm gesehen hatte.

Plötzlich erhob er sich. »Ich muss dich nach Hause bringen, bevor es dunkel wird.« Den frischen Wind im Rücken, gingen wir schweigend den Strand entlang zurück zum Wagen. »Du hast eine lange Reise hinter dir. Sicher bist du sehr müde. Morgen kannst du dich ausruhen und abends, wenn der Mittwoch vorüber ist, treffen wir uns wieder und gehen im Dorf wunderbar essen.«

Es war nur eine kurze Fahrt bis zu dem Haus, das Hamid von einem Freund aus Istanbul zur Verfügung gestellt worden war. Das zweistöckige Gebäude war so gebaut, dass die Zimmer von drei

Seiten auf einen Innenhof hinausgingen. An der vierten Seite sorgte eine hohe Mauer für Ungestörtheit. In der Mitte des Hofs stand ein schöner, weidenähnlicher Baum, dessen Zweige bis auf den Boden reichten. Er war von Blumenbeeten umringt und von Glühbirnen erleuchtet, die in seinem Geäst hingen. Der gegenüber der Eingangstür gelegene Teil des Hauses war moderner als der Rest des Gebäudes und im japanischen Stil, lang und niedrig, aus Kiefernholz gebaut. Er bestand aus zwei gleichartigen Räumen, die übereinander lagen, und einer freistehenden Holztreppe, die direkt in den oberen Stock führte. Unten waren die Vorhänge zugezogen. Ich sah, wie dahinter ein Streichholz entzündet und eine Kerze angemacht wurde, und den Schatten einer Person, die am Fenster vorbeiging.

»Das ist dein Zimmer – das obere«, sagte Hamid. »Komm, lass uns dein Gepäck hinaufbringen.«

Das Zimmer war makellos: einfach und sauber. In einer Ecke war eine kleine Dusche eingebaut. Auf einer Kommode stand ein Wasserkrug und neben dem Bett und auf dem Tisch beim Fenster standen Lampen. Auf dem Tisch, neben einer Vase mit Blumen, lag eine englische Ausgabe des Korans. »Lass die Tür nicht offen stehen, wenn das Licht brennt«, warnte er mich. »Die Mücken hier sind unersättlich. Ich bin an sie gewöhnt, aber du hast helle Haut, und Blut von Europäern mögen sie ganz besonders. Gute Nacht.« Damit ließ er mich allein und ging quer über den Hof zu seinem Quartier über der Küche im anderen Flügel des Hauses.

Ich legte mich aufs Bett und schlief augenblicklich ein. Ich muss wohl erschöpfter gewesen sein, als ich dachte, denn ich schlief zwölf Stunden durch. Am nächsten Morgen nahm ich eine Dusche und aß zum Frühstück vom Brot, dem Käse und den Früchten, die Hamid mir hingelegt hatte. Den Tag verbrachte ich gemächlich, saß in meinem Zimmer oder schlenderte durch den Garten. Es war ein traumhafter Tag. Glücklich, fast wie ein Kind, spazierte ich auf und ab, betrachtete hier ein Haus, dort einen Zaun oder einen Steinhaufen. Die Zeit verging, ohne dass es mir wirklich auffiel. Einmal erblickte ich Hamid kurz am Fenster in seinem Zimmer über der Küche, doch er schien mich nicht zu sehen. Nach Sonnenuntergang tauchte er auf. »Geh duschen. Wir haben Wasser heute Abend«, sagte er mit einem Lächeln. »Danach gehen wir zusammen essen.«

Wir gingen ein Stück die Straße hinunter zum Restaurant am Platz. Es war das einzige in Side. Offensichtlich hatte es sich im Dorf herumgesprochen, dass ein Fremder käme, denn ein Tisch mit Blick auf das Mittelmeer war gedeckt und es waren besondere Speisen zubereitet worden. Der Besitzer des Restaurants kam und setzte sich an unseren Tisch, und schon bald gesellten sich mehrere Freunde Hamids zu uns. Ich war davon ausgegangen, dass Hamid und ich an meinem ersten Abend in Side über meine Reiseerlebnisse sprechen würden, aber nach kurzem gegenseitigem Vorstellen sprachen er und seine Freunde Türkisch miteinander. Ich hätte genauso gut nicht dabei sein können. Ein Gericht nach dem anderen und Karaffen herben türkischen Weins wurden aufgetragen. Ein oder zwei Mal hörte ich, dass mein Name erwähnt wurde, und hoffte, ins Gespräch einbezogen zu werden. Aber die Unterhaltung ging weiter, während ich auf das glitzernde Wasser hinausschaute, aß, was man mir reichte, und mich fragte, was wohl als Nächstes geschehen würde. Womöglich war ich doch am falschen Tag gekommen. Natürlich nahm ich mir nicht heraus, das Gespräch zu stören; ich war sicher, dass die Unterhaltung zur rechten Zeit auf die Themen käme, über die ich sprechen wollte. Und trotzdem wurde ich ganz allmählich ungeduldig. In meinen Gedanken ließ ich noch einmal den gestrigen Tag an mir vorüberziehen: meine Ankunft in Side, mein neues Zimmer und das darunterliegende – die Kerze, die hinter dem Fenster angemacht worden war…

Ich spürte, wie ich mich zunehmend deprimiert und einsam fühlte, so sehr, dass ich schließlich befürchtete, noch dort am Tisch zusammenzubrechen. Mit aller Kraft versuchte ich, mich wieder zu fangen, aber das Gefühl eines großen Schmerzes wurde ich nicht los. Es nahm sogar noch zu, als ich sah, wie über den Platz eine Gestalt auf uns zukam. Zuerst konnte ich sie nicht genau erkennen, aber dann sah ich, dass es eine schöne, großgewachsene und braungebrannte Frau war. Ihr schwarzes Haar hing bis über ihre Schultern hinab. Sie trug ein weißes Kleid, ging barfuß und in ihren Händen hielt sie ein durcheinandergeratenes Knäuel blauer Wolle. Diese war so eng um ihre Handgelenke gewickelt, dass ihre Hände und Arme, die sie vor sich ausstreckte, zusammengebunden waren. Schnell erhob sich der Besitzer des Restaurants und holte ihr einen Stuhl. Hamid führte sie an unseren Tisch, entwirrte behutsam die Wolle von ihren Handgelenken und schenkte ihr ein

Glas Wein ein. Sie war wunderschön – so zart und entrückt, als ob sie nicht von dieser Welt sei. Ich empfand, dass die Einsamkeit, die ich spürte, von ihr ausging.

Als Hamid uns einander vorstellte, neigte sie ganz leicht ihren Kopf. Sie sprach nichts, sondern nahm ihre blaue Wolle wieder auf und begann, darin herumzuzupfen. Anfangs bewegten sich ihre Hände langsam und vorsichtig, und ihre Finger tasteten sich suchend durch das verwickelte Knäuel. Dann wurden sie immer unruhiger und stießen wild in die blaue Wolle hinein.

Hamid wandte sich an mich, ohne die junge Frau aus den Augen zu lassen: »Sie sucht nach dem Ende.« Ich streckte meine Hand aus, in der Absicht, ihr zu helfen, aber er berührte meinen Arm, um mir anzudeuten, ich solle sie in Ruhe lassen. Dann wünschte er den anderen am Tisch eine gute Nacht, forderte mich auf, ihm zu folgen, und führte die Frau im Licht der Sterne quer über den Platz. Schweigend gingen wir gemeinsam den Strand entlang zurück zum Haus. Kurz bevor wir es erreichten, blieb sie stehen und blickte eine Weile aufs Meer hinaus. An ihrer Seite hing, wie ich gerade noch erkennen konnte, eine Schlaufe der Wolle hinunter. Sie drehte sich um und ging durchs Tor. Hamid und ich blickten ihr über den Innenhof nach, bis im Fenster unter meinem Zimmer das Licht einer Kerze aufflammte und durch das Moskitonetz hindurch den Baum neben der Treppe schwach erleuchtete.

»Komm morgen früh um sieben Uhr zu mir«, sagte Hamid. Dann umarmte er mich, küsste meine Hände, führte sie an seine Stirn und ging auf sein Zimmer.

❧

Als Mineral starb ich und wurde Pflanze.
Als Pflanze starb ich und wurde Tier.
Als Tier starb ich und wurde Mensch.
Wovor soll ich mich fürchten hier?

Was hat mir das Sterben je genommen?
Als Mensch werd' ich noch einmal geh'n,
Und mich emporschwingen mit den Engeln.
Doch auch als Engel muss ich weiterseh'n.

Denn alles wird zunichte außer Gott.
Erst wenn ich dann zu opfern wag'
Meine Engelsseele, werde ich,
Was zu fassen kein Verstand vermag.

MEVLANA JALALUDDIN RUMI

Alles ist im Göttlichen Atem enthalten
Wie der kommende Tag in der Morgendämmerung.

MUHYIDDIN IBN ARABI

Vier

DIE MORGENDÄMMERUNG BRACH ÜBER DEN HÜGELN HEREIN, weckte die Hunde im Dorf und enthüllte den Tag. Von den Minaretten hörte ich den Ruf zum Gebet: »*Allah-Hu akbar, Allah-Hu akbar*« – »Gott ist groß, Gott ist groß.« Fünfmal täglich hallte die Einladung des Muezzins über die Dächer und rief die Menschen auf, sich aufs Neue Gott zuzuwenden.

Ich vollzog meine rituellen Waschungen, so wie Hamid es mich in London gelehrt hatte. »Falls du kein Wasser hast, wasche dich mit Sand«, hatte er gesagt. »Und wenn du keinen Sand findest, wasche dich mit einem Stein. Und wenn kein Stein da ist, reinige dich mit deiner Absicht, so dass du dich möglichst frei von allem Vergangenen diesem Augenblick zuwendest.« Ich wusch mich sehr sorgfältig an diesem Morgen und betete, ich möge offen sein für alles, was mir gegeben werde.

Um Punkt sieben Uhr klopfte ich an Hamids Zimmertür. Er hatte bereits auf mich gewartet, bedeutete mir, auf einem Stuhl ihm gegenüber Platz zu nehmen, und begann ohne Umschweife zu sprechen: »Heute morgen werde ich dich ein paar Dinge über das Atmen lehren. Bestimmt ist dir klar, dass der Atem das Geheimnis des Lebens ist, denn ohne Atem gäbe es nichts. Wenn man richtig atmet, kann man den Weg wählen, auf dem man reisen will. Denk an den Wind – er weht und trägt mit sich fort, was leicht genug ist, um von der Erde aufgenommen zu werden. Er trägt den Blütenduft mit sich. Er trägt die Blätter, die von den Bäumen fallen. Er trägt die Samen der Pflanzen an den Ort, wo sie Wurzeln schlagen können. Darin liegt eine großartige Botschaft! Wir kommen auf dem Atem in diese Welt, und wir verlassen sie wieder auf dem Atem. Der gewöhnliche Mensch fristet sein Leben mechanisch und denkt bis zum Augenblick seines Todes nie über das Atmen nach. Dann ringt er darum, Luft in seine Lungen zu saugen, und klammert sich an die Überbleibsel dessen, was er als das Leben in dieser Welt gekannt hat.

Ich will dir heute Morgen eine Übung geben, die du jeden Tag, jeden Moment, für den Rest deines Lebens ausführen kannst. Sie scheint einfach zu sein, aber wie jeder Augenblick anders ist, so ist auch jeder Tag anders, und manchmal magst du es für unmöglich halten, dich zu konzentrieren. Doch nach und nach wirst du zu verstehen beginnen, welche große Bedeutung in dem liegt, was ich dir nun sage.

Zuerst musst du lernen, deine feinstofflichen Körper zu reinigen. Erst wenn du das Konzept des physischen Körpers aufgibst, kannst du auf jene unsichtbare Matrix stoßen, aus der der Körper unablässig geformt wird. Wenn du lernst, wie du dich reinigen kannst, wirst du fähig, klarer zu sehen, denn dann beginnen sich die Gedankenformen und Projektionen aufzulösen, die deinem scharfen Blick und inneren Hören im Weg stehen. Im Grunde genommen ist das Denken das Einzige, was uns trennt.«

Er wies mich an, meinen Stuhl so nahe wie möglich an seinen heranzurücken. Dann nahm er meine Hände in seine, meine rechte Handfläche nach oben und meine linke nach unten gedreht. Ich konnte spüren, dass sich zwischen uns wie in einem Stromkreis eine Energiespirale drehte, die mich sogleich ruhiger werden ließ.

»Bring deinen Rücken zuerst in eine aufrechte Haltung, dann beobachte einfach das Auf und Ab des Atems. Das braucht viel Übung und nur wenige Menschen sind bereit, diese Anstrengung auf sich zu nehmen. Wenn du es schaffst, einfach nur den Atem zu beobachten, beginnst du zu erkennen, wie sehr wir von den Gedanken tyrannisiert werden, die uns unentwegt hierhin und dorthin tragen. Auch wenn wir der Wahrheit nur ungern ins Gesicht sehen, wird uns bewusst, wie winzig unser Grad an Beständigkeit ist. Du bist nicht deine Gedanken, genauso wenig wie du deine Gefühle oder dein Körper bist. Aber wenn du nicht deine Gedanken bist und es dir dennoch so schwer fällt, nicht von ihnen mitgerissen zu werden und einfach nur den Atem zu beobachten, dann stimmt doch etwas nicht, oder?«

Bei dieser Frage drückte er meine Hände fester, bis ich aufschaute und ihm in die Augen sah. »Hör gut zu,« sagte er, »und merke es dir – solange du kein beständiges ›Ich‹ hast, bist du immer in Gefahr, in die Irre geführt zu werden. Aber wenn du lernst, bewusst zu atmen, besteht die Chance, auf jenes innere Sein zu stoßen, das dein wahres Selbst ist.

Heute werde ich dir drei Aspekte des Atems näherbringen. Die Wissenschaft des Atems ist ein Studium fürs ganze Leben; aber diese drei Aspekte, eingehend studiert und praktisch angewandt, können dir helfen, den Lauf deines Lebens zu verändern. Es sind dies der Rhythmus des Atems, die Beschaffenheit des Atems und die Platzierung des Atems.

In letzter Zeit wurde im Westen viel über den Rhythmus des Atems geschrieben, in Indien *pranayama* genannt. Aber die Menschen merken nicht, dass verschiedene Arten von Rhythmen, die von verschiedenen Schulen und Lehrern gelehrt werden, auch verschiedene Ergebnisse hervorbringen sollen. Wenn du einen Wagen sehr schnell bergauf fahren willst, braucht der Motor einen anderen Rhythmus, als wenn er gemütlich den Berg hinunterrollt. Die Geschwindigkeit des Wagens mag dieselbe sein, aber der Rhythmus des Motors ist ein völlig anderer. So verhält es sich auch mit der Wissenschaft des Atems – das Verständnis des Rhythmus ist von entscheidender Bedeutung.«

Er hielt einen Moment inne, und ich war unsicher, ob er auf eine Antwort von mir wartete. Noch bevor ich etwas entgegnen konnte, fuhr er fort: »Der Rhythmus, den ich dich heute lehren will, wird manchmal ›Mutteratem‹ genannt. Die Menschen verstehen nicht, dass aus jedem Augenblick etwas ›geboren‹ wird und dass wir dazu beitragen würden, Frieden auf diesen Planeten zu bringen, wenn wir den Rhythmus finden könnten, der am natürlichsten ist und in vollkommener Harmonie mit den universellen Gesetzen, die unser Dasein regieren.

Die erste Lektion besteht also darin, einen ganz grundlegenden Atemrhythmus bewusst zu üben. Vergewissere dich, dass deine Wirbelsäule gerade ist, so dass die Lebenssäfte leicht auf- und absteigen können. Dann atme ein, wobei du bis sieben zählst, halte für einen Taktschlag inne und atme wieder aus, während du wieder bis sieben zählst. Bevor du erneut einatmest, halte nochmals für einen Taktschlag inne und so weiter. Das ergibt ein sehr einfaches rhythmisches Zählen von sieben-eins-sieben-eins-sieben. Wenn du kontinuierlich daran arbeitest, wird der Zeittakt für dich bald selbstverständlich und ganz natürlich werden. Nun übe diesen Rhythmus mit mir.«

Nachdem ich mich entspannt und ganz dem Rhythmus hingegeben hatte, fühlte ich mich allmählich sehr leicht. Hamid hielt noch immer meine Hände, und ich konnte sehen, wie sich sein Bauch beim Atmen hob und senkte. Der Rhythmus war anfänglich zwar ungewohnt und schwer zu halten, aber mit der Zeit begann etwas in mir zu erwachen – eine Art Beobachter, der alles, was vor sich ging, wahrnehmen konnte, ohne dass er mit dem Rhythmus selbst identifiziert war.

»Gut«, sagte Hamid. »Nun hab noch etwas mehr Vertrauen, entspanne dich, schließe deine Augen und lass es einfach zu, geatmet zu werden. Lass jede Vorstellung los; gib dich dem Rhythmus hin, der durch alles Leben fließt und pulsiert. Dieser Rhythmus wird auch ›das Gesetz der Sieben‹ genannt, und indem du ihm folgst, wirst du Teil des harmonischen Prinzips des Lebens, das einzig und allein danach strebt, aus sich selbst heraus Vollendung zu finden.

Nun kommen wir zur nächsten Stufe; sie hat mit der Beschaffenheit der Luft zu tun, die du atmest. Halte diesen Sieben-eins-sieben-Rhythmus weiterhin bei.

Geradeso wie der Wind alles mit sich trägt, was leicht genug ist, von der Erde aufgehoben zu werden, gibt es viele Qualitäten, die auf dem Atem getragen werden können, wenn wir den Rhythmus verstehen und fähig sind, uns richtig zu konzentrieren. Du kannst zum Beispiel irgendeine Farbe aus dem gesamten Spektrum wählen, sie in deinen Körper einatmen und jede Zelle damit füllen. Diese Praktik wird bei gewissen Heilmethoden angewendet. Du kannst eine starke Schwingung einatmen, vergleichbar etwa den tiefen Tönen des Klaviers; oder du kannst die erdenklich feinste Schwingung wählen, die in dieser Welt jenseits der hörbaren Tonleiter liegt. Du kannst dir alles Mögliche aussuchen! Du kannst die Elemente von Feuer, Erde, Luft und Wasser einatmen oder die Essenz einer bestimmten Blume oder eines Heilkrauts. Die Wissenschaft des Atems ist ein weites Feld. In der Vergangenheit war sie nur wenigen bekannt, doch nun ist es an der Zeit, dass die Welt zu verstehen beginnt. Mit dem richtigen Rhythmus und mit dem Wissen, das ich dich lehre, können außergewöhnliche Dinge vollbracht werden!

Aber das sind nur Hinweise am Wegesrand. Wenn du diesen Grundrhythmus gründlich geübt hast, können wir weiter in die Tiefe gehen.

Der dritte Aspekt, den ich heute erwähnen möchte, ist die Platzierung des Atems. So wie der Wind den Samen von einem Ort zum anderen trägt, so kann der Atem zu bestimmten Zwecken eine Absicht von einem Körperbereich zu einem anderen tragen. Durch richtiges Platzieren des Atems können wir lernen, den Körper ins Gleichgewicht zu bringen. Wir können beginnen, die

Kunst der Umwandlung zu erlernen, die Kunst der Alchimisten. Und wir können anfangen, unsere Verantwortung zu übernehmen als bewusste menschliche Wesen, die sich einem Leben des Dienens auf der Erde verschrieben haben.

Nun atme mit mir, komm in den Rhythmus, den ich dir beigebracht habe, und lass die feinste Art von Luft, die du dir vorstellen kannst, in dich einströmen. Lass dich von dieser Luft reinigen. Lass sie allen Schmerz, den du gerade fühlst, wegwaschen. Spüre, wenn ich jetzt mit dir atme, wie sich die Energie von deinem Scheitel herab durch deinen Körper ausbreitet.«

Ich entspannte mich und ließ meinen Körper, wie von Hamid angeleitet, atmen. Wie nie zuvor fühlte ich mich wohl und befreit. Gleichzeitig musste ich mich anstrengen, meine Konzentration und Wachheit nicht zu verlieren. Hamid drückte meine Hände fester.

»Nun möchte ich, dass du mehrere sehr tiefe Atemzüge machst. Stimme dich bei jedem Einatmen bewusst auf dein inneres Gleichgewicht ein und übernimm die Verantwortung für deinen Körper. Du hast es geschafft, viel von dem loszulassen, was du zu sein glaubtest, und bist in dir auf etwas Wirkliches gestoßen. Es ist das, was wir den ›Beobachter‹ nennen. Nun musst du lernen, diesen Beobachter jeden Tag etwas weiterzuentwickeln. Du bist hier, um zu lernen, für deinen Körper, für dieses Gefährt, das dir gegeben wurde, die Verantwortung zu übernehmen. Stehe aufrecht in dieser Welt, aber verbeuge dich in der nächsten.«

Ich atmete langsam und tief, als mich Hamid anwies, die Augen zu öffnen. Der Raum schien sehr verändert, so als sähe ich ihn zum ersten Mal. Ich empfand ein überwältigendes Gefühl von Frieden und Geborgenheit. Alles war in wunderbarer Ordnung, und ich spürte ein harmonisches Fließen zwischen den Gegenständen im Zimmer und durch sie hindurch, eine Art Verbindung oder gegenseitige Bestätigung – die Stühle, der Tisch, das Bett, alle wussten umeinander. Sie waren keine unbelebten Dinge mehr, sondern Teil des lebendigen Seins. Alles war wach und sprach in einer lautlosen Sprache. Alles war, seinem Wesen nach, vollkommen.

Hamid ließ meine Hände los und erhob sich still. Er stellte sich hinter mich, hielt seine Hände über meinen Kopf und führte sie langsam, mit etwa fünf Zentimeter Abstand, zu beiden Seiten meines Körpers hinab. Dann trat er neben mich und vollzog dieselbe Bewegung entlang meiner Vorder- und Rückseite. Schließlich stellte er sich wieder hinter mich, legte seine Hände auf meine Schultern und bat mich, völlig still zu sitzen. Seinen Händen entströmte eine solche Wärme, dass mein ganzer Körper brannte. Er stand nur ein paar Sekunden so da, dann setzte er sich wieder. »Gut«, sagte er, »wenn wir nun beginnen, über die wirkliche Welt zu sprechen, wird es dir leichter fallen zu verstehen. Doch zuerst brauchen wir Kaffee und ein Frühstück. Weißt du schon, wie man einen türkischen Mokka zubereitet? Nein?« Enttäuscht schüttelte er den Kopf. »Nun, dann musst du es lernen. Und dann wird es jeden Morgen nach unserer gemeinsamen Meditation deine Aufgabe sein, den Kaffee zuzubereiten. Nach dem Frühstück setzen wir uns zusammen und reden. Jetzt geh und mach einen Strandspaziergang; wenn du zurück bist, wird der Kaffee bereitstehen.«

Damit verließ er das Zimmer. Mein Körper fühlte sich eigenartig schwach an, und es fiel mir nicht leicht, mich vom Stuhl zu erheben. Ich ruhte mich noch einige Minuten aus und ging dann den Pfad zum Meer hinab, wo die Fischerboote gerade ihren morgendlichen Fang einbrachten.

Während ich den Strand entlangschlenderte, dachte ich darüber nach, wie Hamid sich verändert hatte. Dieser Morgen war anders gewesen als die Zeit, die wir in London zusammen verbracht hatten. Ich nahm eine Autorität an ihm wahr, eine Art kompromissloser Haltung. Früher hatten wir immer mal wieder, etwa in Tischgesprächen, über profane Dinge geplaudert und ein bisschen gelacht; jetzt aber schien allem eine gewisse Dringlichkeit anzuhaften. Ich hatte das Gefühl, von mir werde erwartet, dass ich mich mehr anstrenge als jemals zuvor. Sicherlich, diesen Sprung ins Unbekannte hatte ich gewagt, doch nun wurde mir klar, dass es kein Zurück mehr gab. Ich hatte mich diesem Menschen anvertraut, und das Stück hatte begonnen, aber die Handlung kannte ich nicht einmal in ihren groben Zügen.

Als ich vom Strand zurück war, hatte Hamid draußen im Hof den Frühstückstisch gedeckt. Wir aßen schweigend. Nachdem wir abgeräumt hatten, bedeutete mir Hamid, ihn ins Haus zurückzubegleiten. Wir setzten uns wieder auf unsere Stühle, und er begann zu sprechen, als wären wir in der Zwischenzeit nicht fort gewesen.

»Solange du hier bist, werden wir jeden Morgen eine gewisse Zeit dem Studium widmen. Für dich wird das etwas Neues sein, denn die Westler scheinen zu glauben, studieren bedeute, Informationen anzuhäufen oder sich Wissen zu erwerben. Aber Wissen lässt sich nicht erwerben. Vergiss das nie: Wissen kann nicht erworben werden, es muss gegeben werden. Es wird dir im richtigen Moment *gegeben,* obwohl es in Wirklichkeit schon immer in dir ist. ›Bildung‹, auf Englisch *education,* kommt vom lateinischen Wort *educare,* was so viel bedeutet wie ›hervorbringen‹. Es bedeutet also nicht, irgendwelche Brocken aus äußeren Informationsquellen in sich hineinzustopfen. Das Studium, das ich meine, ist das liebende und bewusste Studieren essenzieller Wahrheiten, damit dasjenige, was in dir darauf wartet, geboren zu werden, sich zu entfalten beginnen kann. Wenn du dich in deinem Studium anstrengst, wird dein Verstehen aus sich selbst heraus wachsen.

Aber ehe du auf diese Art und Weise studierst, musst du dich immer darauf vorbereiten. Das ist der Grund dafür, dass wir zuerst unsere Übungen ausführen. Du musst lernen, die drei Welten im Gleichgewicht zu halten – die Welt des Denkens, die Welt des Fühlens und die körperliche Welt. Studieren ist keine – wie sagt ihr noch? – Gehirnakrobatik. Wenn du nur mit dem Kopf arbeitest, landest du lediglich bei *Konzepten* von der Wahrheit. Forschst du nur deinen Gefühlen nach, wandelst du womöglich in einem Zustand eines ständigen Hallelujas umher, voller Empfindungen, aber ohne Richtung. Trainierst du lediglich deinen Körper, kannst du so erdverhaftet werden, dass du dich nie mehr hoch genug hinaufzuschwingen vermagst. Es ist also alles eine Frage des Gleichgewichts.«

Hier unterbrach ich ihn und fragte: »Was meinst du damit, wenn du sagst, dass Wissen gegeben wird und nicht erworben werden kann?«

»Vorsicht! Das ist eine Frage, die der Verstand stellt. Es ist keine echte Frage. Hättest du mir richtig zugehört, würde es dir noch nicht einmal in den Sinn kommen, so etwas zu fragen. Du glaubst noch immer, du seist fähig, etwas zu tun. Du hast wirklich noch nichts gelernt. Ich habe dir gesagt, du sollst zuhören und das, was ich dir sage, in dich einsinken lassen, und nicht anfangen, mit dem diskursiven Verstand nach Erklärungen zu suchen. Hier wirst du studieren, indem du zuhörst. Wenn du nicht zuhören willst, geh und komm erst wieder, wenn du dazu bereit bist. Ich habe genug zu tun und will nicht meine Zeit vergeuden. Verschwendung ist die einzige Sünde, und alles andere folgt aus ihr. Sünde ist ein

Mangel an Wissen. Wenn du also verstehen willst, musst du zuhören.«

Von der Strenge in Hamids Antwort überrascht, erkannte ich, dass ich die erstbeste Frage gestellt hatte, die mir in den Sinn gekommen war, nur um ihn einen Moment lang zum Schweigen zu bringen, damit mein rationaler Verstand mit dem, was er sagte, Schritt halten konnte. Was ich da fragte, hatte ich gar nicht wirklich überlegt.

»Verzeih mir«, sagte ich. »Ich wollte dich nicht unterbrechen. Ich habe nur versucht zu verstehen. Bitte fahr fort – ich will zuhören, so gut ich kann.«

»Und mir tut es leid, dass ich so heftig geworden bin«, sagte er. »Heute ist erst dein zweiter Tag hier in Side, und du bist noch müde von der Reise. Aber du musst verstehen, dass das hier etwas anderes ist als in London. Dort haben wir uns vorsichtig aneinander herangetastet, uns gegenseitig gemustert und uns beide überlegt, ob wir diesen nächsten Schritt miteinander wagen können. Dann wurde dir die Chance gegeben hierherzukommen, und du hast das Angebot angenommen. Nun bist du in mein Haus gekommen, und jetzt zählt jeder Augenblick. Ich will, dass du so kurz wie möglich hierbleibst; wir haben also keine Zeit zu verlieren. Ich möchte dir einiges von dem Wissen vermitteln, das mir gegeben wurde, so dass du zurückkehren und andere lehren kannst.« Er machte eine Pause. »Gott zu ehren, heißt, Ihn in all Seinen Aspekten zu studieren. Gott zu verstehen, heißt, alles über Ihn zu erfahren, was man kann. Gott zu dienen, heißt, andere zu lehren, was man von Ihm weiß. Im Moment musst du vertrauen und lernen und studieren. Und studieren und nochmals studieren.«

»Soll ich irgendwelche besonderen Bücher lesen?«, fragte ich.

»Auf gar keinen Fall«, antwortete er. »Du hast jahrelang gelesen, und wohin hat es dich gebracht? Dein Kopf ist vollgestopft mit Ideen und Konzepten, und du sehnst Erfahrungen herbei, die andere auf dem Weg gemacht haben. Bevor du dein wahres Wesen verstehen kannst, müssen sich all diese Bilder und Vorstellungen in deinem Kopf auflösen. Keine Bücher – das einzige Buch ist das Manuskript der Natur, und die Lektion ist das Leben selbst. Lebe leidenschaftlich! Wer hat denn gesagt, dieser Pfad sei eine so ernste Angelegenheit, dass auf ihm keine Freude zu finden sei? Das hier ist das aufregendste Abenteuer, das es gibt, und wir sollten daran

Spaß haben. Freude ist das Aufblühen des Wissens, des Wissens, dass Gott vollkommen und unvergleichlich ist. Erinnerst du dich noch, wie ich dich einmal fragte, warum du Vegetarier seist, und ich dir erklärte, dass ich deshalb Fleisch esse, weil ich weiß, dass Gott vollkommen ist?« Hamid lächelte mich an, und ein Zwinkern seiner Augen brachte auch mich zum Schmunzeln.

»Ich wusste, was für Gedanken und Fragen dich beschäftigten, aber ich habe nie von dir verlangt, meine Sichtweise zu übernehmen. Wenn wir zusammen aßen, gab es immer Speisen, wie du sie für dich als richtig erachtet hast. Aber jetzt ist es langsam an der Zeit, dass du erkennst, dass es *ein* Absolutes Sein gibt, aus dem alles kommt. Und von diesem einen Dasein können wir nichts abtrennen. Alles in diesem Universum ist vollkommen und richtig geordnet. Es gehört zum Schauspiel des Lebens, dass uns die Tiere auch zur Nahrung gegeben sind, so dass wir leben können. Das ist Teil des Erlösungsprozesses. Nur durch die Menschheit kann Erlösung geschehen. Es ist ein alchimistischer Prozess, und wir sind lediglich Transformatoren feinstofflicher Energien. Ein sehr großer Lehrer, Mevlana Jalaluddin Rumi, sagte: ›Ich starb als Mineral und wurde Pflanze, ich starb als Pflanze und wurde Tier, ich starb als Tier und wurde Mensch. Als Mensch werde ich sterben und in Engelsgestalt auferstehen. Warum also sollte ich den Tod fürchten?‹ Wer ist hier dieses ›Ich‹? Ist es nicht das große Ich, das erste Ich? Denk heute über diese Ideen nach.

In dir ist alles, was jemals war, und alles, was jemals sein wird, die ganze Vergangenheit und all die verschiedenen Königreiche. Denkst du, das Tierreich sei diesbezüglich anders? Schau dir das Tier an. Es frisst das Gras, das bereits die Mineralien der Erde in sich aufgenommen hat, das Sonnenlicht und die weiteren kosmischen Energien. So nimmt also das Tier beim Grasfressen sowohl das Pflanzenreich als auch das Mineralreich in sich auf. Es gibt nur *ein* Absolutes Sein. Das bedeutet, dass wir auch Verantwortung übernehmen müssen für die Art und Weise, wie wir atmen. Denk daran und sei dir im Klaren darüber, dass du mit jedem Atemzug auch die Elemente des Tierreichs einatmest – ob du nun Fleisch isst oder nicht. Sogar in diesem Augenblick atmest du etwas von der Luft ein, die ich bereits ausgeatmet habe. Damals, als du noch Vegetarier warst, hast du die durch mich umgewandelten Elemente von dem Fleisch eingeatmet, welches ich gegessen hatte. Warst du dir dessen bewusst?

Wie ich dir heute Morgen bereits gesagt habe, liegt das Geheimnis des Lebens im Atem. Es gibt nichts, was mit dem richtigen Gebrauch des Atems nicht transformiert werden könnte. Geboren worden zu sein, bringt uns die Pflicht und Schuldigkeit, zu bewussten Transformatoren zu werden.

Ich will dir eine Geschichte darüber erzählen, wie das geschehen kann. Eines Tages kam eine junge Frau zu mir, die viel in Indien gereist war. Ein ganzes Jahr lang hatte sie nichts anderes gegessen als Orangen. Wirklich – Orangen und nichts anderes. Diese Frau war unglaublich stark und konnte einen sehr schweren Rucksack tragen. Es wäre zu erwarten gewesen, dass sie völlig geschwächt sein müsste, tatsächlich aber war sie gesünder als die meisten. Sie war zu mir gekommen, weil sie gehört hatte, ich sei möglicherweise in der Lage, sie mit bestimmten Leuten im Mittleren Osten bekannt zu machen. Ohne etwas von ihren Speisegewohnheiten zu ahnen, lud ich sie zum Mittagessen ein. Sie war zwar sehr höflich, aber offenbar doch entsetzt über das, was aufgetragen wurde. Wir saßen zu vierzehnt am Tisch; ich hatte eine Ente im Ofen gebraten und mit Curaçao und Grand Marnier abgelöscht. Jemand hatte einen guten Bordeaux mitgebracht, und wir schlossen das Mahl mit Champagner und einem Zitronensoufflé ab. Die junge Frau bat um Verständnis, dass sie gerade eine besondere Diät halte, nahm eine Orange aus ihrer Tasche und aß sie bedächtig. Das war bewundernswert, doch vor lauter Entsetzen über unsere Essgewohnheiten konnte sie unseren Gesprächen nicht richtig zuhören. Im Verlauf der Unterhaltung nannte ich der Tischgesellschaft zwei Namen und Adressen im Wissen, dass die Frau genau um derentwillen gekommen war. Aber sie hörte es nicht, weil sie so sehr in ihrem Konzept darüber gefangen war, wie ein spiritueller Führer zu sein habe, was er essen sollte und so weiter. Als sie wieder abreiste, war sie sehr enttäuscht, ja sogar böse über uns.

Das tiefere Geheimnis dieser Geschichte ist folgendes: Sie hatte in Indien einen Lehrer, bei dem sie eine lange Zeit studiert hatte. Er war ein Asket und hatte sie die Diät gelehrt, die sie befolgte. Wichtiger als die Diät war jedoch das Atmen, das sie bei ihm gelernt hatte. Dieses richtige Atmen ermöglichte es ihr, alles in sich aufzunehmen, was sie brauchte. Sie wusste das nicht, aber sie nahm alles Notwendige aus den verschiedenen Königreichen zu sich – ›Ich starb als Mineral und wurde Pflanze…‹ Verstehst du?«

Er schwieg und wartete. Ich schickte mich an, eine weitere Frage zu stellen, doch diesmal war ich ängstlich.

»Ich kann sehen, dass deine Frage von Herzen kommt, und so will ich mein Bestes tun, sie zu beantworten.«

»Was ich fragen wollte, ist: Wenn es also möglich ist, alles, was man braucht, aus nur einer Orange und dem richtigen Atmen zu erhalten – warum isst du dann noch immer Fleisch?«

Diese Frage schien ihm zum Brüllen komisch, denn er lehnte sich in seinem Stuhl zurück und lachte los, so dass sein ganzer Körper bebte. Er lachte, bis ihm die Tränen kamen.

»Oh, ihr Leute aus dem Westen«, sagte er. »Warum begreift ihr nicht? Ich esse Fleisch, weil ich Fleisch *mag!*«

Damit war das Treffen beendet. Er verließ das Zimmer ohne ein weiteres Wort und verschwand in einem kleineren Nebenraum, der mit einer wollenen Decke im Türrahmen abgetrennt war. Ich wartete noch eine Weile und ging dann über den Hof auf mein Zimmer zurück. Ich beschloss, den Nachmittag am Strand zu verbringen. Zum Sonnenuntergang war ich mit Hamid beim griechischen Amphitheater verabredet; bis dahin verblieb mir also genug Zeit, mich auszuruhen und zu verarbeiten, was mir heute gesagt worden war.

Seit meiner Ankunft vor zwei Nächten war so viel geschehen, dass ich darüber die schöne Frau, die sich beim Abendessen an unseren Tisch gesetzt hatte, beinahe vergessen hatte. In dem Moment kam sie aus ihrem Zimmer. Wie am Vorabend hielt sie ihre Hände, in die blaue Wolle verschlungen und verheddert, vor sich ausgestreckt. Sie in ihrer Welt zu stören, brachte mich in Verlegenheit und gleichzeitig fühlte ich mich tief traurig. Sie kam auf mich zu, ohne mich direkt anzusehen. Ihren Kopf hielt sie leicht zur Seite geneigt, und ihre Hände und Finger zeigten auf meine Brust. Sie war so in ihre Bewegungen vertieft, dass ich, von einer plötzlichen Angst gepackt, zurückwich. Ich hatte ein Gefühl, als wolle sie von mir Besitz ergreifen, aber dennoch konnte ich meinen Blick nicht von ihren Händen lassen, die sie mir entgegenstreckte. Sie hielt ihre Handflächen wie zum Gebet aneinander, und das blaue Wollknäuel hing bis zu ihrer Taille hinab.

Einen Schritt vor mir blieb sie stehen, richtete ihren Kopf auf und schaute mir in die Augen. Ich versuchte, meinen Blick nicht von ihren Augen abzuwenden, griff hinunter und streifte die Wolle vorsichtig von ihren Händen. Beim Lösen der letzten Stränge lächelte sie und betrachtete ihre Hände, als sähe sie sie zum ersten Mal. Das Wollknäuel hing bis auf den Boden hinab. Ich bückte mich, um es aufzunehmen. Als ich das tat, begann sie zu schreien. Sie schrie immer weiter und weinte vor Schmerz. Dann fiel sie auf die Knie und riss die Wolle wieder an sich.

Gerade als ich ihr aufhelfen wollte, kam Hamid über den Hof gelaufen. Er stieß mich beiseite, bückte sich und legte seine Hände über ihre. Sofort hörte sie auf zu schreien, und als sie zu ihm aufschaute, sah sie aus wie ein kleines Mädchen. Er half ihr auf und bedeutete mir, die Wolle aufzusammeln. Als ich mich erhob und sie ihr zurückgeben wollte, nahm er das Knäuel, neigte seinen Kopf darüber, küsste es und reichte es ihr. Dann legte er seinen Arm um sie und führte sie ins Haus.

Ich folgte ihnen langsam über den Hof und ging hinauf in mein Zimmer. Wer war diese junge Frau? Ich hatte sie noch nie sprechen hören – vielleicht war sie stumm. Das Mitgefühl, mit dem Hamid sie behandelte, die ausgesprochene Sanftheit, in der er sie zum Haus geführt hatte, ließen mich vermuten, sie sei vielleicht seine Tochter. Aber es war nicht die richtige Zeit, danach zu fragen, und ich lernte gerade, dass es besser war, mich nicht nach Dingen zu erkundigen, die mich nicht direkt etwas angingen.

Es war bereits derart viel passiert, seit ich in Side angekommen war, dass ich wohl kaum einen Bruchteil von dem, was mir gegeben worden war, verarbeitet hatte. Ich versuchte, mich zu erinnern, ob Hamid je zuvor in unseren Gesprächen in England etwas über die Dinge gesagt hatte, die an diesem Morgen angeschnitten worden waren. Dabei fiel mir ein, was ich ihn einmal an einer Abendgesellschaft in London hatte sagen hören: »Der Mensch ist ein Transformator feinstofflicher Energien. ›Das Werk‹, das heißt unsere Arbeit auf der Erde, besteht in der Kunst, für die gegenseitige Erhaltung des Planeten den ausdehnungslosen Punkt in die Ausdehnung zu übertragen.«

An den genauen Zusammenhang, in dem er dies gesagt hatte, konnte ich mich nicht mehr erinnern, aber ich wusste noch, dass ich mich auf dem Nachhauseweg gefragt hatte, was dieser »ausdehnungslose Punkt« sei und wen oder was »das Werk« darstelle.

Am späten Nachmittag spazierte ich den Strand entlang zu der Stelle, an der ich mit Hamid für den Sonnenuntergang verabredet war. Bis auf drei Fischer, die vor dem Café ihre Netze flickten, war ich ganz allein. Seit dem Mittag hatte ich Hamid nicht mehr gesehen, und aus dem Zimmer unter mir war kein Laut zu vernehmen gewesen. Die junge Frau war wohl noch immer bei Hamid.

Ich wartete lange dort bei den Felsen, aber niemand erschien. So war es bereits ziemlich dunkel, als ich mich schließlich entschied, zum Haus zurückzukehren und nachzuschauen, was geschehen war. Durch die Fenster schien Licht und aus der Küche hörte man das Klappern von Geschirr. Ich klopfte an und trat ein. Hamid erklärte nicht, weshalb er nicht gekommen war, und ich fragte auch nicht nach. Er deutete an, ich solle Platz nehmen, und setzte mir eine Schale mit schwarzen Oliven vor, etwas Schafskäse und ein Glas Wein. »Iss«, sagte er. »Das Abendessen braucht noch etwas Zeit.« Ich beobachtete ihn, wie er neben dem Ofen Gemüse schnitt, wobei mir die Konzentriertheit in jeder einzelnen seiner Bewegungen auffiel. So war es schon in London gewesen. Er sprach niemals, wenn er Essen zubereitete; er sagte, das sei eine derart heilige Handlung, dass alles in Bewusstheit und Respekt getan werden müsse. »Sei dankbar für alles, was dir das Leben gibt«, sagte er immer, »und mache dich selbst zu guter Nahrung für Gott.«

Ich aß ein paar der Oliven. Sie schmeckten ganz vorzüglich, anders als alle Oliven, die ich bisher gegessen hatte, und ich fragte mich, wo er sie wohl herhatte. Als er mit der Zubereitung des Gemüses fertig war, fragte ich ihn danach. »Ah«, meinte er, »solche Oliven erhält man nur nach einem ganz speziellen Verfahren.« Er setze sich zu mir, und ich schenkte ihm Wein ein. »Stoßen wir auf die Oliven an«, sagte er, »denn sie haben einiges durchgemacht, um so herrlich zu schmecken.« Und er begann, tief aus dem Bauch heraus zu lachen, so dass der Tisch zitterte. »In London hast du oft dieselben Oliven gegessen«, sagte er, »warum sind sie dir dort nie aufgefallen? Aber wäre das der Fall gewesen, dann hättest du vielleicht gar nicht erst den langen Weg nach Anatolien machen brauchen, um herauszufinden, was es mit ihnen auf sich hat.

Das Erste, was du tun musst, um solche Oliven zuzubereiten, ist, die allerbeste Sorte zu kaufen, die sich finden lässt. Dann spülst du sie mehrmals sehr gründlich, so dass sämtliches Salz weggewaschen ist. Verstehst du?« Ich nickte und prägte es mir ein, um später einmal selbst solche Oliven zubereiten zu können. »Als Nächstes nimmst du einen Topf, den du zuvor sorgfältig ausgewaschen hast – er muss vollkommen sauber sein. Du gibst die Oliven hinein und übergießt sie mit kochendem Wasser. Dadurch werden sie etwas anschwellen. Lass die Oliven gerade so lange im Wasser, bis sie aufgehen – aber nicht zu lange, damit ihre Haut nicht platzt. Dann gießt du das Wasser ab und gibst ein paar Zitronenscheiben und etwas frische Minze hinzu. Schließlich füllst du den Topf auf mit Olivenöl aus erster Pressung; nimm das reinste, das du finden kannst, es ist die Essenz der Olive.« Verschließe den Topf sehr dicht mit einem Deckel und stell ihn für vierzig Tage und vierzig Nächte beiseite. Danach sind die Oliven vollkommen. Aber auch nach sieben Tagen sind sie schon recht gut.«

Wieder schüttelte er sich vor Lachen, als er bemerkte, wie ich mir das Rezept genau zu merken versuchte. »Los«, sagte er, »deck den Tisch und lass uns essen. Die Oliven können bis morgen warten.«

Wir sprachen miteinander bis tief in die Nacht. Über die Ereignisse des Tages wollte er nicht reden, und zu all meinen Fragen sagte er nur: »Das ist etwas anderes« oder »es ist noch nicht an der Zeit, diese Dinge zu besprechen.« Er erzählte mir wundervolle Geschichten über die Derwische aus der Türkei und aus Persien. »Vielleicht wirst du einigen von ihnen begegnen«, sagte er, »aber du brauchst nicht loszuziehen, um sie zu suchen. Wenn deine Absicht klar ist, wird jemand zu dir kommen. Aber bleib wachsam, ansonsten wirst du den Augenblick verpassen.«

Bevor ich ihm eine gute Nacht wünschte, sagte er, wir sollten beten. Ich versuchte, ihm zu erklären, dass ich das Beten nicht verstand und darin weder eine Bedeutung noch einen Sinn sah. »Dann bete darum, dass du es verstehst«, sagte er ungeduldig. »Auf unserem Pfad brauchst du Hingabe. Dein Problem ist, dass du nicht an Gott glaubst. Du denkst nur, du glaubst. Wenn du wüsstest, was ich weiß, würdest du beten. Aber das Gebet, von dem ich spreche, ist jenseits aller Form. Und wo sind deine Liebe und deine Dankbarkeit? Wie häufig am Tag erinnerst du dich daran, Danke zu sagen? Du bist vollkommen abhängig von Gott, und Ihm gebührt aller Dank. Solange du nicht wahrhaft dankbar sein kannst, wirst du immer von Gott getrennt sein. Du hast das Beten vergessen, weil du deine Abhängigkeit von Ihm vergessen hast, so dass das Gebet zu einer leeren Wiederholung von Worten verkommen ist. Das ist nicht Beten. Das Gebet, von dem ich spreche, ist das Gebet des Herzens, der Zustand, in dem das ganze Leben zum Gebet wird. Du solltest am Morgen mit Seinem Lobpreis aufstehen und am Abend schlafen gehen in herzlicher Dankbarkeit für alles, was dir gegeben wurde. Er kommt vielleicht mit einem Dorn, in den du trittst, um dich aufzuwecken. Er mag als der sanfte Wind kommen oder als der Regen. Wie auch immer Er kommt und was auch immer Er bringt, du musst Ihm dankbar sein und dich erkenntlich zeigen, denn Lobpreis und Dankbarkeit sind wie die beiden Hände beim Gebet.«

Er schwieg lange. »Ein großer Sufi hat einmal gesagt: ›Mache Gott zur Wirklichkeit, und Er wird dich zur Wahrheit machen.‹ Fange noch heute Abend an zu begreifen, was das bedeutet. Willst du Gott nicht von Angesicht zu Angesicht begegnen?«

Ich fühlte mich ertappt und beschämt und begann, anfangs sehr leise, meinen Dank zu bekennen. Es war, als hätten meine Worte auf diese Befreiung gewartet. Sie fanden ihren eigenen Rhythmus. Und etwas hallte wider. Aus der Dankbarkeit entsprang eine Freude, die den Druck und den Zweifel hinwegspülte. Der Widerhall kam so plötzlich, dass ich einen Moment lang zweifelte und meine Augen wieder öffnete. Hamid saß noch immer da, mir gegenüber. Als ich erneut die Augen schloss, spürte ich wieder die Befreiung in meinem Herzen. Wir saßen eine Zeit lang still da. Als ich mich schließlich erhob, um auf mein Zimmer zu gehen, lächelte mich Hamid wie aus einer großen Entfernung an. In dieser Nacht sprachen wir nicht mehr miteinander.

❧

Hinter jedem »Oh, mein Herr!« von dir,
Klingt ein tausendfaches »Ich bin hier!«

Nicht in Büchern noch in Reden,
Sondern von Seele zu Seele
Dieses Wissen reist.

Erleuchtet wird des Menschen Herz,
Wenn das Wissen des Geheimen
Trifft auf einen leeren Geist.

MEVLANA JALALUDDIN RUMI

Fünf

AM NÄCHSTEN MORGEN GING ICH WIE ÜBLICH UM SIEBEN Uhr zu Hamids Zimmer. Doch er schlief noch fest und schnarchte mit einem tiefen Knurren unter seiner Bettdecke. Überall im Raum lagen Bücher und Papiere herum; er musste wohl die halbe Nacht aufgeblieben sein. Neben seinem Bett fiel mir ein Stapel Papiere auf, die ordentlicher abgelegt waren als der Rest. Der Titel auf dem obersten Blatt lautete: »Der Weg des Dienens und der Hingabe: Eine Abhandlung über die Sufi-Mystiker des dreizehnten Jahrhunderts«. Darunter stand ein Zitat:

> Die Erde und der Sand brennen. Lege dein Gesicht in den glühenden Sand und den Straßenstaub, denn alle von der Liebe Verwundeten müssen das Mal im Gesicht und die Narbe offen tragen. Lass das Wundmal des Herzens sehen, denn an ihren Narben erkennt man die Menschen, die den Weg der Liebe gehen.
>
> Prophet Mohammed
> (Friede und Segen seien mit ihm)

Nicht zum ersten Mal wunderte ich mich über Hamid. Abgesehen von den Abenden, die ich mit ihm in seiner Londoner Wohnung verbracht hatte, war mir sein Leben ein Rätsel. Einige Male hatte ich versucht, das eine oder andere aus ihm herauszulocken, worauf er die Unterhaltung aber stets in eine andere Richtung gelenkt und mir zu verstehen gegeben hatte, sein Leben sei seine Angelegenheit und ich solle darüber keine Fragen stellen. Auf seiner Privatsphäre bestand er so strikt, dass ich wirklich keine Ahnung hatte, wer er eigentlich war.

War Hamid ein Derwisch? Das hätte ich gerne gewusst. Der Stapel Papiere neben seinem Bett hatte mich neugierig gemacht. Ich beugte mich vor, um sie mir genauer anzusehen. Unter der Decke grollte noch immer das Schnarchen. Mir war bewusst, dass ich dabei war, in seine Privatsphäre einzudringen, aber die Versuchung war einfach unwiderstehlich.

Gerade als ich das oberste Blatt aufnehmen wollte, erwachte Hamid. Im ersten Moment bemerkte er mich nicht, aber dann sah er mich über den Papierstapel gebeugt. Ruckartig setzte er sich auf, sein Gesicht vor Zorn verzerrt: »Was tust du hier? Hast du denn gar nichts gelernt? Du kommst ohne Erlaubnis in mein Zimmer und hast die Frechheit, in meinen Sachen herumzuschnüffeln! Was hast du sonst noch hier gemacht? Was hast du dir sonst noch angeschaut? Los, raus damit!«

Ich beteuerte, ich sei erst seit wenigen Sekunden im Zimmer und hätte sonst nichts angerührt. Stotternd erklärte ich, ich hätte ihn nicht aufwecken wollen, aber weil er mich zur üblichen Zeit herbestellt habe, hätte ich nicht gewusst, ob ich wieder gehen oder bleiben sollte. Vor Angst und Scham war mir richtiggehend übel.

»Genug!«, unterbrach er meine Rechtfertigung. »Du hast einen schweren Fehler gemacht. Normalerweise würde ich dich aus meinem Haus jagen. In unserer Tradition hat man vollkommen ehrlich zu sein und die Würde des Menschen höher zu achten als alles andere. Du bist jung, unausgebildet und Engländer, darum habe ich dir etliche Fehler durchgehen lassen, aber jetzt musst du endlich lernen. Von heute an wirst du ohne meine vorherige Erlaubnis mein Zimmer nicht mehr betreten, und du wirst keine Fragen mehr stellen, ohne dazu eingeladen zu sein. Wenn du dich hütest und dich richtig aufführst, können wir zusammen weitermachen. Wenn nicht, werde ich jemand anderen finden. Denk nicht, du seist wichtig. Du magst ein ganz brauchbares Vehikel sein, aber du bist sehr leicht zu ersetzen. Hast du das verstanden? Jetzt geh, kümmere dich um Kaffee und Frühstück, und lass mich allein, bis ich dich rufe.«

»Es tut mir leid, Hamid«, sagte ich. »Bitte, bitte, verzeih mir.«

»Raus!«, schrie er. »Jetzt ist nicht die Zeit für sentimentales Geschwätz. Es wartet Arbeit auf uns, und wenn du lernen willst, dann sieh zu, dass du vorankommst, und halte dich nicht mit begangenen Fehlern auf. Es war richtig, dass du um Entschuldigung gebeten hast, aber erwarte kein Mitleid.«

Beim Kaffeekochen wurde mir klar, dass ich tatsächlich auf sein Mitleid erpicht gewesen war, statt einfach um Verzeihung zu bitten im Wissen darum, dass der Augenblick bereits vorüber war.

Etwa eine halbe Stunde später hörte ich Hamid aus seinem Zimmer rufen: »Komm, und bring den Kaffee mit.«

Mit noch duschnassem Haar empfing er mich, als sei nichts geschehen. »Nun«, fragte er, »was hast du gelernt?«

Die Frage kam so unerwartet, dass ich keine Antwort parat hatte. Er machte das oft mit mir, und jedes Mal tappte ich in dieselbe Falle. Erst ließ er es zu, dass ich mir eine Vorstellung zurechtlegte von dem, was als Nächstes geschehen würde, und genau dann, wenn ich mich mit der Situation arrangiert hatte, sagte oder tat er etwas, was jegliche Kontinuität meines Verstehens zunichte machte. In London hatte ich ihn einmal gefragt, warum er das tue. Er hatte geantwortet: »Um auf den Weg zu gelangen, ist es notwendig, den Zeitverlauf zu erschüttern. Man muss sein Muster des Vergleichens durchbrechen.«

Ich schwieg ein paar Minuten, während ich nach einer Antwort suchte, die ihn zufriedenstellen könnte.

»Ich weiß nicht, wie ich dir antworten soll«, begann ich. »Ich bin gerade erst angekommen und seither so verwirrt, dass ich nicht weiß, *was* ich gelernt habe. Alles ist so neu – vielleicht brauche ich noch ein paar Tage, bis die Dinge tief genug eingesunken sind, damit ich deine Frage beantworten kann.«

»Unsinn, du bist bloß störrisch und langsam. Wenn du nur zuhören würdest und Vertrauen hättest, könntest du mir sehr wohl antworten«, sagte er. »Irgendetwas musst du doch gelernt haben.« Das erste Wort hatte er betont, und nun lehnte er sich vor und schaute mir direkt in die Augen.

»Also?«

»Ich habe gelernt, dass ich in Wirklichkeit nichts weiß, und dass ich erst jetzt am Beginn der Reise stehe. Bisher war alles nur Vorbereitung.«

»Alles ist immer nur Vorbereitung«, sagte er. »Das ist keine Antwort. Wir bereiten uns jetzt auf die künftige Welt vor, aber wann diese kommt, liegt in der Hand Gottes, nicht in unserer. Wir müssen stets in einem Zustand der Bereitschaft sein. Bereitschaft ist die Kunst, wach zu sein. Wenn du wach bist, magst du eines Tages in die wirkliche Welt hineinschauen. Wenn du wie ein Schlafwandler in einem Traum herumläufst, kannst du nicht erwarten, in diese Welt zu gelangen. Praktisch alle Menschen schlafen, aber sie wissen es nicht. Und du kannst nicht aufwachen, indem du Bücher liest, die dir sagen, dass du schläfst. Möglicherweise wachst du noch nicht einmal auf, wenn dir ein Lehrer sagt, dass du schläfst. Du kannst nur aufwachen, wenn du es *willst,* und dann kannst du beginnen, an dir zu arbeiten und all den Plunder beiseite zu schieben, um zur Wahrheit dessen vorzustoßen, wer oder was du bist. Aufwachen ist auch keine Frage irgendwelcher übersinnlicher Erfahrungen. Ich habe viele Menschen getroffen, die behaupten, übersinnliche Kräfte zu besitzen, und die in Tat und Wahrheit noch tiefer schlafen als jene, die über diese Dinge rein gar nichts wissen. Diese Leute denken, wenn sie mit irgendeiner Art ›Führer‹ in Verbindung treten könnten, seien sie von der Aufgabe entbunden, an sich selbst zu arbeiten. Sie verstecken ihren eigenen Schmerz lediglich unter neuen Illusionen.

Das Einzige, worauf es ankommt, ist, die Einheit Gottes zu erkennen; dann wird uns alles geschenkt. Wenn du versuchst, Seine Bruchstücke zu finden, einzelne Aspekte der Einen Wirklichkeit, verlierst du dich im Stückwerk, und wo bleibt dann die Einheit? Wenn du auf deiner Reise Halt machst, um die Blumen zu bewundern, vergisst du womöglich das Ziel der Suche und bleibst bei den Blumen stehen. Sicherlich sind sie wunderschön, aber was willst du? Hinterfrage stets eingehend deine Beweggründe; betrachte sehr genau, was du tust und wieso du es tust. Suche unablässig nach deinem wahren Wesen, aber nicht um deinetwillen. Verstehst du?«

Ich hörte ihm zu und hatte das Gefühl, zumindest etwas von dem, was er sagte, zu verstehen. Wenn man versucht, sein Selbst zu entwickeln (über dessen Existenz man nicht wirklich etwas weiß), entwickelt man eine Illusion. Nur wenn man an sich selbst arbeitet zugunsten von etwas, das größer ist, als unser Verstand zu fassen vermag, kann überhaupt davon gesprochen werden, man tue irgendetwas Sinnvolles oder Schöpferisches.

Ich legte Hamid meine Gedanken dar. Er machte einen zufriedenen Eindruck und sagte mehrmals: »Ah!« Schließlich unterbrach er mich: »Haben dir die Oliven wirklich geschmeckt?«

Schon wieder fühlte ich mich überrumpelt. »Ja, wieso?«, fragte ich verwirrt. »Ich habe dir gestern Abend doch gesagt, wie gut sie schmecken, und dich sogar um das Rezept gebeten, damit ich sie selbst einmal zubereiten kann.«

»Aber wenn du sie nicht verstanden hast, hast du sie nicht wirklich genossen. Hast du sie verstanden?«

Was meinte er nun damit, »sie verstehen«? Sicherlich, es waren wunderbare Oliven, aber was gibt es an einer Olive zu verstehen? Ich grübelte über einer Antwort, während Hamid dasaß, mich ruhig ansah und an seinem Kaffee nippte. Schließlich meinte er etwas gereizt: »Du bist nicht wirklich so einfältig zu glauben, ich hätte nur über Oliven gesprochen, oder? Denkst du im Ernst, nach dieser ganzen Zeit und nach all dem, was ich dir gesagt habe, würde ich meine Zeit mit dem Plaudern über Oliven verschwenden? Manchmal bringst du mich zur Verzweiflung. Hör gut zu, um Gottes Willen! Du bist hier, um zu lernen, also wasch deine Ohren und bleib wach! Jede Geschichte, die ich dir erzähle, kann auf vielen Ebenen verstanden werden. Stündest du nur auf der Stufe, auf der man hört, wie gute Oliven zubereitet werden, wäre das das Eine; aber du solltest fähig sein, darüber hinauszuwachsen. Und ich hätte dir diese Geschichte sicher nicht erzählt, wenn ich nicht wüsste, dass du sie auch verstehen kannst. Nun hör genau zu.

Das Salz, das die Oliven in den Säcken konserviert hat, ist die Konditionierung in deinem Leben. Es muss abgewaschen werden, bevor irgendeine echte Arbeit getan werden kann. Um das beste Ergebnis zu erzielen, musst du die höchste Qualität von Oliven wählen. Die Oliven stehen für die vielen Aspekte deiner selbst; man könnte auch sagen, jede einzelne Olive ist eine Person, die für das Werk möglicherweise nützlich ist. Es heißt: ›Viele sind berufen, aber wenige sind auserwählt.‹ Der Topf, der in jeder Hinsicht sorgfältig gereinigt sein muss, ist entweder dein Körper oder der von dir oder der Gruppe eingenommene Raum. Wasser nimmt die Farbe des Gefäßes an, in dem es enthalten ist, und dieses Wasser soll so klar sein wie ein Gebirgsbach. Das ist der Grund, weshalb die rituellen Waschungen so bedeutsam sind. Aber darüber haben wir bereits gesprochen.

Nach dem Abwaschen des Salzes sind die Oliven sehr empfindlich, also werden sie mit Sorgfalt und Liebe, und natürlich möglichst aufmerksam und bewusst, in den Topf gegeben. Dann folgt das kochende Wasser. Das ist die erste Taufe, die Taufe mit Wasser. Es ist ein vollständiges Eintauchen, was in der Welt des Relativen in gewissem Sinne sehr schmerzhaft ist. Du musst verstehen, dass dieser Pfad bewusstes Leiden verlangt. Denk daran: Nur wenn er richtig beschnitten wird, bringt der Rosenbusch eine vollkommene Rose hervor. Das Beschneiden mag für die Pflanze vorübergehend schmerzvoll sein, doch könnte sie die Notwendigkeit verstehen, wäre sie jedes Mal voller Freude, wenn der Gärtner das Messer ansetzt. Wenn wir diesen Pfad betreten, müssen wir die Notwendigkeit des Leidens einsehen.

Das Wasser verbleibt nur so lange im Topf, bis die Oliven anschwellen. Ihre Haut darf nicht platzen, denn falls auch nur eine Olive verdirbt, werden alle schlecht. Der Koch muss genau wissen, wie lange das Wasser im Topf bleiben soll und wie heiß es sein darf.

Nun gibt der Koch Zitronenscheiben und Minze hinzu. Eine wunderbare Geschmackskombination! Du solltest sie einmal mit Lammbraten probieren – einfach herrlich! Eine perfekte Mischung von Saurem und Basischem, Positivem und Negativem, Yin und Yang. Zum Schluss gibt er das Öl hinzu, was die Oliven ins Gleichgewicht bringt. Dieser letzte Zubereitungsschritt ist die zweite Taufe. Es ist die Taufe mit dem Geist, mit der Essenz der Olive selbst. Siehst du: Das ist Alchimie – und ein großes Rätsel. Man muss in den Schmelztiegel oder den Kessel etwas von der wahren Essenz dessen hinzugeben, was man kocht. Dann wird der Topf mit dem Deckel dicht verschlossen und die Oliven ruhen während vierzig Tagen und vierzig Nächten; das ist die Zeitdauer, die gewisse Aspekte des schöpferischen Prozesses für ihre Entfaltung brauchen. Nach Ablauf dieser Zeit sollte alles im Gleichgewicht und gut vermischt sein. Zitrone und Minze werden sich mit dem Olivenöl verbunden haben, und die Aromen des Olivenfleisches und des Öls sind mit den anderen Zutaten eins geworden. Der Kreislauf ist vollendet und alles ist zu seiner Quelle zurückgekehrt.«

Er lächelte und nickte über mein Erstaunen. »Wie du siehst, ist es notwendig, durch die Erscheinung der Dinge hindurchzuschauen. Es gibt auf der Welt tatsächlich ein paar wahre Köche, und wenn du von den Speisen, die sie zubereitet haben, essen könntest, würdest du all das erhalten, was es braucht, damit der unerweckte Mensch zu dem Menschen heranwachsen kann, der mit den Augen des Universums sieht, mit den Ohren des Windes hört und mit den Händen Gottes berührt.«

Einen Moment lang herrschte Schweigen. Ich konnte hören, wie die Meeresbrandung sich unten an den Felsen brach und auf dem Marktplatz ein Hund bellte. In dieser Stille lag ein Frieden – und ein Sehnen. Mehr als je zuvor wollte ich befreit sein von all dem, was mein isoliertes und selbstbezogenes Denken beschäftigte, und ich spürte ein Verlangen nach etwas Reinem, nach Erkenntnis. Ich wollte bei der Rückkehr in meinen Alltag etwas über die wirkliche Welt zu sagen haben, etwas, was den Menschen helfen könnte.

Hamid beobachtete mich genau. Ich wusste nicht, was ich antworten sollte, aber er schien zufrieden zu sein.

»Gut«, sagte er. »Nun beginnst du langsam zu begreifen. Doch ein bisschen Wissen ist eine gefährliche Sache, denn es macht dich so anfechtbar, dass du leicht vom Pfad hinuntergestoßen werden kannst. Auf dem Weg zur Erkenntnis deiner wahren Natur kannst du geöffnet werden, oder dich selbst öffnen, zu einer unsichtbaren Welt, die weit mächtiger ist als die mit den normalen Sinnen erfahrbare. Du denkst vielleicht, eine Atombombe sei eine gewaltige Sache, aber sie ist nichts im Vergleich zur Macht der Elemente. Über diese Dinge können wir jedoch erst sprechen, wenn du sehr viel stärker bist und wahre innere Gewissheit erlangt hast. Im Moment jedenfalls ist dein Körper aufgrund deiner Zweifel und Widerstände noch zu schwach dazu. Immer wenn wir zweifeln, verliert unser Körper Energie und wird kraftlos. Wenn wir wahrhaft glauben, steht uns all die Tatkraft zu Verfügung, die wir brauchen. Du hast noch einen langen Weg vor dir. Von morgen an musst du mehr für deinen Körper tun. Weil du dich so lange vegetarisch ernährt hast, musst du darauf achten, genügend Eiweiße zu dir zu nehmen. Wenn man sich mit dem Werk beschäftigt, braucht man mehr Proteine als sonst, denn wir müssen fähig werden, alles zu verbrennen, was in unser Magnetfeld tritt.

Solange du bei mir bist und wir für unsere gemeinsame Arbeit offen sind, ist es gut; wenn dem nicht so ist, musst du gut essen, gut schlafen und gut lieben.« Er sah mich aus den Augenwinkeln an, und ich spürte, dass er mir etwas sagte, das ich nicht zu hören vermochte.

»Wenn du zu unseren Treffen kommst, bereite dich darauf vor und sei offen für das, was dir gegeben wird. In der übrigen Zeit geh an die frische Luft und genieße das Sonnenlicht. Grüble nicht über diesen Dingen, es sei denn, ich gebe dir ganz bestimmte Anweisungen.

Ich will dir eine weitere Geschichte erzählen. In London lebt eine ausgezeichnete Lehrerin. Sie führt ein kleines Restaurant, wo sie fast jeden Tag anzutreffen ist, aber nur wenige Leute wissen, wer sie ist und was sie weiß. Einmal hörte ich, wie sie zu einem jungen Mann, der auch mein Schüler war, sagte: ›Oh, hör zu, mein Freund. Der Verkehr in London ist schrecklich. Zu viele Autos fahren auf der Straße, die Leute sind schlecht gelaunt und unhöflich. Die Autos fahren und stoßen zusammen, alle sind verletzt und haben Schmerzen. Du musst *jetzt* lernen, dein Auto zu fahren, wo du nur wenig, wenig Wissen hast. Ich bin eine sehr gute Fahrerin. Ich *fahre* mein Auto. Ich stoße nicht mit anderen Autos zusammen, egal ob andere das tun. Ich fahre mein Auto und passe auf, und so lenke ich richtig. Denk daran, der Verkehr ist jetzt sehr schlecht, überall auf der Welt. Du musst lernen, ein guter Fahrer zu sein, wenn du auf der Straße bist.‹

Denkst du, sie habe nur über Automobile gesprochen?«, fragte Hamid. »Nein, sie sprach über den zunehmenden Verkehr in den unsichtbaren Welten. Er nimmt zu, weil er darüber verärgert ist, dass er nicht erkannt wird. Und daher sind die Menschen, die nichts wissen über die Natur der Dinge, hierhin und dorthin abgelenkt und bevor sie sich wieder unter Kontrolle haben, hat es bereits gekracht, und es ist ein Wunder, wenn sie unverletzt bleiben. Höre, was ich dir sage, und bete darum, dass du es verstehst. Und dann erinnere dich an das, was du verstanden hast.«

Damit stand er auf, streckte sich und ließ – zu meiner Verwunderung – einen lauten Rülpser hören. Die Lektion war offensichtlich beendet.

»Jetzt ist es Zeit fürs Mittagessen, und du musst dich ausruhen. Wir trinken einen Raki und könnten dann am Strand ein Nickerchen machen. Hast du schon einmal Raki getrunken?«

»Nein«, antwortete ich, »ich weiß noch nicht einmal, was das ist.«

»In dem Fall wartet eine Überraschung auf dich!« Er zwinkerte mit den Augen und machte ein paar Tanzschritte auf dem Teppich, drehte und drehte sich, die Arme seitlich ausgestreckt, und seine Hände und Finger wiegten sich wie bei einem indischen Tempeltänzer.

»Bei uns hier tanzen nur die Männer«, sagte er. »Vielleicht tanzen wir beide zusammen. Aber du bist ja so britisch, womöglich verstehst du das völlig falsch!« Er schüttelte sich vor Lachen und kicherte noch immer, als er mich umarmte. »Mach dir keine Sorgen, du musst noch eine Menge lernen. Tanzen würde dir gut tun. Ich will versuchen, die Zigeuner aus dem Nachbardorf zu erwischen. Ah – die Musik, die sie machen! Wir werden frisch gegrillten Fisch essen, und du wirst meinen Freund Mustafa kennenlernen. Er ist verliebt, und wenn er verliebt ist, singt er wie ein Engel. Wirklich! Wir werden ein Fest feiern, und so wie die Planeten kreisen, so werden wir uns drehen. Und du, mein Freund, wirst lernen, ein Mann zu sein und dich wie ein Mann zu benehmen.«

»Da gibt's noch etwas, was ich dich fragen muss.« Ich zögerte, bevor ich weitersprach. »Wer, bitte, ist die junge Frau im Zimmer unter mir?«

Er fuhr herum und sah mich scharf an. »Ich habe dir doch gesagt«, polterte er, »dass du keine Fragen stellen darfst, bis die Zeit dafür gekommen und es dir erlaubt ist. Im richtigen Moment wirst du erfahren, was du wissen musst. Das war meine letzte Warnung. Du hast *nicht* nach Dingen zu fragen, die dich nichts angehen. Und davon abgesehen bist du ein Narr!«

Ich folgte ihm hinunter zum Café am Platz. Er ging schnellen Schrittes, schaute nicht nach rechts, nicht nach links, und ich war unsicher, ob er mich überhaupt dabeihaben wollte oder nicht. So eilte ich sechs, sieben Schritte hinter ihm her. Als wir das Café erreichten, kam der Besitzer herausgelaufen, um ihn zu begrüßen, doch Hamid schob ihn beiseite. Er setzte sich draußen an einen Tisch mit Blick auf die Fischerboote und rief nach einer Flasche Raki. Ich wartete neben den Tischen, bis er ein zweites Glas bestellte und mich anwies, ihm gegenüber Platz zu nehmen. Er goss etwas von der farblosen Flüssigkeit in beide Gläser und füllte sie dann bis zum Rand mit Wasser. Das Gemisch nahm eine milchige Farbe an, ähnlich wie Absinth. Wortlos hob er sein Glas, stieß es gegen meines, leerte es in einem Zug und bedeutete mir, es ihm gleichzutun. Ich nahm einen großen Schluck. Es schmeckte scheußlich! Es brannte in meiner Kehle, jagte mir Schauer über den Nacken und rollte mir die Zunge zusammen. Ich versuchte, ihn anzulächeln, aber mein Kiefer war blockiert, als käme ich gerade vom Zahnarzt. Hamid hatte mein Glas bereits nachgefüllt. »Trink«, befahl er, »aber dieses Mal in einem Zug!«

Was für eine Art spiritueller Unterricht sollte das denn sein? Mit Schaudern leerte ich das Glas in einem Schluck. Als ich wieder Luft holen konnte, schaute ich vom Tisch auf und zu Hamid hinüber. Er hatte sich bereits ein weiteres Glas eingeschenkt und sprach mit dem Kellner auf Türkisch. Ohne mich anzublicken, goss er auch mir nach, füllte das Glas wieder mit Wasser und setzte dabei sein Gespräch fort. Ich nippte vorsichtig an meinem Glas. Das Zeug schmeckte furchtbar, aber ich wollte Hamid, der sich köstlich zu unterhalten schien, nicht beleidigen. Der Schnaps hatte eine eigenartige Wirkung auf mich. Meine Umgebung verflachte sich zusehends zu zwei Dimensionen, bis mir schließlich klar wurde, dass ich ziemlich betrunken sein musste.

»Was ist los mit dir?«, fragte er plötzlich. »Kannst du nicht trinken? Du, ein Engländer? Gegen Alkohol in Maßen ist nichts einzuwenden. Aber du hast zu viel auf nüchternen Magen getrunken. Das ist töricht.«

»Aber du selbst hast mir den Schnaps doch gegeben!«

»Was hat das denn damit zu tun? War es dir nicht freigestellt, ihn anzunehmen oder nicht, ganz wie du wolltest? Du hattest die Wahl, aber du hast ihn getrunken, etwas, das du nicht gewohnt bist, und nun bist du ziemlich betrunken. Ist das nicht sehr dumm? Du musst lernen zu unterscheiden und, falls nötig, etwas zu verweigern. Jetzt geh in die Küche und wähl dir etwas zum Essen aus. Ich habe bereits bestellt.«

Mit einem Mal war ich sehr wütend. Das war reine Manipulation. Erst hatte er mich in eine Ecke hineinmanövriert, aus der ich nicht herauskam, und nun warf er mir vor, ein Dummkopf zu sein. Was für ein Spiel trieb er da mit mir? In London hatte er gesagt, es sei nicht ratsam, mehr als ein Glas Wein zum Essen zu trinken. Hier aber schüttete er diesen grausigen Fusel in sich hinein, und mir erzählte er, ich solle das nicht tun. Und doch hatte er es von mir verlangt…

Ich war benommen vom Alkohol, und in mir stieg ein großer Ärger auf, den ich vorher gar nicht wahrgenommen hatte. In der Küche, wo ich mir aus den großen, dampfenden Töpfen auf dem Herd mein Essen aussuchte, ertappte ich mich dabei, wie ich den Kellner, der mich mit seinem Notizblock verfolgte, auf Englisch anraunzte, ich wisse nicht, was ich haben wolle, mir sei es auch ganz egal und ich wünschte, ich wäre wieder in London, wo alles ganz anders zubereitet werde.

Da er nicht verstand, was ich sagte, lächelte er mich geduldig an, und als ich schließlich auf ein paar der Gerichte zeigte, notierte er alles geflissentlich und führte mich zurück an unseren Tisch.

»Und jetzt?«, fragte Hamid. »Was hast du aus all dem gelernt? Vielleicht siehst du die Dinge ein bisschen klarer, wenn du noch ein Glas trinkst.«

Er schenkte mir ein und schob das Glas herüber. Ich leerte es, diesmal ohne zu murren. Ich schmeckte sowieso schon fast nichts mehr und war kurz davor, alles hinzuwerfen und ihn anzuschreien, auch den Kellner und das ganze Restaurant. Alles begann sich zu drehen, und auf einmal fühlte ich, es sei Zeit zu tanzen.

»Los, lass uns tanzen!«, sagte ich zu Hamid und erhob mich schwankend. »Ich habe den starken Drang zu tanzen. Zeig mir, wie die Türken tanzen!«

Ich torkelte mitten auf den Platz. Hamid rührte sich nicht; er saß nur da und aß weiter.

»Kommt schon«, rief ich, »lasst uns alle tanzen!« Als der Kellner herbeigeeilt kam, fiel ich ihm fast in die Arme. Ich schwang ihn in einem altmodischen Walzerschritt um mich herum und wirbelte mit ihm auf unseren Tisch zu. Meinen freien Arm versuchte ich, nach Hamid auszustrecken.

»Wir müssen alle zusammen tanzen. Wie wunderbar es doch ist, lebendig zu sein!«

Und dann, mit einem letzten Schwung, stolperte ich über den Tisch und brach zu Hamids Füßen zusammen, der Kellner lag neben mir, alle Viere ausgestreckt.

Der Schock hatte mich etwas nüchterner gemacht. Der Kellner klopfte sich den Staub ab und lachte, aber Hamid schwieg unheilverkündend.

Er erhob sich und stand wie ein Turm über mir, während ich noch auf dem Boden lag und versuchte, meine Umgebung wieder scharf zu sehen.

»Das war der abstoßendste Auftritt, der mir je untergekommen ist«, sagte er. »Habe ich dir nicht gesagt, du sollst nicht trinken? Geh sofort nach Hause und leg dich ins Bett.«

Irgendwie schaffte ich es, zurück in mein Zimmer zu kommen, wo ich sogleich aufs Bett fiel. Der Raki hatte mich in einen eigenartigen Zustand zwischen Traum und Halluzination versetzt, und Angst- und Schuldgefühle bedrückten mich. Ich war unsicher, ob ich mich im Restaurant tatsächlich so danebenbenommen oder mir die ganze Szene nur eingebildet hatte. Wie auch immer: Enttäuscht und niedergeschlagen, fragte ich mich wieder einmal, was ich hier überhaupt machte.

Kaum zu glauben, dass dies erst mein dritter Tag in Side war. Ich hatte jegliches Zeitgefühl verloren. Ein Tag mit Hamid war nicht in Stunden zu messen. Der Zeitfluss wurde immer wieder unterbrochen und der normale Tagesablauf durch Unvorhersehbares erschüttert. Es war mir nie erlaubt, mit mir selbst zufrieden zu sein oder zu hadern oder meine Verwirrung zu rechtfertigen. Eine Verlegenheit jagte die nächste, so dass mein ans lineare

Denken gewöhnter Kopf völlig durcheinander geriet. Plötzlich fiel mir ein, was Hamid einmal gesagt hatte: »Die Göttliche Führung dient dazu, einen Menschen zum Punkt der Verwirrung zu bringen.«

Aber meine Verworrenheit steigerte sich zu der erdrückenden Angst, ich könnte verrückt werden. Würde ich dem, was den Verstand und das Bewusstsein übersteigt, überhaupt ins Auge sehen können? Die einzige Hoffnung bestand scheinbar darin, so bedingungslos zu vertrauen, dass meine Furcht, welche die Wirklichkeit der Erfahrung verfinsterte, sich auflösen würde. Wenn ich mich von ihr befreien könnte, würde ich vielleicht fähig, deutlich genug zu hören und zu sehen, um zu verstehen, worin der Sinn dieser außergewöhnlichen Reise lag. Doch wie sollte ich mich befreien? Hamid hatte mir erzählt, dass auf dem Pfad der Erkenntnis paradoxerweise jene, die am stärksten zweifeln, häufig die tiefsten Gnostiker werden. Gleichzeitig zu vertrauen und zu zweifeln, sich dem Unbekannten hinzugeben und zugleich jeden Augenblick in der Frage zu leben, so dass das eigene Motiv stets klar bleibt – wie sollte so etwas möglich sein?

Als ich so, vom Raki berauscht, halbwach auf meinem Bett lag, wurde mir klar, dass das, was ich gerade erlebte, eher die Furcht vor dem Unbekannten war als die vertraute Angst vor Zurückweisung. Jeder, der sich auf den spirituellen Pfad begibt, tut dies aufgrund irgendeiner Form von Zurückweisung; sonst würde er sich nicht auf die Suche machen. Wenn man sich vollkommen akzeptiert fühlt, wonach sollte man dann noch suchen? Die Furcht vor dem Unbekannten jedoch ist etwas, mit dem sich jeder früher oder später auseinandersetzen muss. Das war, wie ich jetzt erkannte, die Angst, die mir im Nacken saß. Vielleicht hatte mich Hamid deshalb betrunken gemacht – damit ich lockerer würde und mich dem Problem stellen konnte. Sogleich fühlte ich mich besser, bis mir dämmerte, dass ich schon wieder dabei war, mich zu rechtfertigten und einen subtilen Weg zu finden, um mich nicht etwas ausliefern zu müssen, das größer war als ich. Ich beschloss, meinen Kater auf einem Strandspaziergang zu vertreiben und dann so bald wie möglich zu Hamid zu gehen.

Der Strand war verlassen, vom Meer her blies ein kalter Wind. Ich lief das ganze Ufer entlang und kletterte auf das Amphitheater hinauf. Beim Blick hinunter auf die Ruinen der Arena konnte man sich unschwer vorstellen, wie damals, als Griechen und Römer in

Kleinasien lebten und ihre Spiele veranstalteten, an genau diesem Ort Menschen hungrigen Tieren zum Fraß vorgeworfen worden waren. Was hatte sich in den zweitausend Jahren seitdem geändert? Die gleichen Fragen harrten noch immer der Antworten. Womöglich gab es gar keine.

Eine Bewegung links hinter mir unterbrach meine Gedanken. Auf einmal fühlte ich mich verlegen, als wäre ich ein Eindringling, und tat so, als betrachtete ich mir eine der zerbrochenen Säulen. »*Merhaba*«, sagte eine Stimme, »guten Tag.« Ich drehte mich um und sah auf einer der Stufen hinter mir einen alten Mann sitzen, der einen Korb mit Eiern hielt, die halb mit einem Tuch bedeckt waren. Er lächelte mir zu. »*Merhaba*«, antwortete ich, was ihm sogleich einen türkischen Wortschwall entlockte. Mit einem mich entschuldigenden Lächeln und ein paar Brocken Türkisch, die mir noch aus meinem Sprachführer einfielen, versuchte ich zu erklären, dass ich ihn nicht verstehen könne. Nun schaute er sehr ernst drein und sagte mehrmals: »Ah.« Dann blickte er mich forschend an und fragte: »*Muselmann?*« Ich erinnerte mich an das, was ich gelernt hatte, neigte meinen Kopf leicht, legte meine rechte Hand auf mein Herz und sagte: »*Alhamdulillah*« – »Gott sei gepriesen.«

Sogleich stieg er zu mir herab, schüttelte mir inbrünstig die Hand und setzte sich neben mich. Trotz meiner Verblüffung versuchte ich, nicht verlegen zu wirken. Während er ununterbrochen auf mich einredete, schaute ich ihn einfach nur an und nickte zustimmend. »*Allah*«, verkündete er, »*Muhammad-ah rassoul-Allah.*« Darauf legte er seine Hand auf sein Herz und erklärte: »*Dervis, dervis.*«

Ich starrte den alten Mann an und begann zu begreifen, dass ich endlich auf einen echten Derwisch gestoßen war – oder besser: er auf mich! »*Dervis*«, sagte er zum dritten Mal und fuhr in seinem schnellen Türkisch fort. Das einzige Wort, das mir in seinem Redeschwall bekannt vorkam, lautete: »Mevlana«. Immer wenn er es aussprach, hielt er kurz inne und schaute mich forschend an. Ich nickte jeweils und lächelte mit Nachdruck, obwohl ich keine Ahnung hatte, was er mir da erzählte. Dann nahm er meine Hand und küsste sie. Er rückte näher an mich heran, hielt meine rechte Hand in seiner linken und begann einen Sprechgesang, zu dem er seinen Oberkörper vor und zurück und seinen Kopf seitlich hin- und herwiegte. Dabei sang er immer wieder: »*Hu-Allah.*« Auf eigenartige Weise hörte sich seine Stimme gleichzeitig dünn und voll an, so als klänge sie aus weiter Ferne durch ihn hindurch. Er verstummte und blickte mich erwartungsvoll an. *»Hu«,* sagte er und legte seine rechte Hand auf mein Herz. Und mit einem *»Allah«* hob er seine Hand auf meine rechte Schulter. Etwas unsicher fiel ich in seinen Sprechgesang ein.

»Hu-Allah, Hu-Allah.« Als mein Körper vom Rhythmus angesteckt wurde, schien sich jede Silbe zu verselbstständigen, so als würden der Klang und ich eins und zu einem Kanal, durch den eine große Kraft hervorströmte. Das *»Hu«* spürte ich ganz oben in meiner Kehle wie einen Spritzer des Ozeans in einer Meeresmuschel; das *»Allah«* hallte tief und kräftig in meinem Herzen wider. Ich hörte und fühlte die Töne, aber sie kamen ohne Anstrengung hervor, so als hätte sich mir eine schon immer dagewesene Dimension geöffnet, der ich nun erlaubte, einen Moment lang durch mich hindurchzufließen.

Die Freude, die ich zunächst über diese unerwartete Begegnung empfunden hatte, verwandelte sich in ein Gefühl tiefer Liebe und zur Gewissheit, dass es da tatsächlich etwas gibt, was unseren Verstand übersteigt: Gott existiert, die eine Quelle allen Lebens gibt es wirklich. Meine Angst war verschwunden, und an ihrer Stelle war ein vollkommenes Vertrauen gewachsen – in den Augenblick und in diesen alten Mann neben mir.

Jetzt sang er nur noch das eine Wort *»Allah«.* Er stieß den Namen Gottes mit einer solchen Leidenschaft aus, dass er mich dabei fast von unserem steinernen Sitz zerrte. Die Luft in meinem Körper wurde in den Solarplexus hinuntergepresst und von da hinauf ins Herz, von wo sie mit der zweiten Silbe förmlich in die Welt hinaus explodierte. Alle Erscheinungen, mein Körper, das Amphitheater und der Strand, ja sogar meine eigene Vergangenheit – all das war verschwunden, aufgegangen in diesem einen Namen. Es gab keine Zukunft, es gab nur diesen Augenblick.

Ich war in Schweiß gebadet, und beide zitterten wir. Ich wurde weggetragen in Welten voller Licht und Klang, die allen Schmerz und Zweifel, jedes Leiden und Fürchten auslöschten. Plötzlich spürte ich, wie er meine Hand fester drückte, und realisierte dann, dass er aufgehört hatte zu singen und ich nur noch meine eigene Stimme vernahm. Ich versuchte, meine Augenlider aufzuschlagen, aber es gelang mir nicht. Dann hörte ich ihn einen Ruf ausstoßen, langgezogen und sanft wie der Wind. Er ließ meine Hand los und rieb mir den Nacken. Als ich meine Augen schließlich öffnete, saß er direkt vor mir. Von ihm strömte so viel Liebe aus, dass ich ihn kaum anzusehen vermochte. Mit einem weiteren *»Hu«* beugte er sich nieder, legte seine Stirn auf den Boden und forderte mich auf, es ihm gleichzutun. Dann nahm er meine beiden Hände in die seinen, küsste sie und führte sie an seine Stirn, genauso wie es der Scheich in Istanbul getan hatte. Eine Weile saßen wir still da, bis er aufstand und mir auf die Beine helfen wollte. »Nein, nein«, wandte ich ein, aber er griff fest nach meinem Arm, strich den Staub von meinen Kleidern und führte mich dann zum Meer hinunter. Dort verneigte er sich tief, sprach ein Abschiedswort, drehte sich um und ging den Strand hinab. Ich schlug die entgegengesetzte Richtung ein, um nach Hamid zu schauen.

Als ich zum Haus zurückkam, ging die Sonne gerade unter. Die Fragen, die ich Hamid am Abend eigentlich stellen wollte, hatte ich vergessen. Und beim Eintreten wusste ich noch nicht einmal, was ich überhaupt sagen sollte. Hamid sah mich forschend an und reichte mir Kaffee. »Hast du ein bisschen geschlafen?«, fragte er. Ich schüttelte den Kopf und versuchte zu erzählen, was sich am Nachmittag ereignet hatte, aber ich fand nicht die richtigen Worte, und so blieb mir nichts, als mit einem Lächeln um Entschuldigung zu bitten und meinen Kaffee zu schlürfen. Es bestand kein Grund zur Eile, und so saßen wir lange schweigend beisammen. Schließlich fühlte ich mich bereit zu erzählen, was geschehen war.

Hamid hörte aufmerksam zu und fragte gelegentlich bei bestimmten Einzelheiten genauer nach. Als ich meinen Bericht beendet hatte, fragte er: »Nun denn, weißt du, was das alles bedeutet?«

»Ein bisschen«, antwortete ich. »Ich weiß, dass *Allah* ›Gott‹ bedeutet und *Hu* so viel wie ›Er‹. Ich habe gehört, *Hu* sei der erste manifestierte Klang im Universum. Aber als ich dich in London nach diesen Dingen gefragt habe, wolltest du mir partout nichts darüber sagen.«

»Damals war die Zeit noch nicht reif. Doch nun, nachdem dir ein solches Geschenk zuteil wurde, wollen wir uns ein wenig mit der Sache beschäftigen. Heute Abend darfst du jede Frage stellen, die du willst.«

Aber statt auf meine Fragen zu warten, sprach Hamid weiter: »Das Erste und Wichtigste, das du lernen musst, ist die Bedeutung des Wortes *dhikr*. Es ist Arabisch und bedeutet wörtlich ›sich erinnern‹. Das ist die tägliche Übung all derer, die dem Weg folgen. Es gibt viele Arten, *dhikr* zu praktizieren; die Übung, die dir heute gegeben wurde, das Erklingenlassen von ›*Hu-Allah*‹, wird von vielen der Derwischorden gepflegt. Aus dem, was du mir über den alten Mann erzählt hast, dem du heute Nachmittag begegnet bist, schließe ich, er ist ein Mevlevi-Derwisch, ein Anhänger von Mevlana Jalaluddin Rumi, der seinen Sitz in Konya hatte. Das bedeutet, dass du schon bald nach Konya fahren musst, um Mevlana deine Verehrung zu bezeugen.«

Ich erhielt keine Gelegenheit, über diesen Vorschlag zur Reise nach Konya Fragen zu stellen. Er fuhr gleich fort: »Du fragst dich vielleicht, wozu es notwendig sein sollte, sich dem *dhikr* zu widmen, insbesondere, da du ja kein orthodoxer Muslim bist. Das ist nicht einfach zu beantworten. Du musst zunächst die vielschichtige Bedeutung des *dhikr* verstehen lernen, dann wirst du selbst die Antwort finden. Das Herz des *dhikr,* das alle Muslime sprechen, ist in den Worten ›*La illaha il'Allah*‹ enthalten. Das bedeutet: ›Es gibt keinen Gott außer Gott.‹ Doch der Derwisch sagt: ›*La illaha il' Allah-Hu*‹, was bedeutet: ›Es gibt keinen Gott außer Ihm, Der Gott ist.‹ Das sagt uns: Wenn wir unsere eigene abgetrennte Existenz verneint und die ewig lebendige Gegenwart Gottes bejaht haben, ist da noch eine weitere Wirklichkeit jenseits des Jenseits.

Wir haben nichts zu tun mit Religion oder Form. Wir sind verbunden mit der inneren Bedeutung, dem inneren Strom der Wahrheit, die aller Religion zugrunde liegt. Unser Weg ist nichts für jene, die über die äußere Form nicht hinauskommen. Er ist für die, die geradewegs zur Essenz gelangen wollen. Die Orthodoxen sagen im *dhikr:* ›*Allah-Hu*‹, ›Gott-Er‹, doch der Derwisch sagt: ›*Hu-Allah.*‹

Es gibt viele Arten, *dhikr* zu vollziehen, und der Lehrer muss sich auf die Stufe des Schülers begeben, um ihm die richtige Art des *dhikr* zu geben. Solange der Schüler die Form noch braucht, darf sie ihm nicht weggenommen werden. Die Regel lautet: Wenn der Schüler noch nicht reif ist, über die Form hinauszugehen, gib ihm eine Übung.« Er lachte und lehnte sich in seinem Stuhl zurück.

»Aber es ist notwendig, dass du mehr über das *dhikr* erfährst«, fuhr er fort. »Denn nur wenn du im Zustand des fortwährenden Erinnerns und jederzeit wach bist, ist es dir möglich, die Wahrheit zu erkennen. Ich kann nur aus meiner eigenen Erfahrung heraus lehren, und daher werde ich dich in der Erinnerung Gottes durch *dhikr* unterrichten. Andere Traditionen benutzen natürlich andere Methoden des Erinnerns, die Christen beispielsweise das Jesus- oder Herzensgebet, die immerwährende Wiederholung der Worte ›Herr Jesus Christus, erbarme dich meiner.‹ Aber man darf verschiedene Wege niemals vergleichen oder glauben, der eine sei besser als ein anderer, denn ein solches Urteil führt nur zu Trennung und Zwietracht. Was zählt, ist die Haltung, in der wir uns erinnern. Geschieht dies alles nur im Kopf, bleibt es folgenlos. Nur wenn du das *dhikr* im Herzen wiederholst, werden deine Gebete erhört.

Du magst dich fragen, warum ich dich, einen Europäer, das *dhikr* auf Arabisch zu sprechen lehre. Der Grund liegt im Klang. Unter allen noch gesprochenen Sprachen kommt Arabisch dem alten Aramäisch, der Wurzel des Hebräischen wie des Arabischen, am nächsten. Und seine Laute besitzen gewisse Eigenschaften, die sich in keine andere Sprache übersetzen lassen.

Fürs Erste wirst du mit der besonderen Art von *dhikr* weitermachen, die du heute gelernt hast. Du solltest jeden Tag über die Bedeutung seiner Worte kontemplieren. Die volle Bedeutung der Worte *›La illaha il'Allah-Hu‹* lautet: ›Nein, es gibt keinen Gott außer Ihm, Der Gott ist.‹ Du beginnst also mit einer Verneinung, mit einer Absage an alles, so dass nur Er verbleibt. Das bedeutet, dass du deinen kleinen Willen zugunsten des größeren Willens, des Willens Gottes, aufgibst. Wenn du das getan hast, bezeugst du Seinen Namen mit dem Ruf *›Allah‹*. Und dann, wenn du ganz still bist, deiner selbst entleert, hörst du vielleicht Seine Antwort: *›Hu‹* – ›Ich bin, Der Ich bin.‹ Es ist die Antwort des Jenseits des Jenseits, der Klang des Überfließens der Göttlichen Essenz, jenseits aller Eigenschaften.

Morgen früh wirst du damit beginnen. Zuerst musst du über die Worte kontemplieren, dann das ganze *dhikr* – *›La illaha il'Allah-Hu‹* – dreiunddreißig Mal wiederholen. Dann lässt du das *dhikr* des *›Hu-Allah‹* folgen, wie es dir der alte Mann beigebracht hat, und zwar so lange, wie du kannst, ohne die Konzentration im Herzen zu verlieren.«

Nachdem ich versprochen hatte, am nächsten Morgen mit der Übung des *dhikr* zu beginnen, fragte ich Hamid, ob er den alten Mann kenne und wisse, woher er gekommen sei. »Spielt das eine Rolle?«, fragte er. »Warum bist du immer so neugierig? Tatsache ist, dass er dawar und dass du da warst – beide zur selben Zeit am selben Ort –, und so seid ihr euch begegnet. Ich sehe nicht, dass es von Bedeutung ist, wer er war. Der Augenblick ist jetzt vorüber. Und, wer weiß, vielleicht war der alte Mann ja gar nicht da und du hast dir das alles bloß eingebildet.«

»Aber ich habe ihn doch gesehen, und er hat mich das *dhikr* gelehrt«, protestierte ich.

»Ah, aber ist denn nicht alles in dir selbst?«

Es entstand eine längere Pause. »Nun gut«, sagte er schließlich, »das war jetzt vielleicht etwas zu hart. Doch eines Tages wirst du verstehen, dass deine inneren Erfahrungen sich in der äußeren Welt oder im Spiegel manifestieren, so dass du dich selbst darin sehen kannst. Nein, ich weiß nicht, wer er war. Vielleicht kam er einfach so vorbei. Sie tun das manchmal. Oder er war mit dem Korb voll Eier unterwegs zu seiner Familie. Wenn es so sein soll, wirst du ihn wiedersehen, aber wenn nicht, dann nicht. Du musst dich immer daran erinnern, dass es nur *ein* Absolutes Sein gibt. Ob du nun also diesem Derwisch begegnest oder einem anderen, in Wirklichkeit triffst du nur auf eine weitere Manifestation desselben Seins. Verstehst du das schon? Schau, keine zwei Augenblicke sind jemals gleich; darin besteht das Wunder des Lebens. Die Einheit ist kein Wunder, sondern die Vielfalt des Einen ist das Wunder. Wie erstaunlich ist es doch zu wissen, dass Gott Sich nie zweimal auf dieselbe Weise manifestiert und daher jeder Augenblick ein Akt vollkommener Schöpfung ist. Weißt du noch, wie ich dir einmal gesagt habe, dass Zeit das ewige Attribut Gottes ist?«

Wieder erlebte ich eine Art Schock, ein Gefühl der Zeitverzerrung, so als hätte Hamids Frage meinen Verstand über seine Grenzen hinausversetzt.

»Was ich nicht verstehe, Hamid, ist, wie und warum all diese Dinge mit mir geschehen. All das ist so seltsam, und es scheint keine natürliche Erklärung dafür zu geben. Lauter Dinge passieren – wie der Derwisch, der am Strand auftauchte – aber du tust so, als ob gar nichts geschehen sei.«

»Aber es *ist* nichts geschehen«, unterbrach er mich. »Wie könnte irgendetwas geschehen? Und was meinst du überhaupt mit ›geschehen‹?«

»Ich will damit sagen, dass alle diese Ereignisse stattfinden, eins nach dem anderen oder vielleicht auch gleichzeitig, und ich nicht weiß, was da vor sich geht oder wen oder was ich suche oder auch wer oder was da sucht.«

»Ausgezeichnet.« Hamid machte einen sehr zufriedenen Eindruck. »Wenn du an den Punkt gelangst, an dem du nichts mehr weißt und weißt, dass du nichts weißt, kannst du den Pfad zu beschreiten beginnen. Alles, was ich tun kann, ist, dabei zu helfen, Situationen zu schaffen, die dich zu diesem Punkt bringen. In Wirklichkeit tue ich natürlich gar nichts, denn es gibt nur Gott. Wir sind Seine Schauspieler auf der Bühne, die Er so aufgebaut hat, dass Er Sich selbst betrachten kann. Du solltest täglich über folgenden Satz aus einem Hadith des Propheten (Friede und Segen seien mit ihm) kontemplieren: ›Ich war ein Verborgener Schatz und sehnte Mich danach, erkannt zu werden; so erschuf Ich die Welt, damit Ich erkannt werde.‹«

Ich versuchte zu verstehen, was er mir sagte, doch je mehr ich mich anstrengte, umso erschöpfter wurde ich, und ich merkte, dass mein Verstand seinen Ausführungen schlicht nicht mehr folgen konnte. Ich fragte, ob noch Kaffee da sei.

»Vielleicht hättest du lieber etwas Raki, jetzt, nachdem die Sonne untergegangen ist?« Er lachte und holte die Flasche.

»Lieber nicht«, sagte ich. »Die Vorstellung von heute Morgen möchte ich nicht wiederholen.«

»Aber du musst lernen, dich zu beherrschen. Wenn du jetzt nichts trinkst, wie willst du wissen, ob du es kannst? Wie schon gesagt: Gegen Alkohol in Maßen ist nichts einzuwenden. Nimm einen Schluck.« Er schenkte mir ein Glas ein. Widerspruch schien zwecklos.

»Also gut, aber nur ein Glas«, sagte ich. Wir tranken eine Weile schweigend, während ich versuchte, genügend Mut aufzubringen, um Hamid die Frage zu stellen, die mir die ganze Zeit über nie aus dem Kopf gegangen war.

»Du hast doch gesagt, ich dürfe heute Abend Fragen stellen. Kann ich dich also noch einmal fragen, wer die junge Frau ist in dem Zimmer unter mir?«

»Ich habe gesagt, du könnest Fragen stellen«, antwortete er. »Ich habe nicht gesagt, dass ich sie beantworten werde. Es ist noch nicht an der Zeit, über die Frau zu sprechen, aber ich kann dir zumindest sagen, dass sie sehr krank ist und ich mich um sie kümmere. Der Weg der Selbsterkenntnis ist voller gefährlicher Fallgruben, wenn die Illusion abgestreift und die essenzielle Natur unseres

Wesens enthüllt wird. Ein Lehrer, der nicht weiß, was er tut, oder gewisse Kräfte entwickelt hat, ohne über die notwendige Erfahrung und genug Wissen zu verfügen, trägt vielleicht dazu bei, dass die Schleier gelüftet werden, bevor die Zeit dazu wirklich reif ist. Dann gibt es nichts mehr, woran sich der Schüler festhalten kann. Diese Frau ist ein solcher Fall; aber das ist nicht alles. Sie wartet darauf, erkannt zu werden. Verstehst du eigentlich, wovon ich spreche?«

»Meinst du, sie möchte als Frau erkannt werden?«

»Ich meine, dass sie darauf wartet, erkannt zu werden, wie alle Frauen. Das Wollknäuel ist das Blau der Matrix ihrer Welt. Sie sucht nach dem Faden, der sie dorthin zurückführt, wo alles begann. Ich frage mich, wie viele Menschen es auf der Welt gibt, die an derselben Stelle stehen.« Er schaute mich aus den Augenwinkeln an, und ich verstand, dass ich diese Frage auf vielen Ebenen bedenken musste. Er sagte oder tat niemals etwas ohne Absicht. Ich schwieg und dachte über die Antwort nach, die er von mir hören wollte.

»Hast du denn noch nicht begriffen, dass alle Frauen in derselben Lage sind? Solange die Frau nicht vom Mann erkannt wird, kann sie niemals völlig frei sein. Der Mann hat zu viel vergessen. Doch würde er die Frau erkennen, würde er auch sich selbst befreien. Er würde vollkommen werden. Die Frau, die Erde, hat so geduldig gewartet, aber möglicherweise geht ihre Geduld bald zuende.

Diese junge Frau wurde zu uns geschickt, damit wir versuchen, ihr zu helfen, aber auch als eine Warnung und als ein Vorbild. Sei freundlich und behutsam mit ihr. Sie ist zerbrechlich, aber es besteht eine Chance, dass sie eines Tages das Ende des Wollknäuels finden wird.

Heute Abend will ich allein sein. Bitte amüsiere dich also; tue wozu du Lust hast. Morgen werden wir zu einer Reise aufbrechen.«

»Aber ich dachte, wir wollten heute Abend feiern gehen.«

»Das wollten wir, aber das war zuvor. Nun lass mich bitte allein. Falls du die Frau triffst und sie noch nichts gegessen hat, dann nimm sie mit ins Restaurant. Wir sehen uns morgen früh.«

Ich sah sie nicht an diesem Abend. Ich hatte gehofft, sie würde auf dem Hof erscheinen, aber die Vorhänge ihres Zimmers waren zugezogen, und als es dunkel wurde, ging kein Licht an. Sie war wohl ausgegangen. So aß ich allein im Restaurant, dachte über den Tag nach und machte mir Notizen über einige der Dinge, die Hamid gesagt hatte. Der Schlaf kam leicht in dieser Nacht.

Vertraue auf Allah, doch binde zuerst dein Kamel an.

SPRICHWORT

Wenn du aufmerksam und wachsam bist, wirst du in jedem
Augenblick die Antwort auf deine Handlung sehen [...]
Höre, sei aufmerksam, wenn du ein Herz haben willst,
denn dir wird infolge jeder Handlung etwas geboren.

MEVLANA JALALUDDIN RUMI

Sechs

AM NÄCHSTEN MORGEN ERWARTETE MICH HAMID AM FRÜHstückstisch, wie immer mit türkischem Kaffee, Früchten und Brot. Nachdem wir schweigend gegessen hatten, kündigte er an: »Heute fahren wir über die Berge nach Nordwesten. Ich möchte mir die Ruinen eines Apollo gewidmeten Tempels anschauen, und du kannst mich begleiten. Es ist eine ziemlich lange Fahrt, also müssen wir schon bald aufbrechen und werden erst am späten Abend zurück sein. Vielleicht werden wir auch irgendwo übernachten und erst morgen früh wieder zurückfahren. Wir werden sehen. Das wird uns etwas Entspannung und Vergnügen verschaffen nach den Anstrengungen der letzten zwei Tage. Geh und mach dich bereit.«

Als ich zurück über den Hof ging, öffneten sich die Vorhänge im unteren Zimmer einen Spaltbreit und ich konnte das Gesicht der jungen Frau am Fenster sehen. Sie lächelte und öffnete dann die Tür. Ihr Haar fiel über ein zartblaues Nachthemd bis auf ihre Taille hinab. »Guten Morgen«, begrüßte ich sie.

Nach ihrem regungslosen Gesicht zu schließen, hatte sie mich nicht gehört. Ich hatte vergessen, mich bei Hamid zu erkundigen, ob sie überhaupt sprechen konnte. Also fragte ich, ob sie gehört habe, was ich gesagt hatte. Diesmal nickte sie und ein scheues Lächeln huschte wieder über ihre Mundwinkel.

»Wir machen heute einen Ausflug«, sagte ich. »Brauchst du irgendwelche Hilfe? Kann ich noch etwas für dich tun, bevor wir fahren?« Ihre Hand an der Klinke, stand sie vor der Tür und schaute mich an. Nach einer Weile fühlte ich mich verlegen. »Also dann bis morgen«, sagte ich und eilte auf mein Zimmer, um ein paar Sachen für die Nacht zu packen.

Es war schon fast Mittag, als wir schließlich in den Wagen stiegen und losfuhren. Alles hatte viel länger gedauert, als ich erwartet hatte. Hamid war für ein paar Stunden im kleinen Nebenzimmer hinter der wollenen Decke verschwunden. Ich hatte den alten Mercedes mit Reiseproviant vollgestopft, genug für mehrere Mahlzeiten, falls nötig, weil wir wohl durch ziemlich wildes Gelände fahren würden.

Der Wagen war sehr alt. Der Motor lief zwar noch ganz gut, aber die Bremsen waren nicht mehr die besten und die Reifen völlig abgefahren. Als wir losfuhren, äußerte ich meine Bedenken, ob der Zustand des Wagens eine so lange Fahrt überhaupt zulasse. Das machte Hamid ärgerlich. »Vertrau, vertrau«, sagte er. »Vertrau auf Gott und mach dir keine Sorgen. Wir haben den Wagen, so gut es geht, bereit gemacht. Was kann man mehr von uns erwarten?«

In einem kleinen Ort machten wir in einem Straßencafé Rast. Neben uns saß ein junger Mann Anfang zwanzig, der mit Hamid unvermeidlich ins Gespräch kam. Obwohl sie sich auf Türkisch unterhielten, verstand ich, dass es um unseren Ausflug ging. Gestenreich erklärte der junge Mann irgendetwas und zeichnete dabei mit seiner Gabel eine unsichtbare Karte auf das Tischtuch. Schließlich verabschiedete er sich, schüttelte uns beiden die Hand und verließ das Café. »Worum ging es denn?«, fragte ich. »Er hat uns darauf aufmerksam gemacht, dass erst letzte Woche eine neue Straße fertiggestellt worden ist, auf der wir mindestens zwei Stunden Fahrzeit einsparen können. Sie führt wohl über die Berge, während die alte Straße unten durch das Tal verläuft. Er sagte, es sei eine sehr gute Straße. Ganz oben sei sie etwas steil, aber für unseren Wagen mit Leichtigkeit zu schaffen. Wenn wir sie nicht nehmen, werden wir irgendwo übernachten müssen, weil wir erst so spät losgefahren sind, und ich würde lieber noch heute Abend ankommen.«

Kaum waren wir in Richtung dieser neuen Straße losgefahren, wurde Hamid sehr vergnügt. Noch nie hatte ich ihn in einer derart fröhlichen Stimmung und so völlig entspannt erlebt. Eine seiner Liebhabereien war das Entwerfen von Gartenanlagen, und so machte er mich während der ganzen Fahrt auf verschiedene Büsche und Pflanzen aufmerksam und beschrieb deren Besonderheiten und heilmedizinischen Eigenschaften. Gerade als wir auf die neue Straße abgebogen waren, ließ er mich vor einem winzigen Café anhalten. Zu den Leuten, die davor saßen, schrie er etwas hinüber, so als ob er sehr verärgert sei, und deutete dabei auf den Boden zu ihren Füßen und auf eine Mauer am Straßenrand. Als sie nur erschrocken dreinblickten, schlug er, um seinen Worten Nachdruck zu verleihen, mit der Hand auf die Wagentür und wies mich an weiterzufahren.

»Was war das denn?«, fragte ich ihn.

»Ich habe ihnen gesagt, sie seien ignorante Dummköpfe, weil sie keine Ahnung davon haben, dass überall um sie herum ein seltenes Kraut wächst, welches die Parasiten abtöten kann, die hier in dieser Gegend jeden befallen.« Er war noch immer am Lachen, als wir einige Minuten später ein lautes Knattern hörten. Von hinten näherte sich uns ein uraltes Motorrad, auf dem drei Männer saßen. Sie schrien und winkten mit Pflanzenbüscheln in ihren Händen. Ich fuhr langsamer, bis sie an unsere Seite herangekommen waren, und schließlich hielten wir alle am Straßenrand. Ich blieb im Wagen, während Hamid ausstieg und sich anhörte, was sie zu sagen hatten. Dann schrie er sie wieder an und schlug zur Bekräftigung mit seiner Hand mehrmals auf das Wagendach. Mit einem beschämten Gesichtsausdruck stiegen die drei wieder auf ihr Motorrad und fuhren davon.

»Was war denn diesmal los?«

»Ach, diese Idioten! Sie brachten die falschen Kräuter. Wenn sie die genommen hätten, wären sie eine Woche lang nicht mehr aus der Toilette rausgekommen!«

Ein solcher Tag war das also. Soweit war alles unbeschwert und angenehm verlaufen, sogar dem Wagen schien die Reise Spaß zu machen. Das ominöse Klappern im Motor hatte aufgehört, und obwohl die Straße mittlerweile so steil war, dass wir im zweiten Gang fahren mussten, schien alles in bester Ordnung. Mit der Zeit jedoch verschlechterte sich der Zustand der Fahrbahn mehr und mehr, bis man schließlich kaum noch von einer Straße sprechen konnte. Was als eine gute, ziemlich ebene Schotterstraße begonnen hatte, war zu einer Art Feldweg geworden. Und der war mittlerweile so schmal, dass wir unmöglich hätten umkehren können, und falls ich anhalten müsste, so war es höchst zweifelhaft, ob die Bremsen dem starken Gefälle gewachsen wären. Ich fing an, große Angst zu bekommen, und die Situation wurde mit jeder Kurve schlimmer. Links erhob sich eine Felswand und rechts ging es dreihundert Meter senkrecht abwärts. Hamid schien vollkommen ungerührt, saß ruhig das und summte eine Melodie. Ich wagte es nicht, ihn anzusprechen, denn ich wusste, dass ich keine Angst haben durfte. Aber die hatte ich, ich war stocksteif vor Angst. Es waren nicht nur der Zustand des Wagens und die Beschaffenheit der Straße; es war auch die Verantwortung. Ich fuhr den Wagen, in dem ein Mann saß, der ein Lehrer des Weges war, und unter den gegebenen Umständen musste jeder Unfall mit Sicherheit tödlich enden. Vergeblich versuchte ich, meine wilde Fantasie im Zaum zu halten.

Die Straße verlief weiter und weiter, und mit fünfzehn Stundenkilometern in einem niedrigen Gang schien sich jede Kurve endlos hinzuziehen. Mittlerweile waren die Fahrrinnen so tief geworden, dass es unmöglich wurde, darin zu fahren, ohne den Wagenboden zu beschädigen. So mussten wir mit zwei Reifen am äußersten Rand der Klippe und mit den anderen auf dem Buckel zwischen den Spuren fahren. Ich zitterte, und um die Sache noch schlimmer zu machen, drang von vorn Brandgeruch ins Wageninnere. Der Motor musste heiß gelaufen sein. Das bedeutete, wir würden anhalten müssen, und ich hatte kein Wasser dabei.

Als hinter der nächsten Kurve von links ein enger Pfad in unseren mündete, konnte ich aus den Augenwinkeln gerade noch etwas erhaschen, das uns plötzlich entgegenrannte. Mit voller Kraft trat ich auf die kümmerliche Bremse. Genau vor uns stürmte ein junges Kamel direkt auf uns zu, prallte gegen den Kühlergrill, zögerte eine Sekunde und rannte dann hinter uns den Pfad hinab, auf dem wir gekommen waren. Ich war schweißgebadet, zitterte am ganzen Körper und hatte völlig die Nerven verloren. »Warum hast du angehalten?«, fragte Hamid mit scharfer Stimme. »Fahr weiter! Es wird schon dunkel, und die Wagenscheinwerfer sind sehr schwach.«

Aber ich konnte mich einfach nicht bewegen. Ich stand mit beiden Füßen auf dem Bremspedal und hielt mit den Händen den Draht fest, der als Handbremse diente. Der Motor kochte, so dass der Dampf aus der Kühlerhaube schoss, und ich war verzweifelt wie noch nie in meinem Leben. Was zum Teufel hatte ein Kamel hier in den Bergen verloren, und wo war es überhaupt hergekommen? »Begreifst du denn nicht, dass es so etwas wie Zufall nicht gibt?« Hamid klang sehr harsch. »Hier oben gibt es keine Kamele, und dieses ist genau auf uns zugerannt. Wenn du nicht so rasch reagiert hättest, hätte es uns von der Klippe gestoßen. Kannst du jetzt bitte aufhören zu zittern und weiterfahren? Es mag hier auf diesem Berg andere Tiere geben, aber ein Kamel war das da sicherlich nicht.«

»Aber es *war* ein Kamel«, protestierte ich. »Wir beide haben es doch gesehen.«

»Woher willst du das wissen, du Idiot? Du hast ein Kamel gesehen, aber für ein Kamel hat es sich ziemlich sonderbar benommen, findest du nicht?«

»Was meinst du damit, Hamid?« Jetzt weinte ich fast vor Niedergeschlagenheit und Angst, unfähig, mich zu bewegen, auch wenn der Wagen rückwärts den Berg hinuntergerollt wäre.

»Ich meine damit, dass das ein Kamel *war* und dass es *kein* Kamel war. Nun reiß dich bitte zusammen und fahr weiter den Berg hoch, bevor ich noch richtig ärgerlich werde.«

Mit äußerster Anstrengung schaffte ich es, den Wagen wieder in Bewegung zu setzen. Der Pfad schien kein Ende nehmen zu wollen. Hamid sang wieder vor sich hin, doch ich zitterte noch immer angesichts der Gefahr, der wir um Haaresbreite entkommen waren.

Als wir die Bergspitze erreichten, war die Sonne gerade am Untergehen. Der Ausblick über die anatolischen Ebenen war atemberaubend, aber da es bereits dämmerte, hatten wir keine Zeit für einen Halt. Vor uns lag noch ein weiter Weg hinab, die Straße wurde nicht besser, und wo sie uns hinführen würde, wusste Gott allein. Ganz offensichtlich hatte der Mann im Café keine Ahnung gehabt, wovon er sprach, als er uns diese Route empfahl. In meinem Kopf machte sich der Gedanke breit, dass wir am Ende noch neben dem Wagen übernachten müssten, und das bei der bitteren Kälte, die mit der heraufziehenden Nacht einsetzte. In dem Moment wollte Hamid, dass ich anhalte.

»Aber wir müssen weiter«, sagte ich. »Es wird dunkel.«

»Wir müssen unbedingt anhalten«, wiederholte er. »Die Natur ruft.«

Er verschwand im Gebüsch. Kurze Zeit später tauchte er wieder auf und sang vor sich hin, als wäre nichts geschehen und alles genau so, wie es ein sollte. »Fahr weiter«, sagte er und stieg wieder in den Wagen.

Auf dem Weg bergab begann sich seine Laune langsam zu verändern. Zuerst hörte er auf zu singen und dann wurde er sehr still. Ich versuchte, mit ihm zu reden und ihn weiter über das Kamel zu befragen, doch er wollte nicht sprechen und blickte nur wie versteinert nach vorn. Als der Feldweg langsam wieder einer Straße ähnlich wurde, waren wir am Fuß des Berges angelangt. Vor uns lag eine lange, vollkommen gerade, frisch geteerte Straße und ein Hinweisschild kündigte an, dass unser Zielort nur noch vierzehn Kilometer entfernt lag.

»Wir haben es geschafft!«, rief ich aus. In demselben Moment ertönte ein fürchterliches Knirschen unter dem Wagen und wir saßen fest. Hamid rührte sich nicht. Er saß ausdruckslos da und sah einfach geradeaus. Ich stieg aus und schaute unter den Wagen. Die Ölwanne war leckgeschlagen und die schwarze Brühe floss ungehindert auf die Straße. »Ich fürchte, ein Stein hat uns die Ölwanne aufgerissen«, sagte ich. »Was sollen wir jetzt tun?«

»Du stellst dich hin und wartest, bis jemand vorbeikommt, und siehst zu, dass unser Wagen zur nächsten Stadt abgeschleppt wird. Da lag kein Stein auf der Straße.«

»Aber da muss einer gewesen sein! Ich habe gehört, wie etwas gegen den Wagen geschlagen ist.«

»Wo ist er denn? Zeig ihn mir, wenn du ihn finden kannst.«

Ich suchte überall um den Wagen herum, aber ich fand weder einen Stein noch einen Felsbrocken. Die Straße war vollkommen eben, und an den Rändern lag nur feiner Schotter.

»Und nun?«, tönte es aus dem Wagen. »Wie lautet deine Erklärung?«

»Vielleicht ist etwas im Motor passiert«, zog ich in Erwägung.

»Nichts ist im Motor passiert. Und da war kein Stein. Du hast komplett versagt, und jetzt sitzen wir hier draußen fest und die Nacht bricht herein. Kannst du dir denn *gar nichts* merken?« Bei dem »gar nichts« drehte er sich mir zu und blickte mich funkelnd an. Ich war sprachlos. Ich verstand nicht, wovon er sprach. Es *musste* ein Stein auf der Straße gelegen haben. Ich überlegte angestrengt, inwiefern ich versagt hatte.

»Du hast den weiten Weg hierher nach Anatolien gemacht. In England hast du mich gebeten, dir zu helfen, und ich habe dir gesagt, es sei ein gefährlicher Weg und dass, falls du kein Vertrauen aufbrächtest, wir beide scheitern würden. Seit du hier bist, habe ich dich fast stündlich gebeten zu vertrauen. Vertraue! Vertraue! Und was tust du? Zuerst versagst du völlig bei der Mutprobe und benimmst dich da oben auf dem Berg hysterisch wie ein ausgewachsener Schuljunge, und dann merkst du noch nicht einmal, dass du versagt hast, und verkündest, kaum sind wir unten angekommen, du hättest es geschafft. Als ob du überhaupt irgendetwas schaffen könntest. Du, mein Freund, bist gar nichts, und je früher du das begreifst, desto eher erwächst dir vielleicht ein Hauch von Ahnung, worum es auf diesem Pfad überhaupt geht. Wer denkst du wohl, war der Mann in dem Café? Glaubst du, wir sind ihm rein zufällig begegnet oder dass er uns nur versehentlich irregeführt hat? Ich habe dir gesagt, dass es so etwas wie Zufall nicht gibt. Er war nicht das, was er zu sein schien, genauso wenig wie das Kamel. Dieser Mann war kein gewöhnlicher Mann, und du hast zu tief geschlafen, um das überhaupt zu merken.«

»Willst du sagen, du hättest das von Anfang an gewusst?«

»Natürlich wusste ich es. Aber für diese kurze Zeit habe ich die Rolle übernommen, dein Führer und Lehrer zu sein, und so musste ich das, was dir als Prüfung geschickt wurde, akzeptieren. Ich wusste nicht genau, was geschehen würde, aber was auch immer käme, es musste zugelassen werden. Wie auch immer, du hast auf jedem Zentimeter des Weges versagt. Wann lernst du endlich, an Gott zu glauben? Du hast mir gesagt, du strebst nach der Wahrheit, aber was du wirklich willst, ist die Wahrheit ohne Liebe. Gott ist Liebe, und ohne Liebe gibt es nichts. Wenn du nicht an Gott glaubst, wirst du nie fähig werden, zur Wahrheit zu kommen. Du kannst Gott nicht umgehen und denken, aus eigener Kraft zu ihr zu gelangen. Das ist die schlimmste Form von Arroganz. Offenbar musst du zuerst Demut lernen, bevor wir überhaupt miteinander weiterarbeiten können. Ich muss dich überschätzt haben, und, wenn du dich so benimmst, habe auch ich bei meinem Auftrag versagt. Nun stell dich auf die Straße und versuch, einen Wagen anzuhalten.«

Ich brachte kein Wort heraus. Ich fühlte mich wie nach einem körperlichen Angriff. Von der anderen Straßenseite aus schaute ich zu unserem Wagen hinüber. Hamid saß kerzengerade, unbeweglich und mit geschlossenen Augen da. Es kamen keine Autos vorbei, keine Lastwagen – kein gar nichts. Ich zitterte vor Zorn und der bitteren Kälte. Hamid dachte also, er habe einen Fehler begangen, und ich war mir ganz sicher, dass ich einen gemacht hatte. Nie hätte ich mir einen Lehrer ausgesucht, der sich so aufführt, und ganz egal, was er sagte – es musste ein Stein auf der Straße gelegen haben. Ich war der ganzen Sache so überdrüssig und wünschte, ich hätte diese Reise niemals angetreten. Wie hatte ich nur so bescheuert sein können, diesem Mann auf den Leim zu gehen und ihm bis in die Türkei zu folgen? Wer war er überhaupt, und was hatte er mit mir vor? Im Augenblick saß ich in der Falle, aber zum Teufel nochmal, bei der nächstbesten Gelegenheit würde ich zusehen, dass ich rauskam aus diesem Debakel, aus diesem Land, und schnurstracks zurückfahren nach London.

Meine stummen Schimpftiraden wurden von einem fernen Motorgeräusch unterbrochen. Es hörte sich nicht nach einem

Auto oder einem Laster an, aber es kam eindeutig näher. In der Dunkelheit stellte ich mich mitten auf die Straße. Ein alter Traktor kam um die Kurve. Ich winkte dem Fahrer, so dass er anhielt, und zeigte auf unseren Wagen. In Zeichensprache machte ich ihm klar, dass wir eine Panne hätten und zur nächsten Stadt abgeschleppt werden müssten. Er sah mich sehr ernst an, kletterte von seinem Sitz herunter und schritt langsam um unseren Wagen herum. Hamid saß noch immer aufrecht und mit geschlossenen Augen da. »Hamid«, rief ich, »ich habe einen Traktor aufgetrieben. Würdest du bitte mit dem Mann reden?«

»Sprich selbst mit ihm«, erhielt ich zur Antwort.

Mich verständlich zu machen, war sehr schwierig. Der Traktorfahrer ging noch immer um den Wagen herum und starrte ihn an, als käme er von einem anderen Planeten. Er sah ihn sich von außen und von innen an, untersuchte die Reifen und die Stoßstangen und schaute unter die Kühlerhaube.

»Yok«, sagte er, was »nein« bedeutet, »nichts« oder »kein«.

»Kein was?«, fragte ich.

»Auto yok«, sagte er sehr bestimmt.

»Ich weiß, dass es *yok* ist«, sagte ich. »Darum sollen Sie uns ja auch abschleppen.« Und ich machte alle möglichen Gesten vor dem Wagen und tat so, als hinge ein Seil über meiner Schulter, an dem ich ihn hinter mir herzöge. Aber der Traktorfahrer schien davon unbeeindruckt und wiederholte sein *»yok«* mehrmals. Schließlich kam er ganz nahe an mich heran und sagte mit eindringlicher Stimme und nach Knoblauch riechendem Atem: *»Lira, choc lira.«* Das bedeutete, es würde viel Geld kosten, aber ich war mir nicht sicher, was er damit meinte: die Reparatur oder das Abschleppen. Ich fragte ihn wieviel, worauf er eine absurd hohe Summe mit einem Finger in das ausgelaufene Öl auf der Straße schrieb. Ich ging wieder zu Hamid.

»Du musst zahlen«, machte er klar. »Es hat keinen Zweck zu feilschen; wir sind in seiner Hand.«

»Aber das ist fast alles Geld, was ich bei mir habe.«

»Du wirst es bezahlen, und zudem wirst du auch die Reparatur bezahlen, denn es ist deine Schuld, dass all das hier passiert ist. Jetzt bin ich müde und hungrig und höchst verärgert. Bezahl, was er verlangt, und beeil dich.«

Einige Stunden später stand unser Wagen vor einer kleinen Werkstatt in einem Dorf, und wir hatten im Gasthaus ein enges, schmutziges und stickiges Zimmer gefunden. Die Kosten für die Reparatur des Wagens waren horrend hoch, und Hamid sprach kein Wort mehr mit mir, während wir ein trübseliges Mahl aus unserem mitgebrachten Proviant verzehrten. Dann legten wir uns beide, angekleidet wie wir waren, auf das große Doppelbett. Ich war gerade am Einschlafen, als Hamid heftig an meiner Schulter rüttelte. »Denk daran«, sagte er, »da lag kein Stein. Hättest du nicht so dämlich ausgerufen ›Wir haben's geschafft!‹, wäre womöglich alles weiterhin glatt gelaufen. Jetzt bete darum, bevor du einschläfst, dass dir deine Arroganz und deine Fahrlässigkeit vergeben werden. Andernfalls ist unsere Reise hier zuende.« Damit drehte er sich auf die andere Seite und schnarchte schon bald so heftig, dass das ganze Bett zitterte.

Am nächsten Morgen erklärte uns der Mechaniker in der Werkstatt, es dauere mindestens einen Tag, bis der Wagen repariert sei. Zuerst müssten einige Ersatzteile aus einer anderen Stadt herbeigeschafft werden, und der Wagen, mit dem diese abgeholt würden, sei gerade in einem anderen Dorf, wo eine Hochzeit gefeiert werde. Die Hochzeitsgäste hätten eigentlich schon am Vortag wieder zurück sein sollen, aber da noch niemand aufgetaucht sei, müsse es sich wohl um ein sehr schönes Fest handeln. Ich saß da und beobachtete, wie Hamid zu den Leuten sprach, die sich draußen vor der Werkstatt zu versammeln begannen. Wovon er redete, konnte ich nicht verstehen, aber seine Methoden waren mir langsam vertraut geworden. Es spielte nicht wirklich eine Rolle, was er sagte, solange jemand bereit war, ihm mit einem inneren Ohr zuzuhören. Seine Worte bargen eine tiefere Bedeutung, als es an der Oberfläche den Anschein machte. Ich war dabei gewesen, wenn er etwa über einen Satz aus dem Koran oder über die Schriften von einem der Sufi-Meister sprach, und seine Ausführungen gaben jedem seiner Zuhörer jeweils genau so viel, wie dieser aufnehmen konnte, nicht mehr und nicht weniger. Manchmal sprach er immer und immer wieder über einen ganz bestimmten Begriff, und dann bemerkte ich, dass der ganze Nachdruck seiner Rede auf eine einzige Person gerichtet war, die richtig zuhörte.

Ich für meinen Teil war noch immer erschüttert von meinen Erlebnissen am Vortag. Ich war verbittert und zornig, aber ich spürte auch, dass es sinnlos wäre und von mangelnder Ausdauer zeugen würde, wenn ich an diesem Punkt aufgäbe. Vor langer Zeit hatte mir Hamid einmal gesagt: »Auf diesem Pfad brauchst du zwei Beine. Das eine ist das Bein deiner Veranlagung, deiner in dir schlummernden Möglichkeiten. Das andere ist das Bein der Ausdauer. Eines ohne das andere ist nutzlos.«

Mir war klar geworden: Wenn ich weiterkommen wollte, musste ich all das ›Wissen‹ aufgeben, das ich über die Jahre erworben zu haben glaubte. Die vergangenen drei Tage hatten jegliche meiner früheren Ambitionen, einmal selbst ein Lehrer zu werden, zerstört. Ich erkannte, dass ich rein gar nichts wusste. Bei einem unserer ersten Treffen in London hatte Hamid zu mir gesagt, dass, wenn wir uns diesem Pfad wahrhaft verpflichten, uns exakt das gegeben wird, was wir brauchen. Aber hatte ich das wirklich alles gebraucht, was ich in dieser kurzen Zeit hier erlebt hatte? Es gab sicher noch einen anderen Weg, meinen Mut unter Beweis zu stellen, als diese Fahrt über die Berge; und nichts konnte mich davon überzeugen, dass da auf der Straße kein Stein gelegen hatte. Auch beunruhigte es mich, dass Hamid nach all dieser Zeit noch immer ein solches Rätsel für mich geblieben war. Ich wusste wirklich nicht das Geringste über ihn. Es war so, als sei mir die Situation schon vor langer Zeit aus den Händen genommen worden und alles, was seither geschehen war, unvermeidlich gewesen. Gegen diese Vorstellung sträubte ich mich noch immer. Zu spüren, dass etwas unvermeidlich ist, ist eine Sache; eine andere ist es, sich dem, was geschieht, hinzugeben. Wenn man zu einem Lehrer geht, muss man das mit offenen Händen tun. Sich über diese Notwendigkeit intellektuell im Klaren zu sein, ist einfach; aber tatsächlich aufhören zu urteilen, ist sehr schwer.

Im Verlauf des Morgens beruhigte ich mich langsam und beschloss zu versuchen, mehr Vertrauen zu haben. Da es nichts weiter zu tun gab, ging ich in den Hügeln oberhalb des Dorfes spazieren. Noch um die Mittagszeit war alles still und friedlich. Der Ruf zum Gebet war erklungen und das Dorf unter mir schien beinahe verlassen. Ich konnte den Platz vor der Werkstatt sehen und unseren Wagen, der am Straßenrand abgestellt war. Das Gasthaus lag hinter einer Hausecke versteckt. Etwas an dieser Sicht auf das ruhige, einfache Dorf versetzte mich zurück in jene Tage, als Hamid über die Vorstellung der Umkehrung des Raumes gesprochen hatte.

Der Mensch, hatte er mir erklärt, glaubt für gewöhnlich, er selbst sei die Ursache von etwas, und daher geht für uns alles vom

Zentrum unseres Egos aus, das sich nach außen auf die Leinwand des Lebens projiziert. Solange wir in diesem egozentrierten Raum leben, mag es einen Anschein von Veränderung, aber keinen wirklichen Wandel geben. Ich fand es schwierig zu verstehen, was ›wirklicher Wandel‹ bedeuten mochte. Er hatte gesagt, es gehe nicht um eine Erweiterung des Bewusstseins, sondern darum, es zu durchbrechen. Doch um das Bewusstsein zu durchbrechen, muss man zuerst zu seiner wahren Identität vorstoßen. Und das bedeutet, alle Konzepte, alle Vorstellungen und alle Gedanken darüber, was man sein könnte, hinter sich zu lassen. Man muss das, wofür man sich hält, sterben lassen und geboren werden zu dem, was man wirklich ist; das ist das wahre Erbe der Seele.

Hamid hatte mir auch erzählt, wie man das Leben auf eine andere Art betrachten kann, indem man es zulässt, gesehen zu werden. Er beschrieb eine spiralförmige Bewegung auf einen Mittelpunkt zu. »Was du bist«, sagte er, »ist eine zusammengesetzte Manifestation eines Augenblicks der Zeit. Diese Spirale dreht sich unaufhörlich dem Zentrum entgegen und gestaltet dich in jedem Augenblick neu. Aber wenn du glaubst, dass du es seist, der etwas verursacht, wird die Bewegung der Spirale behindert. Gott braucht den Menschen, doch kann Er den Menschen nur zu Sich führen, wenn der Mensch wirklich weiß, dass er Gott braucht.«

Dann brachte er mir bei, wie man das üben kann, was er »den Raum umkehren« nannte. Dabei sitzt man vollkommen ruhig da, konzentriert seine ganze Aufmerksamkeit auf die Mitte der Brust und gibt sich der Erkenntnis hin, dass man, statt zu sehen, gesehen wird; statt zu hören, gehört wird; statt zu berühren, berührt wird; statt zu schmecken, selbst Nahrung für Gott ist und geschmeckt wird. »Also mache dich selbst wohlschmeckend!«, sagte er. »Und erlaube schließlich, dass du geatmet wirst. Gib dich völlig deinem Vertrauen hin und der Erkenntnis, dass du machtlos bist im Angesicht Gottes, der Ersten Ursache.«

Als ich dort auf dem Hügel saß und auf die letzten paar Tage zurückblickte, merkte ich, dass ich zu suchen aufgehört und stattdessen begonnen hatte, nach der Antwort zu lauschen. Auf einmal verstand ich, dass es zwar zweifellos notwendig ist zu suchen und die Frage zu stellen; aber statt die Antwort zu verscheuchen, indem man ihr hinterherjagt, muss man gleichzeitig fragen und lauschen, im guten Glauben und Vertrauen darauf, dass die Antwort in der Frage bereits enthalten ist. In dem Augenblick wusste ich, dass ich gesehen wurde, dass ich gehört wurde, dass ich mich auflöste und zu Nahrung wurde für den großen Prozess der Transformation, der im Universum vor sich geht. Ich war nicht länger an einem Ort zentriert, von dem aus alles mit einem »kleinen Ich« begann, sondern das »Ich« wurde in mir gebildet. In meinem Sterben wurde ich gleichzeitig geboren, und die Sinne, mit denen ich gehört, gesehen, geschmeckt und berührt hatte, wurden nun zu den Sinnen eines größeren Wesens und für einen Zweck gebraucht, den kein menschlicher Verstand zu begreifen vermag. Ich war nur ein Vehikel, durch das etwas im natürlichen Ablauf geboren wurde. Zu fragen oder zu zweifeln bestand kein Anlass, denn in diesem Moment lag etwas, das sogar noch über Vertrauen hinausging.

Ich weiß nicht mehr, wie lange ich auf dem Hügel saß. Als ich schließlich ins Dorf hinunterkam, war ich vollkommen ruhig. Hamid, der offenbar spürte, was in mir vorging, ließ mich in Ruhe und sagte lediglich, der Wagen werde am nächsten Morgen repariert sein und dann würden wir weiterfahren. Sein Ärger schien verflogen und er redete auf den Mechaniker und dessen Freunde ein, die sich wieder um ihn versammelt hatten. Die fremdsprachigen Laute hörten sich temperamentvoll an, aber da ich nichts verstand, schweiften meine Gedanken ab zu der jungen Frau mit der blauen Wolle. Ich malte mir aus, wie sie in ihrem Zimmer in Side wartete und neben dem Fenster saß, und ich hatte das Gefühl, sie zum ersten Mal wirklich sehen zu können. Und ich ließ es zu, dass sie mich sah, mich anblickte und durch mich hindurchschaute. Langsam begann ich, den Schmerz jeder Frau zu verstehen, den Schmerz der Erde, die darauf wartet, erkannt zu werden, so dass sie endlich frei sein kann. Ich sah die junge Frau nicht mehr als jemanden, die auf dem Pfad verwundet worden war, sondern die ihr Leben geopfert hatte, um die Welt an unsere Verantwortung zu erinnern, die wir gegenüber der Frau tragen, gegenüber dem Weiblichen in uns – der unerkannten Seele, die darauf wartet, in die Freiheit geboren zu werden. Sie wurde für mich in jenem Moment zu einem Spiegel, in dem ich das Abbild der Frau in meinem eigenen Wesen erblickte und den Schaden, den ich ihr mit jeder Gedankenlosigkeit zufügte.

Hamid unterbrach meine Träumerei. Ich begann, ihm von meinen Gedanken zu erzählen, aber er nahm mich am Arm und sagte: »Nun hast du ein paar Dinge gesehen und einen Vorgeschmack auf das erhalten, was noch kommen wird. Eines Tages wirst du wissen, weshalb sie die blaue Wolle bei sich trägt, und dann wirst du sehen, dass die heißeste Stelle der Flamme, das Blau, im Zentrum des Feuers liegt.

Morgen fahren wir weiter. Aber unsere Pläne haben sich geändert: Wir gehen nach Ephesos, um Maria zu besuchen. Wenn wir früh aufbrechen, können wir es in einem Tag schaffen und haben noch genügend Zeit, uns vorzubereiten, bevor wir zu ihrer Kapelle hinaufsteigen.«

Am nächsten Morgen war der Wagen repariert, und wir stärkten uns auf dem Balkon unseres kleinen Gasthofs noch einmal mit Brot und Kaffee zum Frühstück.

»Heute beginnt die nächste Etappe unserer Reise. Wir werden den Ort besuchen, an dem sich die Jungfrau Maria nach der Kreuzigung Jesu niederließ. Dort steht heute eine Kapelle, und üblicherweise bitte ich die Menschen, die mit mir arbeiten wollen, auf dem Weg zu mir Maria einen Besuch abzustatten. Bei dir war das allerdings anders. Bevor ich die nächsten Schritte für dich planen konnte, musste ich erfahren, ob du von jenen empfangen würdest, zu denen ich dich in Istanbul und Ankara gesandt habe.« Er schaute mich forschend an. »Fällt es dir schwer, diese Dinge zu begreifen?«

Auf diese Frage war ich nicht vorbereitet. Ich überlegte einen Moment und erwiderte schließlich: »Ich kann dir nicht sagen, ob es mir schwer fällt oder nicht. Die Idee einer solchen Reise ist für mich etwas Neues. Bei uns in England geht man nicht mehr auf Pilgerreisen. Die Leute fahren vielleicht nach Lourdes, aber das ist etwas anderes. Man besucht keine Grabstätten – so etwas wird für Aberglaube gehalten. Tatsächlich bedeutete mir das ganze Konzept von Gott nicht wirklich viel, bis ich dich traf.«

»Aber du hast doch an Christus geglaubt, nehme ich an?«

»Eigentlich weiß ich das nicht. Ich glaube, dass es da einst einen großen Meister namens Jesus Christus gegeben hat, aber der Geist Christi scheint verloren gegangen zu sein. Ich habe mich danach gesehnt, den Geist zu schmecken; vielleicht habe ich deshalb diese Reise angetreten.«

»Und weshalb dann dieses ganze Suchen nach den Derwischen?« Hamid lächelte mich mit einem Blick über die Gläser seiner Sonnenbrille hinweg an. »Wenn du den Geist finden wolltest, der Christus ist, was hat dich dann um die halbe Welt reisen lassen, um Derwische in der Türkei zu suchen?«

»Nun, weißt du, ich hatte das Gefühl, dass die Derwische ein verborgenes Wissen besitzen, das mir weiterhelfen könnte.« Noch während ich das aussprach, wurde mir klar, dass das überhaupt nicht stimmte. Mir dämmerte, dass ich mich nie wirklich hingesetzt und darüber nachgedacht hatte, warum ich diesen Menschen eigentlich hinterherjagte. Es war mir immer als unumgänglich erschienen; doch Hamids Frage weckte nun meine Zweifel, ob es tatsächlich notwendig sei, sie zu finden. Was suchte ich wirklich?

»Ich will dir etwas von der inneren Bedeutung der Jungfrau Maria erzählen, bevor wir bei ihrer Kapelle ankommen.« Es schien mir, dass Hamid mich unbedingt auf eine Erkenntnis stoßen wollte.

»Zuallererst einmal musst du Folgendes verstehen: Auch wenn es so scheint, als spräche ich über ein historisches Ereignis, ist alles, worüber ich jetzt rede, in dir und geschieht genau *in diesem Augenblick*. Es gibt keinen anderen Augenblick; und was in unserer Welt vor zweitausend Jahren geschah, ist Teil der Entfaltung dieses Augenblicks, nicht *jenes* vergangenen, sondern des gerade jetzt gegenwärtigen. Es geht weder darum, zweitausend Jahre zurückzublicken, noch darum, diesen Moment in deiner Fantasie wiedereinzufangen. Alles, was du zu tun brauchst, ist, wach zu bleiben. Sei in diesem Augenblick innerlich wach, und du wirst zu einem eigenen Verstehen gelangen. Obwohl sie in unserer Welt Zeit brauchen mag, um sich zu entfalten, ist die Wahrheit, und die Entfaltung der Wahrheit, schon immer da.«

Er machte eine Pause und schwieg so lange, dass meine Gedanken abzuschweifen begannen – von den Resten auf unserem Frühstückstisch über den vorgeschlagenen Abstecher nach Ephesos bis zu den Reparaturarbeiten an unserem Wagen. Schließlich lehnte er sich auf seinem Stuhl nach vorn und sah mich bedeutungsvoll an. »Ich möchte, dass du jetzt ganz genau aufpasst«, sagte er. »Lass deine Gedanken zur Ruhe kommen und höre einfach nur zu.

Dein Körper ist die Jungfrau Maria. Der Geist ist Christus, das Wort, das von Gabriel überbracht wurde, dem ewigen Boten. Der Atem ist der Atem der Gnade Gottes, und dieser Atem ist es, der die Seele lebendig macht. Bis die Seele vom Geist zum Leben erweckt wird, gleicht sie einem Vogel, der noch nicht flügge ist.

Es gibt viele Wege zu Gott, aber der Weg Marias ist der süßeste und sanfteste. Wenn du zerfließen kannst in Maria, der Matrix, dem Plan des Lebens, der Göttlichen Mutter, wirst du in Christus und Christus wird in dir gestaltet und geformt werden; und so wirst du durch den Atem der Gnade Gottes ins Sein gelangen und Ihn erkennen. Denn es ist der Atem der Gnade, der Leben verleiht. In jedem Moment erscheint Gott in lebendiger Form, und Er manifestiert Sich nie zweimal in demselben Augenblick.

Maria brachte Jesus zur Welt, weil sie für dieses Werk auserwählt worden war, und daher wurde sie im Wissen über die Geburt unterwiesen. Es heißt, dass der Bote Gabriel Maria in Gestalt eines Mannes erschienen sei. Sie dachte, er begehre sie als Frau, und so erstarrte sie einen Moment lang und wandte sich zu ihrem Herrn. Hätte sie sich nicht wieder entspannt, wäre das aus diesem Augenblick geborene Kind unbeugsam geworden, so dass es unmöglich gewesen wäre, mit ihm zu leben. Dein Körper ist die Jungfrau Maria, der Geist ist Christus, der Atem ist der Atem der Gnade Gottes. Deine Seele schläft, bis der Heilige Geist sie zum Leben erweckt. In jedem Augenblick unseres Lebens wird irgendwo ein Kind geboren. Das Kind, das geboren wird, kann ein Gottesbewusster Mensch sein oder aber unbeugsam, in den ständigen Kampf mit dem Leben verstrickt. Unsere Verantwortung angesichts der Erkenntnis dieser Dinge ist enorm. Wenn du hören kannst, was ich dir hier sage, wirst du zu begreifen beginnen. Wenn du vom Geist durchdrungen wirst, magst du, *insh' Allah,* zu verstehen anfangen, doch das wird es dir nicht leichter oder einfacher machen. Vielleicht macht es dein Leben schwerer, aber schwerer an Bedeutung und gewichtiger an Zweck.

Maria ist die Göttliche Mutter. Maria ist das Blau der Flamme, und Maria ist die Matrix aller Göttlicher Möglichkeit der Form hier in unserer Welt. Es ist notwendig, dass sie erkannt wird. Lerne, Gott mit deinem ganzen Wesen zu lieben, mit jedem Teil deiner selbst, mit deinem Herzen, deinem Verstand und deiner Seele, dann mag uns allen das Verständnis der Bedeutung der jungfräulichen Geburt gewährt werden. Lerne zu beten, und deine Gebete werden aus derselben Matrix zurückkommen, die das Kind bildet.

Einen Sufi nennt man auch den ›Sohn des Augenblicks‹. Indem du jeden Augenblick in Maria zerfließt, wird etwas erlöst, so dass ein Kind geboren werden kann; und das, was geboren wird, ist der Sohn des Augenblicks. Dieses Kind mag Gottesbewusst sein und daher ›ein Sufi‹ genannt werden, aber es kann auch unbewusst und schlafend auf der Erde wandeln – noch nicht menschlich, sich Gottes und der Wunder Seiner Schöpfung nicht bewusst, ohne Erkenntnis seiner selbst und damit ohne ein wahres Verständnis der Liebe. Dein Körper ist die Jungfrau Maria – erinnere dich jeden Augenblick deines Lebens daran. Das ist die Verantwortung, die wir übernehmen müssen, wenn wir zur Erkenntnis kommen, wenn wir ins Sein gelangen.

Maria wurde auserwählt, Jesus zu gebären, weil sie ihre Reinheit bewahrte. Einfache Gemüter nennen das ihre ›Jungfräulichkeit‹, aber diejenigen, die wissen, verstehen, dass ›rein sein‹ bedeutet, vollkommen anpassungsfähig zu sein, mit jedem Augenblick zu fließen wie ein strömender Fluss, der sich aus den Wassern des Lebens selbst ergießt. ›Rein sein‹ bedeutet, Freude zu verbreiten, und Freude ist die Entfaltung des Wissens um die Vollkommenheit Gottes. ›Das Werk‹, nachdem du suchst, ist der Geist Gottes, und der Geist Gottes ist der Christus, der kommt, die Welt zu erlösen. Der ewige Bote ist immer in uns und wartet darauf, den Augenblick durch das Wort zu entfalten; und eines Tages, wenn Maria wieder erkannt wird, wird der Christus wieder erscheinen und in der äußeren Welt manifestiert werden. Erinnere dich daran, wer Maria ist, und eines Tages, wenn du bereits bist und Gott es so will, wirst du verstehen, was ich dir gesagt habe.«

Fast den ganzen Tag über fuhren wir schweigend. Obwohl ich mich an Hamids morgendliche Worte gut erinnern konnte und sie sogar in meinem Notizbuch festgehalten hatte, wusste ich, dass es wahrscheinlich viele Jahre dauern würde, bevor ich ihren wahren Inhalt verstünde. Ich erinnere mich noch, wie klein und beschämt ich mich darüber fühlte, dass ich einmal mehr unterschätzt hatte, was Hamid mich lehrte. Irgendwie schien mein Forschen nach den Derwischen bedeutungslos geworden und der größte Teil meiner Suche sogar reine Zeitverschwendung gewesen zu sein. In mir wuchs das Verlangen herauszufinden, was es eigentlich mit dieser ganzen Reise auf sich hatte; ich wollte all die Trittsteine auf dem bisherigen Pfad verstehen.

»Wir werden doch nicht in Ephesos Halt machen«, sagte Hamid. »Es ist schon spät, und wir müssen noch vor Sonnenuntergang bei Maria sein. Vielleicht bleiben wir über Nacht und sehen uns morgen die Stadt an. Am schönsten ist es, wenn man zu Maria die sechs Kilometer bergauf zu Fuß geht, aber dazu bin ich jetzt zu müde. Doch wenn du irgendwann hierher zurückkommst, musst du das tun.«

Die Straße zog sich in vielen Haarnadelkurven steil bergauf und bot einen spektakulären Ausblick über die Landschaft. Seit der Zeit der Kreuzigung schien sich hier, mit Ausnahme der geteerten Straßen und der Busladungen von Touristen, nicht viel verändert zu haben. Schaf- und Ziegenhirten wanderten mit ihren Herden über die Hügel, die grau-grünen Olivenbäume auf ihren Terrassen trugen Frucht seit Anbeginn der Geschichte, und die Kleidung der Männer und Frauen auf den Feldern war die gleiche geblieben. Es war, als würden wir durch eine biblische Szenerie fahren, die genau so bleiben wird bis ans Ende der Zeit.

Wir parkten den Wagen oben auf dem Hügel und gingen hinüber zur Kapelle. Die Restaurants und Souvenirläden für die Touristen raubten zunächst einiges von der Magie des Ortes, doch als wir den Trubel hinter uns gelassen hatten und um eine Ecke gebogen waren, verstummte der Lärm und wir trafen auf eine Messfeier unter freiem Himmel. Ein Altar war aufgebaut worden, vor dem etwa hundert Menschen knieten, dunkelhäutige Türken aus dem Osten des Landes, Frauen in grobgewobenen schwarzen Gewändern und Pilger aus Istanbul und Europa. Es lag ein tiefer, innerer Frieden über dem Ort, und ich spürte ein Verlangen, mit den anderen niederzuknien. Aber Hamid sagte: »Komm, erst zu Maria.«

Ihre Kapelle war ein kleines Steingebäude, umgeben von hohen Bäumen. Deren kühles, schattiges Innere wurde von Hunderten flackernder Kerzenlichter erhellt, jedes von ihnen eine Darbringung aus Liebe. Auch wir kauften am Eingang Kerzen, zündeten sie an und stellten sie vorsichtig in die Nischen des Gemäuers.

Hamid stand vor dem Altar und betete. Ich tat es ihm gleich und betete darum, den Sinn dieser Reise ins Unbekannte verstehen zu dürfen und zur Wahrheit geführt zu werden.

Wir blieben nicht lange in der Kapelle, sondern gingen in eines der nahegelegenen Cafés. »Du wunderst dich vielleicht, wie es kommt, dass ich durch Maria zu Gott beten kann, obwohl ich doch im islamischen Glauben erzogen worden bin«, sagte Hamid, nachdem wir uns gesetzt und Kaffee bestellt hatten. »Wusstest du, dass es in jeder Moschee eine Gebetsnische gibt, die Maria geweiht ist? Wir haben nichts zu tun mit der Form der Religion. Uns geht es um die Wahrheiten, die allen Religionen zugrunde liegen und still darauf warten, offenbart zu werden. Wenn du erst einmal verstanden hast, wirst du in deiner Liebe zu Gott all Seinen Botschaftern Respekt bezeugen. Einige dieser Botschafter sind bekannt, andere wird man nie kennen.

Der heutige Tag markiert den Beginn eines neuen Lebens für dich – das heißt, sofern du demütig genug und mit offenen Händen gekommen bist und alles hinter dir zurückgelassen hast. Maria empfängt nur diejenigen, die mit ihrem ganzen Wesen kommen. Es ist dasselbe wie das Nadelöhr, von dem man spricht. Um durch das Nadelöhr zu gelangen, musst du deine Meinungen loslassen und erkennen, dass du nichts weißt. Um von Maria empfangen zu werden, ist es notwendig, dass du zerfließt.

In der Tradition des Islams beginnt alles mit dem Akzeptieren der Einheit Gottes, mit dem Anerkennen, dass es nur *ein* Absolutes Sein gibt, aus Dem alles stammt und in Dem alles existiert. Ich kann sagen, dass ich an die jungfräuliche Geburt glaube, weil ich die Dinge verstehe, von denen wir heute gesprochen haben. Ich schaue auf die innere Bedeutung der Worte und lasse mich nicht von der äußeren Form der Welt fesseln.

Aber für heute haben wir genug geredet, und es wird spät. Wir bleiben die Nacht über hier und werden in einem wunderbaren Restaurant, das ich kenne, zu Abend essen. Morgen fahren wir weiter.«

Einige Zeit danach saß ich auf der Bettkannte in meinem Hotelzimmer in Ephesos und ließ mir das, was ich am Tag gehört hatte, nochmals durch den Kopf gehen. Hamid wollte nach seinem Besuch bei Maria allein sein und hatte sich auf sein Zimmer zurückgezogen. Ich hatte das gleiche Bedürfnis und war dankbar für die Gelegenheit, einfach nur allein dazusitzen.

Etwas später wurde ich in meiner Meditation gestört: Aus seinem Zimmer, das genau über meinem lag, hallten Hamids laute Schritte nach unten. Er hatte ziemlich nervös gewirkt, als er hinaufgegangen war, und jetzt hörte ich ihn unaufhörlich hin- und hergehen. Ich fragte mich, ob wohl etwas nicht stimmte. Plötzlich vernahm ich ein Krachen wie von zerbrechendem Geschirr, so als hätte er einen schweren Gegenstand durch den Raum geworfen und damit einen Stapel Teller und Gläser zertrümmert. Ich rannte die Treppe hoch, nahm dabei drei Stufen auf einmal, und hämmerte an seine Tür. Zunächst rührte sich nichts, dann hörte ich ihn rufen: »Komm rein.« Er stand mitten im Zimmer. Auf dem Tisch am Fenster lag eine zerbrochene Vase, auf dem Boden stand sein geöffneter Koffer und die Kleider waren überall verstreut. In seiner Hand hielt er seine Brille, von der ein Glas zerbrochen war.

»Ich habe es krachen gehört,« sagte ich. »Ist alles in Ordnung?«

»Nein. Etwas stimmt nicht. Wir müssen nach Side zurück, sofort. Pack deine Sachen zusammen, wir fahren so schnell wie möglich.«

»Aber Hamid«, protestierte ich, »wir haben fast kein Licht, und es ist dunkel, und wir werden die ganze Nacht brauchen.«

»Was hat das damit zu tun? Wie oft muss ich dir noch sagen, du sollst vertrauen? Ich weiß noch nicht, was los ist, aber wir müssen sofort zurück.«

»Aber woher weißt du das?«, fragte ich verwirrt.

»Genug! Hol deinen Koffer und komm. Und bezahl unten die Rechnung.« Er kramte seine Kleider zusammen, stopfte sie in den Koffer und eilte die Treppe hinab.

So schnell ich konnte, stieg ich zu ihm in den Wagen. Es war sehr dunkel, und am Himmel leuchteten ein Sternenmeer und der Halbmond.

Wir fuhren die ganze Nacht. Hamid sprach kein Wort. Entweder starrte er durch die Windschutzscheibe oder er lehnte sich zurück und schlief laut schnarchend. Unsere Scheinwerfer waren derart schwach, dass ich meine ganze Konzentration aufbieten musste, um nicht von der Straße abzukommen. Da die Touristensaison noch nicht begonnen hatte, gab es nicht viel Verkehr, und als der Tag anbrach, waren es noch ungefähr einhundert Kilometer bis Antalya.

»Fahr direkt nach Side«, sagte Hamid. »Hast du noch genug Benzin?«

»Ich denke nicht. Die Anzeige steht schon sehr tief.«

»Egal, wir müssen vertrauen. Wir haben keine Zeit zu verlieren.«

Auf den letzten zwanzig Kilometern stand die Nadel bei null, aber das Benzin ging uns nicht aus. Das Dorf war gerade am Erwachen, als wir das Haus erreichten.

Ohne zu warten, bis ich geparkt hatte, ließ mich Hamid direkt vor der Tür halten. Er stieg eilig aus, stieß dabei mit seinem Kopf gegen die Wagentür und verlor seine Brille. Ich lief um den Wagen herum, hob sie auf und gab sie ihm. »Die Brille ist nicht wichtig«, sagte er. »Komm schnell.«

Wir gingen ins Haus. Ich hatte keine Ahnung, was uns erwarten könnte; soweit schien alles in Ordnung. Hamid rannte ums Haus herum und dann quer über den Hof zum Zimmer der jungen Frau. Er klopfte an ihre Tür, aber es kam keine Antwort. »Los, schau in deinem Zimmer nach«, befahl er.

»Wonach denn?«, fragte ich.

»Da muss etwas sein. Geh schnell und sieh nach.«

Ich rannte die Treppe hinauf in mein Zimmer. Sie saß auf dem Bettrand. Die blaue Wolle war überall: auf der Bettdecke, um die Bettpfosten gewickelt und über den Boden verlaufend. Ihr Haar war in Unordnung und in ihren Augen funkelte ein unbändiger Zorn. Sie schaute mich an und zeigte mit beiden Händen auf einen Briefumschlag, der auf dem Boden lag. Ich hob ihn auf und sah, dass er an mich unter Hamids Anschrift adressiert war. Ich rief zu ihm hinunter, worauf er sofort hochgerannt kam. »Mach ihn auf«, sagte er und würdigte die Frau, die aufgestanden war, ihn zu begrüßen, kaum eines Blickes.

Es war ein Telegramm von meinem Geschäftspartner, kurz und direkt: »Komm sofort zurück. Deine Anwesenheit betreffend Geschäftsverkauf dringend erforderlich…«

»Du dämlicher Idiot!«, schrie Hamid. »Du hast gesagt, du kämest mit offenen Händen und ließest nichts Unerledigtes zurück. Jetzt weiß ich, wieso die Dinge so schwierig waren. Mach, dass du rauskommst. Fahr zurück und tu, was du tun musst.«

Damit verließ er das Zimmer. Die junge Frau saß noch immer da und fixierte mich mit ihren großen Augen. Sie hatte wohl kaum verstanden, was gesagt wurde. »Komm«, sagte ich, »ich bringe dich hinunter in dein Zimmer.« Ich führte sie die Treppe hinab; sie hielt das Wollknäuel vorsichtig in beiden Händen. Ohne sie loszulassen, öffnete ich ihre Tür und führte sie zum Stuhl am Fenster. Sie weinte jetzt leise und Tränen liefen ihr übers Gesicht.

»Ich muss zurück nach England«, sagte ich. »Ich habe einige Dinge zu erledigen, aber ich komme wieder, sobald ich kann. Können wir dann miteinander reden?« Sie gab keine Antwort. Ich eilte die Treppe hinauf in mein Zimmer und begann zu packen.

❧

Wonach du schaust, ist das, was schaut.

FRANZISKUS VON ASSISI

Ich sagte: »Du bist schroff wie irgendwer.«
»Aber wisse, dass ich«, erwidert' er,
»Aus Güte schroff bin, nicht aus Hass und Groll.
Ich hau' nur dem die Hucke voll,
Der mit ›Ich bin's!‹ tritt laut herein.
Denn dies hier ist der Liebe Schrein,
Du Narr, kein Stall für Schafgetier!
So reibe deine Augen dir
Und schaue mit geschärfter Sicht
Das Bild, das aus dem Herzen spricht.

MEVLANA JALALUDDIN RUMI

Sieben

»ABER HAMID, ICH MUSSTE ZURÜCKFAHREN. MANCHMAL geschehen solche Dinge, und Pläne müssen geändert werden. Jetzt ist jedenfalls alles in Ordnung gebracht – und nichts kann mich mehr daran hindern, voll und ganz hier zu sein. Ich habe meine Angelegenheiten einem Rechtsanwalt übergeben und ihm gesagt, dass ich auf unbestimmte Zeit außer Landes sein werde. Er hat sämtliche Vollmachten und kann für mich den ganzen Papierkram unterschreiben.«

Seit ich nach Side zurückgekehrt war, hatte Hamid kaum ein Wort mit mir gesprochen. Ich war nur eine knappe Woche fortgewesen und so schnell wie möglich zurückgekommen. Noch aus London hatte ich ein Telegramm geschickt und ihn darüber informiert, dass meine geschäftlichen Probleme nun geregelt seien und ich schon bald wieder bei ihm sein werde. Nach drei Tagen des Schweigens antwortete er schließlich auf mein Bitten und meine Erklärungsversuche.

»Du hattest geschworen, nichts unerledigt zurückgelassen zu haben. Ich habe dir gesagt, dass wir nur dann gemeinsam auf diese Reise gehen können, wenn du mit offenen Händen kommst. Es sieht so aus, als sei dies nicht die richtige Zeit und als wäre es besser für dich, nach England zurückzufahren, dir eine normale Beschäftigung zu suchen und mich in einem anderen Jahr wieder zu fragen, wenn du besser vorbereitet bist.«

»Bitte, Hamid«, flehte ich, »Jetzt ist wirklich alles in Ordnung, und nichts kann mich mehr fortbringen. Es gibt nichts Wichtigeres als diese Zeit. Das weiß ich.«

»Jetzt hör mir gut zu.« Hamid, der kerzengerade auf seinem Stuhl saß, schlug mit der Faust auf den Tisch. »Du bist der halsstarrigste und eigensinnigste Kerl, dem ich jemals begegnet bin. Du hörst einfach nicht auf das, was man dir sagt. Auch nach deiner ganzen so genannten Suche scheinst du noch immer nicht kapiert zu haben, wie wichtig wahre Arbeit an sich selbst ist. Du glaubst, du hättest ein Recht auf eine eigene Meinung. Aber du hast noch nicht mal das Recht zu denken, du wüsstest etwas. Wenn du den Weg verstehen willst, musst du Opfer bringen. Aber tust du das? Opferst du wirklich irgendetwas? Möglicherweise hast du einigen Komfort aufgegeben und ein paar von deinen britischen Gewohnheiten, aber um wahrhaft zu verstehen, musst du *alles* opfern. Hättest du das tatsächlich getan, wärst du nicht nach London zurückgerufen worden nur für eine lächerliche geschäftliche Besprechung, die ohnehin völlig überflüssig war. ›Du kannst nicht Gott dienen und dem Mammon‹ – ist es nicht das, was man sagt?«

»Weshalb bist du so verärgert, Hamid?«, fragte ich. »Warum ist diese eine Woche so wichtig? Es ist doch nicht so, dass ich nicht sofort wiedergekommen wäre. Und wenn ich nicht gleich nach London gefahren wäre, hätte man mich wahrscheinlich später für eine viel längere Zeit zurückgerufen.«

»Wie willst du das wissen«, schrie er mich an. »Was weißt du denn schon? Du willst noch immer nicht hören, was ich dir sage. Vertraue, vertraue, vertraue! Glaubst du wirklich, das alles wäre geschehen, wenn du mit offenen Händen und Gottvertrauen gekommen wärst? Du weißt, dass es so etwas wie Zufall nicht gibt. Also hör mir zu; ich will dir sagen, was der wahre Grund dafür ist, dass du nach England zurückgerufen wurdest.

Von dem Augenblick an, in dem du einen Fuß auf diesen Pfad setzt, gibt es kein Zurück mehr. Aber nachdem du hier ankamst, wurdest du selbstgefällig. Ich habe dich beobachtet. Dein Stolz und deine Überheblichkeit ließen dich glauben, du wärst dabei, etwas zu erreichen. Es gibt nichts zu erreichen, es gibt nur die Hingabe an ein Leben des Dienens. Aber du hast einfach nur dein Ego weiter spirituell aufgeblasen und bliebst in deinen Meinungen und Konzepten verstrickt. Das Ziel dieser Reise ist weit jenseits von allem, was du dir vorzustellen vermagst.

Du dachtest, es sei bloß Zufall oder vielleicht sogar wegen der Dummheit deines Geschäftspartners, dass du nach London zurückgerufen wurdest. Aber dem ist nicht so. Anstatt alles aufzugeben und auf Gott zu vertrauen, hast du ein bisschen von dem behalten, von dem du dachtest, es könnte von Vorteil sein, wenn du wieder zurück in London bist. Nicht wahr?«

In dem Moment wollte ich mehr als alles andere, dass ich diese Reise niemals begonnen hätte. Ich schämte mich. Ich wusste, dass das, was er sagte, stimmte. Ich hatte meine Angelegenheiten so zurückgelassen, dass sich mir eine Art Rückversicherung bot und ich in mein altes Leben hätte zurückkehren können, so als wäre nichts geschehen. Nachdem die Dinge so geregelt waren, hatte ich sie vollkommen aus meinem Kopf verdrängt. Aber es war klar: Als mein Partner mich dann zurückrief und bat, ihm bei dem Problem rund um den Verkauf unseres Antiquitätengeschäfts zu helfen, da spielte er einfach nur seine Rolle in der Entlarvung meines mangelnden Vertrauens.

»Nun hör mir zu. Dein Selbstmitleid interessiert mich nicht, und zudem bin ich noch nicht fertig mit dir. Es gibt noch einen weiteren Grund, weshalb mich deine Rückkehr nach England so verärgert hat. Was uns zu Maria nach Ephesos geführt hat, war eine sehr bedeutende Abfolge von Ereignissen. Damals wurdest du in den Beginn des inneren Pfades eingeführt, der die Grundlage dessen bildet, was ich dir zu vermitteln versucht habe. Wenn man erst einmal in diesen Pfad eingeführt worden ist, ist es notwendig, doppelt so hart an sich zu arbeiten, damit man für die nächste Stufe der Entfaltung des Geheimnisses gerüstet ist. Genau als diese Entfaltung für dich begann, bist du nach England weggelaufen und hast den Fluss unserer gemeinsamen Arbeit jäh unterbrochen. Und wieso musstest du überhaupt zurück? Nur weil du deine Sicherheit nicht aufgeben wolltest. Deshalb darf man nie etwas unfertig zurücklassen – weil alles Unerledigte einen mit Sicherheit daran hindern wird, den nächsten Schritt zu tun in Richtung vollkommener Verpflichtung. Jetzt, da du zurück bist, musst du deine Verpflichtung erneuern, wenn wir gemeinsam weitermachen sollen.«

Er schwieg kurz, so als überlege er, wie er fortfahren solle. »Falls du wirklich und ganz bewusst sagst: ›*Ich will,* was Gottes Wille ist‹, dann habe ich Erbarmen mit dir, denn ich kenne die Art von Opfer, die du wirst erbringen müssen, bis dir das Wissen um unsere essenzielle Einheit mit Gott geschenkt wird.

Wenn du diese Wahrheit finden willst, musst du lernen, dich ihr mit jedem deiner Atemzüge von Neuem zu verschreiben und jeden deiner Schritte Gott zuzuwenden. Jeden Morgen, wenn du erwachst, solltest du darum beten, dass es dir erlaubt sein möge zu dienen, und dafür darfst du keinerlei Belohnung erwarten.

Jetzt musst du dich entscheiden, ob du wirklich bereit bist, weiterzugehen und dich vorbehaltlos dem Werk Gottes auf der Erde zu verschreiben.«

Ich fühlte mich Hamid näher als jemals zuvor und spürte, dass mein Vertrauen stärker geworden war. »Ja«, sagte ich, »ich will.«

Hamid stand auf und umarmte mich wie einen Sohn. »Ich bin froh, dass du zurückgekommen bist«, sagte er. »Ich habe dich sehr vermisst.«

Wir weinten beide, und die Liebe, die zwischen uns floss, wusch das Vergangene hinweg.

»Ich danke dir«, sagte ich. »Danke, dass du mich wieder aufnimmst, und für deine Geduld.«

»Wenn du weißt«, sagte er lächelnd, »wirst du in jedem Augenblick Danke sagen, weil jeder Augenblick in seiner Essenz vollkommen ist. Wahrlich, Seine Wege sind schön. Verzeih mir, dass ich manchmal so streng mit dir bin, aber manche Leute lernen leider nur auf die harte Tour.

Jetzt wollen wir uns ausruhen. Morgen früh kommst du wie gewohnt zu mir, und dann werden wir sehen, was als Nächstes zu tun ist.

Übrigens solltest du wissen, dass die junge Frau am dem Tag, an dem du nach England abgereist bist, verschwunden ist. Ich habe es dir nicht früher gesagt, weil es dich nichts anging, solange ich dich nicht wieder aufgenommen hatte. Ich habe gehört, sie habe eine Mitfahrgelegenheit nach Antalya gefunden, aber niemand scheint sie gesehen zu haben. Ich habe in allen Hotels und Reisebüros nachgefragt, aber bis jetzt ohne Ergebnis. Sie hat das schon früher getan, aber du solltest sie in deine Gebete einschließen. Sie sehnt sich so sehr nach Hilfe.«

Am nächsten Morgen unternahmen wir einen Spaziergang unten am Strand anstelle der sonst üblichen Studiensitzung in seinem Zimmer. Wir gingen schweigend in Richtung des Amphitheaters. Der vorangegangene Tag hatte mich nahe an den Zustand der Verwirrung gebracht, wie Hamid es nannte, an den Punkt, an dem wir uns endlich Gott zuwenden und einsehen, dass unsere ganze Wichtigtuerei reine Illusion ist. Verzweiflung hatte mich überfallen, als ich erkannte, dass ich überhaupt nichts wusste, ja, dass ich noch nicht einmal fähig war, mir selbst dabei zu helfen, die so notwendige Veränderung in mir herbeizuführen. Aber Hamid hatte mir auch gesagt, dass wir genau in dem Augenblick, in dem wir unsere Ohnmacht einsehen, an den Beginn des Pfades der Erkenntnis gelangen.

Wir setzten uns bei den Felsen hin und schauten aufs Meer. Hamid sagte immer noch nichts, doch wie so oft lag in seinem Schweigen mehr Nachdruck als in seinen Worten. Es schien, als sei für ihn jeder Augenblick kostbar, und sein tiefes Empfinden verlieh jeder Handlung und Erfahrung, die wir teilten, eine zusätzliche Dimension. Je länger wir zusammen waren, desto mehr verlor die Zeit jegliche Bedeutung für mich, und der Raum war durch mein Hin-und-her-Reisen zwischen London und Istanbul verschluckt worden. Die unsichtbare Struktur der Zeit, die es uns erlaubt, Distanz zu erfahren, löste sich auf, und es gab Momente, in denen mich eine große Angst beschlich, als mir klar wurde, dass da immer weniger war, woran ich mich festhalten konnte, und dass von den Illusionen, die ich bewahrt hatte, mehr und mehr Stützen wegfielen.

Hamid stand auf und deutete mit ausgestrecktem Arm auf die langgezogene Bucht vor uns. Es war ein vollendeter Morgen; der kalte Wind hatte sich gelegt, und die klare, helle Sonne ließ das Meer leuchten und funkeln. In der großen Stille hörte ich nur das Knarren der Ruder eines Fischerbootes draußen vor der Bucht.

»Ist es nicht herrlich?«, fragte er mich. »Der einzige Zweck der Liebe ist Schönheit. Das Leben sollte ein Liebesakt sein. Erfülle jeden um dich herum mit dem Geist dieser Freiheit. Lass dich nie von deinen Leidenschaften beherrschen, aber wage es, leidenschaftlich zu leben. Denn solange du nicht vollkommen liebst, wirst du Gott niemals kennenlernen!

Aber nun sag mir: Was hast du wirklich verstanden, seit wir beide zusammen sind? Nicht mit dem Verstand, sondern mit dem Herzen?«

Diese Art von Fragen fürchtete ich. Es war schon anstrengend genug, meine alten Konzepte aufzugeben, aber noch viel schwieriger war es, die dürftigen Erkenntnisse, die ich aufrichtig behaupten konnte, gewonnen zu haben, in Worte zu fassen.

»Ich denke, das Wichtigste ist«, begann ich, »dass das, was ich aus früheren Lehren glaubte, verstanden zu haben, wirklichkeitsfremd war. Es gab Augenblicke oder Blitzlichter der Inspiration, doch die meiste Zeit über hamsterte ich nur Massen von Informationen, die mir jetzt nutzlos erscheinen.«

Hamid lächelte. »Ganz so schlimm wird es wohl nicht sein, oder?«, fragte er.

»Ich weiß es nicht. Letzte Nacht war ich der Verzweiflung nahe, denn als du sagtest, dass es in Wirklichkeit nichts zu erreichen gibt, schien mir mein bisheriges Leben sinnlos, nichts als Zeitverschwendung. Ich bin nicht mehr glücklich. Ich weiß nicht mal mehr, wie ich mich fühle.«

»Das hat einen einfachen Grund«, sagte er. »Mit deinen Konditionierungen lösen sich auch deine Verhaltensmuster auf, und dann kommt eine Zeit, in der dir alles sehr negativ erscheinen mag. Aber mach dir darüber keine Sorgen. Würdest du diese Erfahrung nicht machen, wäre das für mich ein Zeichen dafür, dass du dich weigerst, einige der bestgehüteten Besitztümer deines Verstandes aufzugeben. Wenn Illusionen vergehen, hat man immer das Gefühl, etwas zu verlieren, doch das ist ein vorübergehender Zustand. Weiter, was kannst du mir sonst noch sagen?«

»Nun, als ich in London war, stellte ich fest, dass ich mit kaum jemandem reden konnte, noch nicht einmal mir meinen ältesten Freunden. Sie schienen mir gegenüber sehr misstrauisch zu sein, und je genauer ich ihnen zu erzählen versuchte, was geschehen war, desto schlimmer wurde es. Ich merkte, dass ich ihnen die Dinge, die wir hier gemeinsam erlebten, schlichtweg nicht vermitteln konnte. Das war ein großer Schock. Ich hatte das Gefühl, sie irgendwie im Stich gelassen zu haben, denn sie hatten immer dasselbe gesucht wie ich.«

»Ah«, sagte Hamid, »ich sage dir: Deine Aufgabe besteht darin, eine neue Sprache zu schaffen. Das verstehst du noch nicht. Wenn sich dein Herz erst einmal geöffnet hat, wird es dir möglich sein, aus deinem Herzen zu sprechen, und dann werden sie verstehen, was du sagst. Aber denk daran, dass jeder von uns auf seine eigene Art versteht und nicht notwendigerweise in der Form, in der du zu kommunizieren versuchst.«

»Wie werde ich wissen, wann dies geschieht? Woran merke ich, dass ich wirklich aus dem Herzen spreche?«

»Diese Frage lässt sich nicht so leicht beantworten. Wenn dein Herz offen wäre, wüsstest du es. Aber so viel kann ich sagen: Wenn du in dieser neuen Sprache sprichst, wirst du an den Menschen, mit denen du zu kommunizieren versuchst, eine echte Veränderung bemerken. Zusammen mit dem Atem trägt das Wort den Geist in die relative Welt und bringt diese Veränderung hervor. Ohne wirkliche Veränderung gibt es keine Freiheit, weder für den Suchenden auf dem Pfad noch für jene, mit denen er in Kontakt kommt.

Verstehst du, das Herz ist der Sitz der Seele. Wenn du aus dem Herzen sprichst, kannst du das Feuer in den Herzen der anderen entfachen. Durch das Wiedererkennen beginnst du eigentlich, die schlafende Seele zu erwecken. Und Feuer breitet sich aus. Nichts ist so ansteckend wie die Liebe.

Doch zuerst musst du in Liebe sterben, wenn du als wahres menschliches Wesen leben und andere zur Liebe führen willst. Deshalb heißt es im Islam: ›Stirb, bevor du stirbst.‹ Wir müssen lernen, uns in jedem Augenblick hinzugeben; und so, wie wir in der Liebe sterben, werden wir in der Liebe neu erschaffen.

Es braucht großen Mut, in jedem Augenblick zu sterben. Aber solange du dich nicht wirklich aufgeben kannst, bist du noch kein *salik,* kein Reisender auf dem Weg. Ein *salik* ist jemand, der sich selbst gefunden hat. Und wenn er sich selbst kennt, kennt er die Wahrheit und weiß, was zu tun ist. Er schaut vom Gipfelpunkt des Wissens aus und trägt so zum Wandel bei, der kommen muss. Er versteht, dass Gott das Opfer und die Hingabe des Menschen braucht, damit die Evolution fortschreiten kann.

Wir stehen an einem Punkt der Geschichte, an dem viele der traditionellen Formen zusammenbrechen. Überall probiert man verbissen, die religiösen, politischen und wirtschaftlichen Systeme des westlichen Lebensstils zu reparieren. Die Politiker und Ökonomen unternehmen einen Versuch nach dem anderen, die Stabilität wiederherzustellen, doch in Wirklichkeit geschieht nichts. Es geschieht kein wirklicher Wandel. Und ihr spirituellen Sucher reist durch die ganze Welt, um Erklärungen zu finden für euren Schmerz und eure Verwirrung. Ihr geht zu Gurus nach Indien, zu Swamis, Astrologen und Psychoanalytikern – zu allen möglichen Leuten, deren Methoden ihr für eine Weile ausprobiert. Und nun, so scheint es, sind die Derwische dran!« Er lächelte mich vielsagend an.

»Aber bringt das wirklichen Wandel?«, fuhr er fort. »Wo siehst du eine echte Veränderung? Es herrscht noch immer dieselbe Verwirrung, und der Verfall der alten Ordnung geht weiter. Jeder sucht nach einer Antwort auf die Frage, doch egal, worüber sie sich Urteile und Meinungen bilden – in Wirklichkeit kann nichts geschehen, weil den Menschen der Mut fehlt, sich dem Wandel zu stellen. Sie wollen Techniken, die ihrer Selbstgerechtigkeit schmeicheln, oder Erklärungen für Phänomene, die sich messen lassen – alles Mögliche, nur keine wirkliche Veränderung. Aber hör auf mich! Wenn wir uns jetzt nicht grundlegend wandeln und die Menschen keine *saliks* werden, besteht die sehr große Gefahr, dass die Erde in den Zustand des ursprünglichen Chaos zurückfällt. Falls nicht schon bald genügend Arbeit auf höchster Ebene geleistet wird, könnte es sein, dass wir das Ende der Zivilisation noch selbst erleben werden. Wir sind bereits Zeugen einer derartigen Verschlechterung geworden, dass es fraglich ist, was wir überhaupt noch ausrichten können.«

Die Dringlichkeit in Hamids Worten war furchteinflößend. Ich spürte, dass er etwas von äußerster Wichtigkeit ausdrücken wollte, etwas, dem ich noch nicht ins Gesicht sehen wollte. Mein rationaler Verstand blockte ab, was er sagte.

»Willst du mir sagen«, fragte ich schließlich, »dass die Zukunft der Welt, die Zukunft dieses Planeten, von uns abhängt und von den handfesten Veränderungen, die wir jetzt vornehmen?«

»Genau das ist es, was ich dir erkläre«, antwortete Hamid. »Wir bereiten uns jetzt auf die kommende Welt vor, doch wann sie kommen wird, das geschieht in Gottes Zeit, nicht in unserer. Alles, was du jetzt tun kannst, ist, härter und härter an dir selbst zu arbeiten, weniger zu schlafen und mehr darum zu beten, dass dir Verstehen geschenkt werden möge. Das wird es dir leichter machen, wenn die Zeit kommt. Doch die Zeit wird erst kommen, wenn du keine Vergangenheit mehr hast, um die deine Gedanken in ihren ausgetretenen Gängen nutzlos kreisen. Es gibt noch viele Ebenen jenseits dessen, was wir bisher berührt haben, aber ich kann dir nicht sagen, wann du bereit sein wirst, von ihnen zu hören. Vielleicht beginnen wir damit schon nächste Woche. Vielleicht in einem Monat. Vielleicht aber auch erst in einigen Jahren. Das hängt von dir ab.

Genauso ist es mit der Welt. Die Welt ist voller Konzepte und Vorstellungen, doch was sie braucht, ist das Wiedererkennen, so dass die Liebe all den Schmerz und die Konditionierung wegschmelzen und der Mensch mit den unsichtbaren Welten zusammenarbeiten kann, um in *dieser* Welt eine neue Lebensweise zu ermöglichen. Du denkst die meiste Zeit, ich spräche nur von dir, und das, weil du so selbstbezogen bist, dass du gar nicht richtig zuhörst. Siehst du nicht, was das bedeutet? Wenn du dich selbst wirklich aufgibst, ist das, was ich sage, zu all denen gesagt, die hören können, und um dies zu erreichen, müssen wir beide nicht einmal von diesem Felsen hier heruntersteigen. Kehre dein Inneres nach außen, damit du dienen kannst, und dann werden die Worte, die ich spreche, von all jenen in der Welt vernommen, die bereit sind zu hören.«

Den restlichen Morgen über war Hamid in vergnüglicher Stimmung und bestand darauf, dass wir stundenlang Patience spielten. Jedes Mal, wenn ich das Gespräch auf die vorherigen Themen zurückbringen wollte, unterbrach er mich, noch bevor ich eine Frage stellen konnte. Als ich der Patience überdrüssig wurde, fragte ich ihn, ob wir etwas anderes spielen könnten.

»Warum willst du etwas anderes spielen?«, erwiderte er. »Patience ist ein Spiel, das eine Eigenschaft fördert, die du lernen musst. Geduld ist unabdingbar, ohne sie handelt man überstürzt und verdirbt den Plan. Nach dem Ausbringen der Saat muss man warten, bis ihre Zeit zum Aufgehen gekommen ist. Wenn man die Erde umgräbt, bevor die Saat sprießt, zerstört man, was angepflanzt wurde. Geduld ist eine der wichtigsten Eigenschaften für jeden, der diesen Pfad betritt. Du bist viel zu ungeduldig – darum spiele ich Patience mit dir.«

»Aber dieses Spiel hängt mir zum Hals raus. Du springst von einer Sache zur nächsten, und genau dann, wenn ich finde, wir kommen voran und entwickeln einen Gedankengang, bist du schon wieder woanders und ich weiß nicht, wo mir der Kopf steht.«

»Genau das versuche ich zu erreichen«, sagte er heiter. »Los, heb bitte ab!«

Am Nachmittag genossen wir im Restaurant ein spätes Mittagessen. Der nächtliche Fang war ausgelegt und wir stellten uns eine große Platte mit verschiedenen Fischen zusammen, die der Koch mit wildem Thymian und Fenchel würzte und über der Holzkohle grillte. Hamid war sehr gesprächig, und so versammelte sich die übliche Menschenmenge, um seinen Ausführungen zu lauschen. Noch vor zwei Wochen hätte es mich gekränkt, dass er mir keine Beachtung schenkte, doch jetzt war ich zufrieden, in Ruhe essen zu können, und schaute den Männer zu, die bei den Fischerbooten ihre Netzte flickten. Irgendetwas war geschehen an diesem Morgen; ich mühte mich nicht länger ab zu verstehen und ich brauchte nichts weiter zu tun, als mich zu den Geräuschen des Wassers und mit der Nachmittagssonne auf meinem Gesicht zu entspannen.

Nach unserem gemütlichen Essen machten wir am Strand ein Nickerchen. Als wir erwachten, kündigte mir Hamid unvermittelt an, dass ich am nächsten Tag alleine eine Reise unternehmen müsse. Das rüttelte mich aus meiner friedlichen Nachmittagsstimmung. Zudem war die Frau noch nicht wieder aufgetaucht, und ich hatte eigentlich vorgehabt herauszufinden, wohin sie nach ihrer Abreise aus Side verschwunden war.

»Beklage dich nicht«, warnte mich Hamid. »Du kennst noch nicht den Grund dieser Dinge. Morgen wirst du nach Konya fahren, um drei große Heilige zu besuchen. Triff alle notwendigen Vorbereitungen noch heute. Frag Mustafa vom Restaurant; er wird dir die Fahrkarte besorgen und einen Wagen, der dich zum Busbahnhof bringt.«

»Und was hast du vor?«, fragte ich ihn.

»Ich werde morgen auch unterwegs sein. Ein Freund fährt mich nach Istanbul. Ich werde im Haus meiner Cousine am Bosporus wohnen; ich gebe dir die Adresse. Wir können uns dann dort treffen.«

»Aber wie lange soll ich denn in Konya bleiben?«

»Das hängt von der Haltung ab, in der du dorthin fährst. Das Wichtigste ist, dass du mit einer möglichst offenen Einstellung gehst. Erinnerst du dich noch an die Ansichtskarte, die ich dir in England gab, als ich dich einlud, mich zu besuchen?«

Natürlich hatte ich sie nicht vergessen; ich hatte sie sogar in die Türkei mitgenommen. Ich erzählte Hamid, dass die Karte in meinem Koffer sei und ich sie mir oft betrachte.

»Diese Karte zeigt das Grabmal von Mevlana Jalaluddin Rumi. Zu ihm musst du nun gehen und ihm deine Ehrerbietung bezeugen. *Mevlana* bedeutet ›unser Meister‹, und in unserer Tradition ist er als ›der Pol der Liebe‹ bekannt. Wenn du in der richtigen Haltung gehst und empfangen wirst, magst du sehr viel von ihm lernen.«

»Wann hat er gelebt?«, fragte ich.

»Mevlana lebte im dreizehnten Jahrhundert. Ich würde dir gerne von seinem Leben und seiner Lehre erzählen, aber ich denke, im Moment ist es für dich ratsamer, alleine weiterzugehen. Vielleicht können wir uns ein wenig über ihn unterhalten, wenn wir uns in Istanbul treffen.

Du musst in Konya drei Orte aufsuchen, und zwar in der richtigen Reihenfolge. Der erste ist das Grab von Shams-i Tabriz, der ›Sonne von Täbris‹. Er war ein Wanderderwisch, der Mevlana zur vollkommenen Hingabe an Gott geführt hat. Anschließend musst du das Grabmal von Sadruddin Konevi besuchen, einem von Mevlanas frühesten und größten Lehrern. Er repräsentiert die Verbindung zwischen Mevlana, dem Pol der Liebe, und dem Scheich al-Akbar, Muhyiddin Ibn Arabi, der in unserer Tradition ›der Pol des Wissens‹ genannt wird. Und zuletzt gehst du zum Grab und Museum von Mevlana. Auch er wollte, dass alle tanzen.« Dabei glaubte ich zu sehen, wie Hamid mich kurz anzwinkerte. »Wie schade, dass du nicht bereits im Dezember hier warst, als ich in Konya am großen Fest teilnahm, das dort jedes Jahr gefeiert wird zum Gedenken an Rumis Tod, an seine ›Hochzeitsnacht‹, die Nacht, als er die vollständige Vereinigung erreichte.

Aber das genügt für den Augenblick. Nun geh und triff deine Vorbereitungen. Komm bitte morgen früh zu mir und verabschiede dich, bevor du gehst. Ich glaube, der Bus fährt so gegen sechs Uhr von Antalya ab. Du musst also recht früh aufstehen.«

❧

Vom Selbst befrei' dich mit einem Streich!
Gleich einem Schwert sei niemals weich.
Zu eines Spiegels blitzend' Strahl
Polier mit Reue deinen Stahl.

Mevlana Jalaluddin Rumi

Meine Existenz stammt von Dir,
  und Dein Erscheinen geschieht durch mich.
Doch wenn ich nicht erschienen wäre,
  wärst Du nicht gewesen.

Muhyiddin Ibn Arabi

Acht

AUF DER FAHRT NACH KONYA WICH DIE WÄRME DES SÜDENS einer bitteren Kälte und die Steppen Anatoliens lagen öde und gefroren da. Bei jedem Zwischenhalt blies der eisige Wind die lauwarme Luft aus dem Bus, und wir liefen in die Raststätten, um uns bei heißer Suppe und Kaffee aufzuwärmen. Die Fahrgäste hüllten sich fest in ihre Schafledermäntel. Die Frauen hatten ihre Kopftücher tief ins Gesicht gezogen, und viele der Männer trugen dicke Fellmützen mit heruntergelassenen Ohrenklappen. In den Busbahnhöfen standen sie beieinander und rauchten dunkle türkische Zigaretten. Das Temperament dieser Menschen litt merklich unter der Kälte. Die für die Südtürkei so typische, nie versiegende Gesprächigkeit war hier verstummt; die Passagiere saßen schweigend da und warteten auf das Hupen zur Weiterfahrt. Dann kletterten wir alle wieder in den Bus und machten es uns für ein paar weitere Stunden bis zur nächsten Rast bequem. Auch mein Sitznachbar, ein alter Mann, hatte mich nur kurz gegrüßt, als er sich zu Beginn der Fahrt neben mir niederließ. *»Merhaba«* – »Guten Morgen«; mehr hatte er nicht gesagt. Das war ganz anders als auf meinen früheren Busreisen, als mich jedermann umringte und wissen wollte, weshalb ich in der Türkei sei, wohin ich fahre und was ich vorhabe.

Aus irgendeinem Grund hatte ich mir Konya als ziemlich einfachen Ort vorgestellt und war nun überrascht, in einem modernen Busbahnhof mit wartenden Taxis anzukommen. Wir hatten die Außenbezirke gerade erreicht, als die Sonne unterging; nun waren die Straßen erleuchtet und in ihren vereisten Rändern spiegelten sich die Verkehrslichter. Wir stiegen alle aus und holten unser Gepäck, das neben dem Bus zum Abholen bereitstand. Die Ruhe unserer Reise endete in der lautstarken Aufregung derer, die gekommen waren, ihre Freunde und Verwandten von der langen Busfahrt abzuholen. Da war er wieder, der Mittlere Osten, mit all dem Lärm, dem Gedränge und dem Durcheinander, die auch auf den Straßen und Märkten jeder türkischen Stadt herrschen.

»Sie wollen Taxi, Sir? Sehr billig.«

»Wie viel?«

»Sehr billig, Sir. Sie einsteigen, und wir fahren zu Hotel, ja?«

»Aber wie viel?«

»Nur fünfundzwanzig Lira. Fester Preis immer, Sir.«

»Gut«, sagte ich. »Ich fahre mit Ihnen, aber fünfundzwanzig Lira – nein. Ich gebe Ihnen zehn Lira.«

»Nicht möglich, Sir. Fester Preis immer.«

»Dann gehe ich zu Fuß«, sagte ich, nahm meinen Koffer und ging los.

»Sie sehr harter Mann, Sir. Aber werde machen Sonderpreis – zwanzig Lira.« Der Taxifahrer lief mir hinterher und langte nach meinem Koffer.

»Fünfzehn«, sagte ich, zog den Koffer weg und ging schneller.

»Gut, Sir. Fünfzehn und ein paar Zigaretten.«

»Ich rauche nicht«, sagte ich und stieg in sein Taxi mit dem Gefühl, eine Schlacht gewonnen zu haben. Kaum waren wir losgefahren, war es so, als hätten wir gar nie miteinander gefeilscht. Auf der ganzen Fahrt zum Hotel erzählte mir der Mann von seiner Familie und stellte die üblichen Fragen – wie es mir in der Türkei gefalle, wie lange ich vorhabe, in Konya zu bleiben, und ob ich von seinem Schwager ein Auto mieten wolle.

Hamid hatte mir die Adresse eines zentral gelegenen Hotels in der Nähe des Grabmals von Mevlana Jalaluddin Rumi mitgegeben. Dessen Besitzer empfing mich und sagte, er hätte noch viele freie Zimmer, da zu dieser Jahreszeit nur wenige Touristen nach Konya kämen. »Sie sind auf der Durchreise?«, fragte er. Ich erwiderte, ich wüsste noch nicht, wie lange ich bleiben werde. Er brachte mein Gepäck auf ein kleines Zimmer im zweiten Stock, direkt über der Hotelhalle. Dann reichte er mir den Schlüssel, und ich war allein.

Erschöpft von der langen Busfahrt, schlief ich lange in den Morgen hinein, und so war es schon fast Mittag, als ich mich auf meine Erkundung machen konnte. Der Hotelbesitzer war sehr hilfsbereit, als ich ihm erklärte, ich wolle zum Grabmal von Shams-i Tabriz. »Ich bete für Sie, dass es heute geöffnet ist«, sagte er. »Manchmal ist es offen, manchmal nicht. Aber wenn es Ihnen bestimmt ist, hineinzukommen, wird Allah für den Schlüssel sorgen, der das Tor aufschließt.«

Da Hamid mir ausdrücklich aufgetragen hatte, die Gräber in der genannten Reihenfolge aufzusuchen und mit Shams-i Tabriz zu beginnen, hatte ich überhaupt nicht bedacht, dass dieses geschlossen sein könnte. Und so war ich sehr überrascht, als ich auf einem menschenleeren Vorplatz vor dem verschlossenen Eisentor stand. Abgesehen von einigen Tauben, die aus dem Brunnen tranken, bewegte sich nichts. Das Tor war fest verriegelt, und es war auch unmöglich, durch die Fenster einen Blick in das Innere zu werfen. Es war kalt und ein eisiger Wind blies durch die Stadt. Ich versank in Traurigkeit. Bisher waren mir alle Türen geöffnet worden; sogar, als es mir nicht gelungen war, den Scheich in Istanbul zu finden, hatte ich das nicht als Zurückweisung empfunden. Diesmal war es ganz anders, und mit einem Mal fühlte ich mich sehr einsam. So unlogisch es war: Je stärker ich gegen das Gefühl ankämpfte, umso schlimmer wurde es. Ich setzte mich am Rand des Platzes hin und versuchte, meine Gedanken zu ordnen, aber nichts vermochte, meine Stimmung aufzuhellen. Diese verschlossene Tür stand für jede einzelne Zurückweisung, die ich in meinem Leben erfahren hatte. Und ich war mir so sicher, dass ich dieses Mal mit offenen Händen gekommen war.

In Gedanken ging ich nochmals die gestrige Busfahrt durch, um herauszufinden, ob ich irgendetwas getan hatte, was der Grund für meine jetzige Situation sein könnte. Mittlerweile war ich davon überzeugt, dass nichts durch Zufall geschieht. Die Tatsache, dass das Grabmal geschlossen war, bedeutete also, dass mir soeben eine Lehre erteilt wurde. Aber welche das sein mochte, konnte ich einfach nicht ergründen. Was sollte ich nun tun? Da war niemand, den ich hätte fragen können, und kein Hinweis an der Tür, wann die Grabstätte geöffnet sein würde.

Ich muss etwa eine halbe Stunde dort gesessen und mit meiner Niedergeschlagenheit gerungen haben, als mir plötzlich klar wurde, was nicht stimmte. Ich hatte – anmaßenderweise – schlicht und einfach vorausgesetzt, dass das Grabmal geöffnet sein und ich hineingelassen würde. Obwohl ich geglaubt hatte, von ganzem Herzen nach Konya gereist zu sein, war ich in Tat und Wahrheit ohne jede Demut gekommen. Ja, das war es! Ganz offensichtlich wurde ich nicht empfangen, weil ich, einmal mehr, die richtige Haltung vergessen hatte. In der Sekunde wurde mir klar, dass es ohne Demut nur Schmerz und das Gefühl der Trennung geben kann. Einerseits dachte ich, dass es nun kaum Sinn machen würde, meine Grabbesuche heute fortzusetzen. Wenn sie in einer bestimmten Reihenfolge zu geschehen hatten, wäre es wohl besser, bis morgen zu warten und zu schauen, ob es dann klappt. Andererseits gab es nichts weiter zu tun, und so entschied ich mich, Hamids Anweisungen zu folgen und mich, ohne weitere Zeit zu verlieren, auf die Suche nach dem Grabmal von Sadruddin Konevi zu machen.

Bald merkte ich, dass längst nicht alle der engen, verwinkelten Sträßchen auf meinem Stadtplan verzeichnet waren, und schon nach ein paar Minuten hatte ich mich verlaufen. Gemäß der Karte lag das Grab von Mevlana viel näher als jenes von Konevi und schien auch einfacher zu finden zu sein, also entschloss ich mich, direkt dorthin zu gehen. Ich suchte mir einen Weg aus dem Labyrinth der Gassen, bis ich schließlich am Ende einer Straße das prachtvolle Grabmal und Museum Mevlanas sah. Auf einmal fiel mir auf, dass die Sonne schon recht tief stand. Mein Pilgern hatte fast den ganzen Tag gedauert, und nun war ich beinahe zufällig an mein Endziel gelangt. Offenbar sollte ich Mevlana zuerst besuchen. Ich eilte über den Platz und erreichte das Eingangstor, als gerade der Wärter herauskam, um es zu schließen. »Verzeihung, Sir, Grab jetzt heute geschlossen. Morgen offen, *insh' Allah.*«

Wieder im Hotel zurück, lag ich auf dem Bett und starrte an die Decke. Gegen die Verbitterung, die mich überkam, war ich machtlos. Schließlich nickte ich ein. Als ich wieder erwachte, war es dunkel und draußen leuchteten die Straßenlaternen. Ich hatte sage und schreibe bis zur Abendessenszeit geschlafen.

Ich erinnerte mich, dass ich von Hamid geträumt hatte. Wie ein Spiegel war er so blank poliert, dass ich nur hineinzuschauen brauchte, um genau zu erkennen, was in dem Moment vor sich ging, und so dem Wesen des Augenblicks näherzukommen. Im Verlauf meiner Reise hatte er mich behutsam an den Punkt geführt, wo das Suchen nach der Wahrheit den Suchenden auszulöschen beginnt, so dass ich nicht länger wusste, wer ich war oder wer sich ursprünglich zu dieser Reise aufgemacht hatte. Es fühlte sich an, als kehrte ich mich allmählich von innen nach außen. Das, wonach ich suchte, wurde zu dem, was suchte!

Ich begann zu verstehen, dass es der sehnlichste Wunsch Gottes ist, dass wir die Wahrheit erkennen, die uns zu Suchenden macht, und dass diese Wahrheit nichts anderes ist als Er selbst. Das Feuer kann überall ausbrechen, doch in unserer Sehnsucht, zu Ihm zurückzukehren, ist es an uns, das Streichholz anzumachen und die Flamme zu entzünden. Wir sind es, die den ersten Schritt tun müssen.

Am nächsten Morgen versuchte ich noch einmal, Shams-i Tabriz meine Ehrerbietung zu bekunden. Ein Wetterumsturz hatte das Eis auf den Straßen zu schmutzigen Schlammmassen geschmolzen, so dass die Frauen mit angehobenen Röcken durch die Pfützen stakten, und ein feiner Nieselregen erinnerte mich an einen typischen Wintertag in London.

Ich bog gerade um eine Ecke, als ich bemerkte, dass mir jemand folgte. Ich hatte das eindeutige Gefühl, in Gefahr zu sein, doch ich war unfähig, meine Schritte zu verlangsamen oder zu beschleunigen. Bald war mein unbekannter Verfolger nur noch einen Schritt hinter mir. Meine Anspannung steigerte sich immer weiter, bis ich plötzlich eine Hand auf der Schulter spürte. Völlig davon überzeugt, dies müsse ein Überfall sein, holte ich aus und schnellte herum. Ich wollte gerade zuschlagen – doch dann stoppte ich. Diesen Mann hatte ich schon einmal gesehen. Statt anzugreifen, umarmte mich der Fremde und drückte mich wie einen lange vermissten Freund. Von seinen starken Armen in seinen Mantelkragen gedrückt, konnte ich keinen Blick auf sein Gesicht werfen. Er sprach in schnellem Türkisch auf mich ein. Das Einzige, was ich verstehen konnte, war das Wort *dost,* was auf Persisch »Freund« bedeutet. Als er mich endlich losließ, legte er eine Hand auf sein Herz und sagte: »Istanbul, Istanbul.« Es war der Buchhändler, den ich auf meiner Suche nach dem Scheich in Istanbul getroffen hatte. Wie erstaunlich! Was in aller Welt hatte ihn an diesem Morgen in die Seitenstraßen Konyas verschlagen? Über die Sprachbarrieren hinweg konnten wir uns nur schwer verständigen, doch schien ihn das nicht im Geringsten zu stören. Er nahm mich am Arm, redete unbekümmert auf Türkisch weiter und bevor ich wusste, wie mir geschah, waren wir auf dem Platz vor dem Grab von Shams-i Tabriz angekommen. Er führte mich rasch auf die gegenüberliegende Seite zum eisernen Tor, wo er meinen Arm losließ, seine Hand erneut aufs Herz legte und sich tief verneigte. Auch ich verbeugte mich, und dann begleitete er mich zum Eingang des Grabmals. Wieder war die Tür verschlossen. Mit verblüfftem Gesicht betätigte er die Türklinke ein zweites Mal – vergeblich. Daraufhin ging er um das Gebäude herum zur Rückseite, und ich hörte, wie er dort mit jemandem sprach. Als er wieder zurückkam, konnte ich seinen Erklärungen nach einigen Minuten und unter Zuhilfenahme meines Wörterbuchs gerade so viel entnehmen, dass der Mann, der den Schlüssel zum Grabmal habe, krank sei und dieses heute also nicht geöffnet werden könne.

Diesmal war ich nicht niedergeschlagen. Das Auftauchen des Buchhändlers war bedeutsam genug, und dass uns der Zutritt zum Gebäude verwehrt geblieben war, schien diesen genauso zu betrüben wie mich. Er bat mit allen möglichen Gesten um Entschuldigung und zeigte auf das Wort »morgen« in meinem Sprachführer. In der Zwischenzeit, so gab er mir zu verstehen, sollte ich mit ihm kommen. Seinem Gesichtsausdruck nach zu schließen, war das eher ein Befehl als eine Einladung, und so eilte ich ihm gehorsam durch die Straßen hinterher. Wir gingen eine längere Zeit im nieselnden Regen, bis wir zu einem kleinen Wohnhaus gelangten. Er winkte mir, ihm zu folgen, und wir stiegen die Treppe hinauf in den zweiten Stock. Vor der Tür lag ein großer Haufen Schuhe; er deutete auf meine und zog seine eigenen aus. Ich tat dasselbe, dann klopfte er an. Die Türe öffnete sich einen Spaltbreit und das Gesicht einer Frau schaute heraus. »Ah«, sagte sie. Die Kette wurde gelöst, und die Tür ging auf.

Alles war so schnell gegangen, dass ich gar nicht zum Nachdenken kam. Doch irgendwie war ich nicht überrascht, mich in einem Raum wiederzufinden, in dem sich an die vierzig Männer jeden Alters drängten, von knapp unter zwanzig Jahren bis zu einem stark gebeugten Greis, der wohl neunzig sein mochte. Der Buchhändler winkte mich zu sich, wo mir auf einem Sofa ein Platz angeboten wurde. Er deutete mit der Hand durch den Raum und sagte lächelnd: *»Dervis, dervis.«* Daraufhin wurde er seinerseits zu einem mächtigen Sessel geleitet, der als einziger am vorderen Ende des Raumes stand. Als es sich setzte, verbeugten sich alle anderen Anwesenden, bis ihre Stirn den Boden berührte. Mit eigenartig dünner, nasaler Stimme begann er nun, einen Sprechgesang anzustimmen, auf den der laute Chor der Männer im Raum in seltsamem Kontrast antwortete. Die Worte, die er sang, vermochte ich nicht zu verstehen, doch am Ende jeder Zeile antworteten alle: *»Hu-Allah, Hu-Allah.«* Bald wurde ein großes Tamburin hervorgeholt, und einige der Derwische begannen ein rhythmisches Klatschen und wiegten ihre Körper im Takt der Musik. Die beiden Männer links und rechts von mir ergriffen meine Hände. Ich hatte keine Zeit, innezuhalten und zu fragen, was vor sich ging. Ich stimmte in den Antwortgesang mit ein und wurde vom Rhythmus mitgerissen, der immer stärker und schneller wurde. Mittlerweile hielten sich alle Derwische bei den Händen und wiegten sich vor und zurück. Auch diejenigen, die bisher auf den Stühlen und dem Sofa gesessen hatten, knieten nun auf dem Boden, und dem Tamburinspieler hatte sich ein weiterer Musiker angeschlossen, der eine lange Bambusflöte blies. Ab und zu änderte der Buchhändler den Rhythmus, indem er mit der Hand auf sein Knie schlug, oder er trieb die Tonlage des Antwortchors dadurch hinauf, dass er selbst höher und höher sang. Nach einer Weile schlug er mit der Handfläche laut auf den Boden; sofort begannen alle *»Allah, Allah«* zu singen. Ein junger Mann erhob sich und stellte sich in die Mitte des Kreises. Ich versuchte mein Bestes, mit den anderen mitzuhalten und gleichzeitig zuzuschauen, was ziemlich schwierig war. Der Buchhändler sah mich an, lächelte und blinzelte mir zu, bevor der Mann in der Mitte des Kreises sich in seine Richtung so tief verneigte, dass sein Kopf beinahe den Boden berührte. Dann begann er, sich zu drehen, zuerst langsam mit über der Brust gekreuzten Armen, die Hände auf seinen Schultern. Allmählich drehte er sich schneller und schneller, und als der junge Mann seine Arme ausbreitete, beschleunigte sich der Rhythmus und das Trommeln wurde immer intensiver. Unter meiner dicken Wolljacke lief der Schweiß in Strömen, ich kniete ziemlich unbequem und meine Beine begannen, sich zu verkrampfen.

Am liebsten hätte ich jetzt aufgehört, doch die Männer zu meinen Seiten zogen mich im Rhythmus vor und zurück, bis ich jegliches Gefühl für meinen Körper verlor. Alles, was ich noch hörte, war der Ruf *»Allah«*, der in mir widerhallte, und ich sah nichts mehr außer einem Licht, das alles um mich erhellte. Der Derwisch drehte sich in vollkommenem Gleichgewicht, seinen Kopf leicht nach links zurückgeneigt. Seine Augen leuchteten. Ab und zu stieß er einen Schrei aus. Ich hatte das Gefühl, dass ich jeden Augenblick das Bewusstsein verlieren könnte und nichts übrigbliebe als der Klang dieses Wortes und das intensive Licht, das heller und heller wurde. Doch dann, genau in der höchsten Intensität, hielt der Derwisch plötzlich in seinem Drehen inne. Er zeigte keinerlei Anzeichen von Schwindel. Er hielt einfach an, kreuzte seine Arme wieder über der Brust und verneigte sich tief. Das Trommeln hörte auf, das *dhikr* verstummte, und die beiden

Männer neben mir küssten meine Hände. Der Raum vibrierte vor Liebe und Freude, so als hießen sich alle nach einer langen Trennung willkommen.

Daraufhin wurde ich von jedem der Anwesenden begrüßt, und als man Kaffee brachte, stellte sich mir ein junger Mann vor. »Ich heiße Farid«, sagte er. »Ich spreche Englisch und wäre erfreut, wenn ich Ihnen und dem Scheich als Übersetzer dienen dürfte.« Sogleich wurde es still im Raum, und alle begannen, unserer Unterhaltung zuzuhören.

»Bitte vermitteln Sie ihm meinen Dank«, begann ich, »dass er mir erlaubt hat, hier bei Ihnen zu sein.« Der Scheich nahm meine Dankbarkeit mit einem so feierlichen Ausdruck entgegen, dass Farid seine Antwort nicht zu übersetzen brauchte. Jedermann im Raum lächelte mich mit großer Freundlichkeit an.

Es fiel mir schwer, die Frage zu formulieren, die mir am meisten unter den Nägeln brannte. »Bitte fragen Sie den Scheich«, sagte ich schließlich, »ob er derjenige Scheich sei, den zu finden ich nach Istanbul geschickt wurde. Und falls ja, weshalb er sich mir damals nicht zu erkennen gab.« Auf die Übersetzung der Frage antwortete der Scheich mit dröhnendem Gelächter. Er beugte sich vor und sprach mit Farid. »Unser Scheich sagt: ›Natürlich bin ich das.‹«

»Warum haben Sie mir dann nicht gesagt, dass ich mein Ziel erreicht habe, und mir erlaubt, Ihnen meine Ehrerbietung zu bekunden?«

»Im Koran gibt es ein Sprichwort: ›Wir werden sie prüfen, bis Wir sie erkennen.‹ Ich wollte herausfinden, ob es Allahs Wille ist, dass wir uns begegnen, oder nicht. Ich wusste, wenn dem so sei, würde Er uns wieder zusammenführen. Und so habe ich gerne gewartet.«

»Aber mir war gesagt worden, der Scheich arbeite in einem Schneiderladen, Sie aber sind ein Buchhändler. Wie kommt das?«

Der Scheich lächelte erneut. »Sie müssen verstehen, dass ich von dem Mann, der Sie aus England hierhergeschickt hat, noch nie etwas gehört habe. Auch habe ich nie in einem Schneiderladen gearbeitet. Seine Informationen waren offenbar nicht ganz korrekt. Aber nun haben Sie mich ja trotzdem gefunden, und das ist alles, was zählt.«

Sobald ein Satz von mir übersetzt wurde, beugten sich alle Derwische vor, um ja kein Wort der Unterhaltung zu verpassen. Während der nächsten Stunde knisterte der Raum förmlich vor

Spannung. Der Scheich erklärte, Hamid sei ihm gänzlich unbekannt, und er bestritt, irgendeine intuitive Vorahnung unseres Treffens gehabt zu haben. Ich fragte ihn, ob er an diesem Tag aus irgendeinem besonderen Anlass in Konya sei, worauf er entgegnete, er komme recht häufig hierher, seine Freunde zu besuchen, und dies sei der einzige Grund.

»Aber weshalb waren Sie heute Morgen auf dem Platz«, bohrte ich weiter.

»Um Shams-i Tabriz zu besuchen, genauso wie Sie«, antwortete er. »Wann immer ich Gelegenheit dazu habe, gehe ich, ihm meine Ehrerbietung zu bezeugen; doch heute habe ich das Grab zum ersten Mal geschlossen gefunden.«

Ich erzählte ihm von meinem Besuch am Vortag und von allem, was von da an geschehen war. So einfach wie möglich versuchte ich, ihm zu erklären, weshalb ich auf der Suche war und was in meinem bisherigen Leben dazu geführt hatte, dass ich nun hier war.

»Sie sind zu ernst«, sagte er. »Warum sind Sie so ernst? Glauben Sie etwa, Er hat keinen Sinn für Humor? Dieser Augenblick bringt Ihn ganz bestimmt zum Lachen: einen Engländer hier bei uns zu sehen, der uns all diese Fragen stellt, wenn Er doch von Anbeginn an wusste, dass dies alles so geschehen würde.

Aber sagen Sie mir: Ist dies das erste Mal, dass Sie Derwischen begegnen?«

Ich erklärte, dass ich ursprünglich hatte herausfinden wollen, ob die Derwische ein besonderes Wissen über das Heilen besäßen, weil mich dieses Thema schon immer sehr beschäftigt habe. Doch seither seien mir so viele andere Dinge zugestoßen, dass ich nunmehr nur noch danach trachte, mein wahres Selbst zu finden und zu entdecken, wie ich in der Welt von Nutzen sein könne.

»Ah«, sagte er. »Wenn Sie nur auf der Suche nach bestimmten Informationen für sich selbst gewesen wären, hätten Sie uns niemals gefunden. Darum hat Ihr Lehrer Sie so lange warten lassen. Zweifellos wird er Ihnen gesagt haben, dass Wissen geschenkt wird und nicht erworben werden kann und dass wir niemanden willkommen heißen, der nur darauf aus ist, Wissen zu ergattern. Solche Menschen führen wir sogar in die Irre und schicken sie mit sinnlosen Aufträgen los, so dass sie nicht finden, wonach sie suchen. Dinge wie das Heilen sind sehr interessant, aber wir müssen uns daran erinnern, dass das Wichtigste von allem Gott ist, aus Dem alles andere folgt. Derwische sind stolze Menschen, und ihre

Zusammenkünfte sind, wie Sie wissen, in diesem Land verboten. Dass Sie hier sein durften, liegt nur an der Aufrichtigkeit Ihrer Absichten.«

Ich war noch immer verwirrt. Wenn der Scheich noch nie von Hamid gehört hatte, wie konnte Hamid dann von ihm wissen? Ich formulierte es so vorsichtig wie möglich. Auf meine Frage brach der ganze Raum in lautes Gelächter aus.

»Warum lachen Sie denn?«, fragte ich fast klagend.

»Wenn Sie nicht aus dem Westen kämen«, antwortete der Scheich, »hätten Sie diese Frage erst gar nicht so gestellt. Für uns alle hier ist die Antwort einfach, doch Ihnen kann ich sie nicht geben. Würde ich es versuchen, müsste ich es über den Verstand erklären, aber die Antwort lässt sich nicht logisch formulieren.«

Obwohl der junge Dolmetscher manchmal Schwierigkeiten hatte, die richtigen englischen Wörter zu finden, schien er gründlich vertraut zu sein mit diesen Vorstellungen, die ich selbst so schwierig fand.

Ich versuchte es noch einmal mit einer anderen Frage: »Ich verstehe es noch immer nicht. Woher wusste Hamid von Ihnen, und wie wusste er, dass ich Sie finden würde?«

Der Scheich schwieg eine Weile. Dann sagte er: »Ich will Ihnen eine Geschichte erzählen. Wenn Sie sie verstehen können, haben Sie die Antwort auf Ihre Frage.

Im Anbeginn der Zeit war das Wort, und das Wort wurde von Gott gesprochen, und das Wort lautete: ›Sei!‹ In dem Augenblick begann alles, ins Sein zu kommen. Alles Geschaffene, alles, das jemals sein würde – in jenem Augenblick *war* es einfach. Und dieses Wort enthielt alles Erforderliche für Sämtliches, was wir geschehen sehen, und für unsere Fähigkeit, über diese Welt hinaus in die wirkliche Welt zu schauen. Alles *ist* also bereits im Anfang. Doch das, was Sie hier und jetzt sehen, ist nicht die wirkliche Welt, und was ich zu Ihnen sage, ist, solange Sie nur auf die Form der Wörter hören, ebenfalls nicht wirklich. Wenn Sie allerdings dem Seufzen des Windes lauschen, werden Sie die Botschaft der Wahrheit hören. Schickt man eine Botschaft mit dem Wind, wird früher oder später jemand aufmerksam genug sein, sie aufzufangen. Man kann nicht immer wissen, wer zuhören wird; und doch gibt es in Wirklichkeit nur Ihn. Und so ist Er es selbst, Der die Botschaft vernimmt, und Er selbst ist es, Der sie verschickt. Nun lauschen Sie dem Klang des Windes.«

Der Scheich legte den Finger auf seine Lippen, und im Raum wurde es vollkommen still. »Horchen Sie«, wiederholte er, »und Sie werden den Grundklang hören, der die Telepathie trägt.«

Ganz langsam erfüllte ein stetig anschwellender Klang den Raum – der Klang, aus dem alle Klänge hervorgehen. Es war das *»Hu«*, und es war der Klang hinter dem Wind. Er war überall. Ich suchte nicht länger. Der Klang trug nun die Suche, und das *»Hu«* war die Botschaft selbst. Die Kunst der Übermittlung einer Idee von einer Person über den Raum hinweg zu einer anderen ist nichts als eine besonders feine Form der Sprache, und alle Sprache entspringt dem ersten Befehl Gottes, als Er die Welt ins Sein brachte. Daher hatten die Derwische über meine Frage gelacht. Es spielte überhaupt keine Rolle, ob Hamid jemals von dem Scheich gehört hatte oder nicht; das war unwichtig. Wichtig war, dass wir alle zusammen waren. Das Geheimnis hinter all dem war nicht der Schlüssel, der die Tür aufschloss; der Augenblick selbst öffnete sie. Gestellt hatte ich eine Frage über Kommunikation, doch in Wirklichkeit hatte ich gefragt: Warum, bitte, bin ich hier? Deshalb konnte mir die Antwort auf diese Weise gegeben werden.

Etwas Letztes wollte ich den Scheich noch fragen. Eine Sache, die mich schon seit langem beschäftigte.

»Was«, fragte ich, »ist ein Derwisch?«

Er schaute mich an und schwieg lange, bevor er weitersprach. »Wie Sie wissen, drücken wir uns in Form von Geschichten aus. Ein Grund dafür liegt darin, dass man einer Geschichte immer und immer wieder zuhören kann, weil jeder Augenblick anders ist und sich nie wiederholt. Daher bedeutet die Geschichte jedes Mal, wenn Sie über sie nachdenken, etwas anderes. Das hängt ab von Ihrer momentanen Stimmung, vom Blickwinkel, aus dem Sie sie betrachten, von der Tageszeit – von vielen Dingen. Und so gibt es auch für die Geschichte, die ich Ihnen nun erzählen will, keine Erklärung. Sie müssen zuhören und sich mit ihr beschäftigen, und dann werden Sie eines Tages vielleicht verstehen.«

Der Scheich fuhrt fort: »Es war einmal ein Schwarm von Stechmücken. Der Wind blies und, da die Fenster im Haus des Scheichs offenstanden, wurden alle Mücken hineingeweht. Auf der gegenüberliegenden Seite des Zimmers war auch ein Fenster, und so wurden die Mücken, die durch das eine hineingetragen worden waren, durch das andere Fenster wieder hinausgeblasen – alle, bis auf eine. Diese eine landete auf dem Knie der Frau des Scheichs.

Der Scheich blickte auf, lächelte, hob seine Hand und tötete die Mücke. Die Mücke, die starb, wurde der Derwisch.«

Damit erhob er sich und sprach ein Gebet über uns alle. Die Zusammenkunft war beendet. Er winkte Farid und mich herbei und führte uns hinaus auf die Straße.

»Ich habe Ihnen noch etwas zu sagen«, begann er. »Ich werde noch heute Abend nach Istanbul zurückfahren. Wenn Sie möchten, können Sie mich begleiten.«

»Das ist sehr freundlich von Ihnen, aber ich habe versprochen, die drei Gräber zu besuchen, und ich denke, bevor ich das getan habe, sollte ich nicht abreisen.«

»Die Grabstätten sind Ihnen zwei Mal verschlossen geblieben«, sagte er. »Vielleicht ist es Ihnen nicht bestimmt, sie jetzt schon zu besuchen. Möglicherweise müssen Sie noch irgendetwas tun, bevor Sie wirklich bereit sind für diesen Augenblick. Wenn Sie wollen, können Sie, Farid und ich gemeinsam nach Istanbul fahren. Es liegt ganz bei Ihnen.«

Der junge Mann konnte seine Begeisterung nur schwer verbergen, aber ich wusste nicht, was ich tun sollte, denn ich war hin- und hergerissen zwischen meinem Verlangen, weiter mit dem Scheich zu reden, und dem Gefühl, ich sollte in Konya bleiben und meine Instruktionen befolgen.

»Ich fahre heute Abend um sieben Uhr vom Platz los«, sagte er und nahm den Dolmetscher am Arm. »Wenn Sie dort sind, können wir zusammen fahren.« Die beiden winkten mir zum Abschied und ließen mich allein zurück.

❧

Wahres Wissen kommt durch drei Dinge: eine den Namen Gottes preisende Zunge, ein dankbares Herz und einen geduldigen Körper.

AFLAKI

Der Verstand ist die Illusion der Wirklichkeit.

HAZRAT INAYAT KHAN

Und behüte dein Herz vor seiner Neigung zu Menschen, Begierden, Wünschen, Verlockungen und Bestrebungen, die du aufgegeben hast, und vor dem Verlust von Geduld, Harmonie und Freude mit Gott in Zeiten des Unglücks.

ABD AL-QADIR GILANI

Neun

MICH ZU ENTSCHEIDEN, FIEL MIR SEHR SCHWER, DENN JEDE Art der logischen Argumentation schien unmöglich. Der Gedanke, den Scheich nach Istanbul zu begleiten, war mehr als verlockend, aber ich hatte mein Versprechen gegeben. In den vergangenen zwei Wochen war derart viel geschehen, dass mir der Verlauf der Ereignisse gänzlich durcheinandergebracht erschien. Ohne Ordnung ist es praktisch unmöglich, eine Entscheidung zu treffen; doch allmählich dämmerte mir, dass wir in dieser Welt ohnehin kaum fähig sind, bewusst zu entscheiden. Wir haben das Gefühl, wir könnten eine Entscheidung treffen zwischen diesem und jenem, zwischen einer Reise hierhin oder dorthin; doch es gibt eine andere Lebensweise, die von uns nur verlangt, uns hinzugeben, und schon werden wir hingetragen, wo immer wir sein sollen. In dem Augenblick, in dem wir unseren eigenen Willen dem größeren Willen opfern, wird die Entscheidung für uns getroffen.

Erst jetzt lernte ich, am eigenen Leib zu verstehen, was es wirklich bedeutet, sich hinzugeben. Weil ich England und meine eigene Vergangenheit hinter mir gelassen und den Sprung ins Unbekannte gewagt hatte, erhielt ich nun eine Chance zu erkennen, wie die wirkliche Welt sich in diese relative Welt hinein entfaltet. In normalen Begrifflichkeiten ergaben die Ereignisse der vergangenen Wochen keinerlei Sinn. Das fast ununterbrochene Herumreisen, die Kette unerklärlicher Zufälle, die Zusammentreffen mit diesen eigenartigen Menschen, die Teilchen eines Puzzles zu sein schienen – all diese Geschehnisse dienten dazu, meinem zweifelnden Verstand eine Wahrheit zu enthüllen, die nicht zu leugnen war: Unsere Existenz wird von Gesetzen beherrscht, die wir nicht einmal im Ansatz verstehen. Unser Leben wird von Kräften bestimmt, die, obschon unsichtbar und unfassbar, mächtiger sind als alles, was wir in der physischen Welt sehen oder erfahren können. Hamid hatte gesagt, es gebe eine andere Sprache, die Sprache des Herzens; also musste es möglich sein, durch unmittelbare Einsicht zu verstehen, statt durch diskursives Denken. Während ich durch die winterkalten Straßen Konyas schlenderte, erkannte ich die Unvermeidbarkeit all dessen, was ich erlebt hatte. Wenn es mir gelänge – durch Zurückhaltung meines Willens und meiner Versuche, alles zu analysieren –, mich nicht in den Ablauf der Ereignisse einzumischen, würde ich zu der tieferen Erkenntnis geführt werden, nach der ich suchte.

Es war spät nachmittags, als ich zu meinem Hotel zurückkehrte, entschlossen, einfach loszulassen, mich zu entspannen und mir von den weiteren Ereignissen zeigen zu lassen, was ich tun sollte.

Ich legte mich aufs Bett und schaute hoch zur Decke. In meinem Kopf hallte noch der Klang des *dhikr* nach, und das ganze Zimmer schien erfüllt von der enormen Würde und Präsenz jener Derwische, denen ich begegnet war. Noch nie zuvor hatte ich irgendetwas Vergleichbares erlebt, und ich war mir sicher: Wenn nur jeder Mensch einmal die Kraft ihrer Gottesliebe erfahren würde, könnten ein wirklicher Wandel geschehen und eine neue Gesellschaft aufgebaut werden, basierend auf Liebe und Wissen, statt auf Angst und Ehrgeiz und Gier. Aber es konnte nicht darum gehen, die Derwische und ihre Praktiken zu imitieren, sondern es galt, von ihnen zu lernen, das Leben leidenschaftlich zu leben, und dieses Verständnis in jeden Augenblick unseres Alltags zu tragen.

Als ich erwachte, war es dunkel. Ich erinnerte mich nicht mehr, wann ich eingeschlafen war, und wurde panisch. Halb wach und zitternd tastete ich nach meiner Uhr. Es war neun Uhr abends. Um sieben hatten wir uns treffen wollen!

Ohne weiter nachzudenken, zerrte ich meine Kleider von den Bügeln und stopfte sie in den Koffer. Ich musste unbedingt nach Istanbul, und zwar sofort. Nur kurz schoss es mir durch den Kopf, vielleicht doch noch einen weiteren Tag in Konya zu bleiben, aber eigentlich gab es keinerlei Zweifel. Mein Entschluss stand fest: Ich musste nach Istanbul.

Den Mann am Empfang schien meine Eile zu überraschen, und er fragte, ob ich schon zu Abend gegessen hätte: »Sie müssen doch etwas essen!«

»Nein«, sagte ich, »ich mag nichts essen. Ich muss sofort zum Busbahnhof. Falls gerade kein Bus fährt, werde ich dort warten, bis einer kommt.«

Ich bezahlte meine Rechnung, nahm ein Taxi, und eine Viertelstunde später war ich am Busbahnhof. Ich rannte zum Schalter und fragte, wann der nächste Bus nach Istanbul gehe. »Wollen Sie jetzt fahren?«, fragte der Mann. »Ja, sicher. Wann fährt der Bus ab?« »Nun, Sir, der Bus ist gerade weg, vor fünf Minuten. Aber es kommt noch ein zweiter, weil mehr Leute mitwollten, als im ersten Bus Platz hatten. Sie können also den zweiten nehmen, wenn Sie wollen.«

In der Hast, in der ich das Hotel verlassen hatte, war mir bloß eines wichtig gewesen: dorthin zu gelangen, wo ich sein musste. Und nun gab es hier einen Zusatzbus und sogar einen Sitzplatz für mich. Offensichtlich war alles so bestimmt, und es spielte also keine Rolle, dass ich die Grabstätten nicht besucht hatte. Das war eine große Erleichterung, und so lehnte ich mich in meinem Sitz zurück und fühlte mich so wohl wie schon seit langer Zeit nicht mehr. Ich war auf meinem Weg nach Istanbul zurück, und schon bald würde ich wieder mit Hamid vereint sein. Ich war so glücklich, dass die lange Reise wie im Flug verging. Nicht einmal der unbequeme Bussitz störte mich, und so schlief ich fast die ganze Strecke über.

Wir erreichten die Außenbezirke Istanbuls kurz vor Sonnenaufgang. Die Straßen füllten sich mit den ersten Händlern, die die Frühaufsteher auf ihrem Weg zur Arbeit erwischen wollten. Die Stände auf den Märkten machten bereits ordentliche Geschäfte mit allerlei Früchten, frischem Gemüse und Broten, die noch ofenwarm waren. Von den Minaretten hallte der morgendliche Ruf zum Gebet. Diesmal war meine Ankunft in Istanbul nicht beängstigend; es fühlte sich vielmehr an, als käme ich nach Hause. Ich war glücklicher als je zuvor seit dem Beginn meiner Reise. Nichts mehr erschien mir hässlich; sogar der Verkehrslärm und das Geschiebe und Gedränge in den Straßen hatten etwas Schönes an diesem Morgen. Trotz meines Schlafmangels und der Ereignisse des Vortages war ich nicht müde. Die Energie, die mich durchströmte, schien auch andere anzustecken, denn als wir im Bahnhof den Bus verließen, drehten sich die Passagiere um und lächelten mir zu, und einer von ihnen bot mir von seinen Früchten an. Es war ein guter Tag, und alle Anzeichen versprachen, dass es so bleiben würde.

Problemlos fand ich ein Taxi und nannte dem Fahrer die Adresse von Hamids Cousine, wo er vorgehabt hatte abzusteigen. »Du musst die Fähre über die Meerenge nehmen«, hatte er mir gesagt, »und dann einen Bus, der dich genau vor die Haustür bringt.« Das versuchte ich dem Fahrer zu erklären, doch er sprach weder Englisch noch Französisch. Er lächelte mich nur an, was mir einen Blick auf seine großen gelben Zähne voller Goldfüllungen eröffnete, brauste los und fuhr in halsbrecherischem Tempo durch die Straßen. Ich redete weiter auf ihn ein, er solle mich nur zur Fähre bringen, dann würde ich den Bosporus überqueren und den Bus nehmen. Dummerweise hatte ich ihn nicht gefragt, was er für die Fahrt verlange. Als wir an Bord einer der Fähren rollten, wurde mir klar, dass es zu spät war umzukehren und dass er mich bis zur Zieladresse fahren würde. Ich fragte mich, was diese Fahrt wohl kosten möge, aber tun konnte ich jetzt eh nichts mehr. Ich lehnte mich also zurück und versuchte, mir keine Sorgen mehr darum zu machen.

Nach einer weiteren Dreiviertelstunde waren wir an der Adresse angekommen. Die Rechnung war so horrend hoch, dass ich sie nicht bezahlen konnte. Ich versuchte zu erklären, dass ich zuerst anklopfen müsse, um mir etwas Geld zu leihen. Der Fahrer schaute sehr ärgerlich drein, und sein Lächeln hatte sich in einen unheilverkündenden Blick verwandelt, während er mit einer Hand meinen Koffer festhielt und auf meine Brieftasche zeigte. »Warten Sie, warten Sie«, sagte ich und deutete auf das Haus. »Es dauert nicht lange.« In meiner Begeisterung über die Ankunft in Istanbul hatte ich völlig vergessen, dass es noch sehr früh am Morgen war und die Leute vielleicht noch schlafen könnten. Als sich auf mein Klingeln nichts rührte, klopfte ich an die Fensterscheiben, hinter denen die Vorhänge zugezogen waren. Noch immer nichts. Was, wenn niemand zuhause war? Mittlerweile drohte mir der Fahrer lauthals mit der Polizei, und das Taxi war schon von einer kleinen Gruppe Schaulustiger umstellt. »Freund, Freund«, sagte ich und zeigte auf das Haus, in dem sich noch immer nichts tat.

Schließlich trat jemand aus der Menge hervor, der Englisch sprach: »Der Fahrer sagt, er hätte Sie durch ganz Istanbul gefahren. Er will sein Geld haben.«

»Ich weiß«, sagte ich, »aber ich habe nicht genug bei mir. Mein Freund da drin«, wieder zeigte ich auf das Haus, »wird mir helfen können.«

»Der Fahrer sagt, wenn Sie nicht sofort bezahlen, ruft er die Polizei.«

»Schauen Sie, das habe ich verstanden«, versuchte ich zu erklären, »aber zuerst muss ich meinen Freund holen, dann wird alles geregelt.«

Der Mann aus der Menge verzog keine Miene; er tat so, als hätte er mich gar nicht gehört.

»Der Fahrer sagt, er mag keine Amerikaner.«

»Aber ich bin gar kein Amerikaner«, antwortete ich. »Ich bin Engländer.« Das alles wurde übersetzt und belustigte die Menge, die immer größer wurde.

»Der Fahrer sagt, er mag auch die Engländer nicht. Er mag die Deutschen.«

»Es ist mir verdammt nochmal egal, wen er mag oder nicht mag«, schrie ich ihn an. »Sagen Sie ihm bitte, dass alles in Ordnung kommt und dass er sein Geld gleich erhalten wird.«

Nun hämmerte ich mit einer solchen Kraft an die Tür, dass die Fensterscheiben erzitterten. »Hamid, Hamid!«, rief ich. Endlich öffnete sich die Tür einen Spaltbreit, und ein vertrautes Gesicht schaute heraus. Es war die junge Frau.

Ihr zerzaustes Haar und das Leid in ihren Augen erhaschten die Aufmerksamkeit der Menge. Als sie auf die Straße heraustrat, im selben langen, weißen Gewand, das sie in Side getragen hatte, verstummte das Gerede und Geschrei. Der Fahrer hörte auf zu gestikulieren, hielt aber noch immer meinen Koffer fest. Der Übersetzer stand mit offenem Mund hinter mir. Einer nach dem anderen aus der Menge drehte sich schweigend um und ging davon. »Es ist alles in Ordnung«, sagte ich zum Taxifahrer, »warten Sie kurz.«

Ich ging ins Haus, vorbei an der Frau, die noch immer dastand und die Straße hinunterschaute, während sie das blaue Wollknäuel gedankenversunken von einer Hand zur anderen gleiten ließ. »Hamid!«, rief ich noch einmal.

Er trat aus einem Zimmer zur Linken und zog einen Morgenmantel über seinen Schlafanzug. Weder schien er überrascht, noch hieß er mich willkommen. Seine kühle Begrüßung blies die restliche Freude weg, die ich noch am frühen Morgen empfunden hatte. Ich erklärte ihm meine missliche Lage, worauf er in sein Zimmer zurückging und einen Moment später mit zweihundert Lira wieder auftauchte, die er mir in die Hand drückte. Dann ging er der jungen Frau nach, die inzwischen auf die Straße hinausgetreten war. Die Menschenmenge war verschwunden, und der Fahrer saß in seinem Wagen. Ein paar Kinder spielten um die Frau herum und mimten ihren langsamen Gang und ihre stillen Bewegungen nach. Sie schien es gar nicht wahrzunehmen. Bedächtig ging sie die Straße hinab, ihr Kleid flatterte in der morgendlichen Brise. Hamid brachte sie ins Haus zurück und führte sie schweigend die Treppe hinauf. Mit den zweihundert Lira löste ich beim Fahrer meinen Koffer aus; Wechselgeld erwartete ich nicht und erhielt auch keines. Dann folgte ich den beiden ins Haus.

Das von der hellen Morgensonne durchflutete Esszimmer bot einen weiten Blick über die Meerenge. Es war mit wundervollen Antiquitäten, französischen Möbeln und Skulpturen eingerichtet, an den Wänden hingen Gemälde aus dem achtzehnten Jahrhundert. Draußen unter den Balkontüren wogte der Bosporus mit all seiner Betriebsamkeit. Kleine Fischerboote ließen sich von der Strömung treiben und zogen lange Fangleinen hinter sich her. In den seichten Rückstrudeln an der Mauer des Nachbargartens spielten Kinder, setzten Papierschiffchen aus und planschten im Nass. Überall auf der Wasserstraße, die an dieser Stelle etwa anderthalb Kilometer breit ist, herrschte reger Verkehr. Boote aller Art, riesige Tanker unter russischer Flagge, kleine, randvoll beladene Frachtdampfer und Schleppkähne mit Bergen von Kohle zogen an den Luxuskreuzern vorbei, die in der Mitte der Meerenge vor Anker lagen und deren Passagiere in kleinere Landungsboote umstiegen. Da waren Fischkutter und Schlepper, Renn- und Ruderboote und Fähren, die so nahe am Haus vorbeifuhren, dass ich die Gesichter der Menschen erkennen konnte, die unter Deck durch die Bullaugen herausschauten. Die Szenerie war derart fesselnd, dass ich Hamid nicht hatte hereinkommen hören.

»Nun?«, fragte er.

Er hatte sein Haar gekämmt und seinen Schlafanzug gegen ein weites türkisches Hemd über einer blauen Hose getauscht. Zuerst bat ich um Verzeihung und erklärte ihm, wie mich der Taxifahrer mit der Fähre bis hierher gebracht hatte, weil ich ihm nicht verständlich machen konnte, was ich wollte. Hamid hörte mir eine Zeit lang zu, nannte mich einen Idioten und schlug dann vor, wir sollten frühstücken. Die junge Frau erwähnte er mit keinem Wort. Die Atmosphäre im Raum erinnerte mich sehr an unser Erlebnis im Gebirge, als er so verärgert gewesen war. Während er das Frühstück vorbereitete, versuchte ich, mich zu sammeln und die in mir aufsteigende Furcht möglichst nicht zu beachten. Etwas stimmte nicht, das war mir klar. Noch im Hotel in Konya war ich ganz sicher gewesen, das Richtige zu tun, doch nun schien alles anders. Vielleicht hatte ich schon wieder alles falsch gemacht und würde weggeschickt werden.

Meine Gedanken kreisten beständig um diese Frage, doch während des Frühstücks wurde nicht davon gesprochen. Wir aßen Brot und Früchte und tranken starken, süßen Mokka. Erst als wir fertig waren, sprach Hamid mit mir.

»Nun erzähle mit bitte alles, was sich zugetragen hat, seit wir uns das letzte Mal gesehen haben.«

Vor meinem inneren Auge ließ ich jeden Tag, jede Stunde und jedes Detail nochmal vorbeiziehen und versuchte, mich an alles zu erinnern, was seit meiner Abreise aus Side geschehen war. Er schien alles ganz genau wissen zu wollen: Wo ich übernachtet hatte, was ich gegessen hatte, wem ich begegnet war und so weiter. Ich erzählte ihm von den geschlossenen Grabstätten und von meinem Zusammentreffen mit dem Scheich. Letzteres schien ihn nicht im Geringsten zu interessieren. Meine Schilderung des *dhikr* wischte er mit einer ungeduldigen Handbewegung beiseite und kam wieder auf die Grabmäler zurück. Darüber verhörte er mich regelrecht: Zu welcher Uhrzeit ich wo gewesen sei und welche Begründungen für die geschlossenen Grabmäler gegeben worden seien.

»Und warum bist du nicht einfach einen Tag länger geblieben, um das auszuführen, was ich dir aufgetragen habe?«, fragte er.

»Denkst du, ich hätte dich grundlos auf den weiten Weg nach Konya geschickt? Was ist mit dem Derwisch, den du im Amphitheater in Side getroffen hast? Glaubst du, es sei nur Zufall gewesen, dass du ihm begegnet bist und er dir von Mevlana erzählte? Du bist so begriffsstutzig – schwerfällig und dumm, und du hörst einfach nicht zu. Du hast den Grund vergessen, weshalb du zu mir gekommen bist. Einmal mehr hast du meine Zeit verschwendet, und das war das letzte Mal. Würdest du bitte endlich begreifen, dass du nicht hier bist, um mir oder sonst wem die Zeit zu stehlen! Und du bist auch nicht hier, um einfach herumzureisen und zu glauben, du wüsstest irgendetwas. Du bist hier, um in den Weg eingeführt zu werden, wie du es selbst verlangt hast. Bisher wurdest du geprüft, und zum größten Teil hast du versagt. Du hast in der Mutprobe auf dem Berg versagt, die auch eine Prüfung deines Vertrauens war, und hast nichts daraus gelernt. Du schaust starrköpfig auf die äußere Form dieser Welt, genauso wie du darauf bestanden hast, dass ein Stein auf der Straße den Wagen beschädigt hat. Du sagst, du vertraust mir, aber immer wieder bleibst du den Beweis deines Vertrauens schuldig. Was für eine Art Schüler bist du eigentlich? Ich hätte dich schon vor Wochen nach England und zu deinem Antiquitätengeschäft zurückschicken sollen. Du willst einfach nicht zuhören. Kannst du nicht verstehen, dass die ganze Schöpfung in einem einzigen Augenblick der Zeit ist und immer sein wird? Das bedeutet, dass das, was in einer Woche erreicht werden kann, zur Gänze abhängt vom Grad unseres Vertrauens und vom Aufgeben unseres kleinen Willens zugunsten eines größeren und höheren Willens – des Willens Gottes.«

»Aber Hamid...«, begann ich.

»Unterbrich mich nicht«, sagte er sehr laut. »In alle nur erdenklichen Schwierigkeiten hast du mich gebracht, zuerst mit deinem mangelnden Vertrauen und nun durch deine Ungeduld. Wärst du noch einen Tag länger in Konya geblieben, wärst du möglicherweise empfangen worden. Aber jetzt sitzt du wieder hier, hast überhaupt nichts erreicht, und wir müssen wieder ganz von vorne beginnen.«

Ich versuchte, ihm zu schildern, weshalb ich nach Istanbul zurückgekehrt war, merkte aber, dass ich nicht wirklich eine Erklärung dafür hatte. »Weißt du, der Scheich sagte, ich könne mit ihm zusammen nach Istanbul fahren und, weil die Gräber doch beide Male geschlossen waren, sei es für mich vielleicht nicht die richtige Zeit, sie zu besuchen. Also dachte ich, ich könnte ein andermal wieder hinfahren.«

»Gar nichts dachtest du! Du hast nicht getan, was dir aufgetragen war, und du hast überhaupt nichts gedacht. Ich habe dich in den letzten Wochen sehr genau beobachtet, und ich sehe, dass du noch immer in die Welt der Verlockungen verstrickt bist. Du willst Gott kennenlernen, nicht wahr? Du willst ins Sein kommen, zur Liebe gelangen?«

»Ja, Hamid, das will ich.«

»Dann musst du begreifen, dass du durch die Verlockung nicht zur Liebe gelangen kannst. Du hast nicht erkannt, dass du gefangen warst in deinem Verlangen nach fantastischen und übernatürlichen Erfahrungen, und deshalb gingst du zu diesem *dhikr* und fandest, es sei wunderbar und deine Reise damit erfüllt.«

»Aber es *war* wunderbar, Hamid.«

»Vielleicht war es das, aber es war nicht der Grund, weshalb du nach Konya geschickt wurdest. Ich kann mich nur wiederholen: Du bist über die Welt der Verlockungen noch immer nicht hinaus. Zuerst einmal musst du zur Erkenntnis deiner selbst gelangen; und dein Selbst kannst du nicht entdecken, indem du den Verlockungen einfach nachgibst. Liebe ohne Wissen ist mehr oder weniger nutzlos. Zuerst brauchst du Wissen, dann wirst du, unvermeidlich, zur Liebe geführt. Versuchst du es andersherum, besteht die sehr konkrete Gefahr, dass du in einen unterentwickelten Zustand zurückfällst. Erinnerst du dich an meine Warnung, was den Zustand unserer heutigen Welt angeht? Es liegt in deiner Verantwortung, dich um deine Welt zu kümmern. Und genauso ist es deine Verantwortung, nicht in einen Zustand zurückzufallen, der unter deiner Würde liegt. Verstehst du, was ich meine?«

Ich war ziemlich verwirrt. Es stimmte schon, dass mich das *dhikr* und die Welt der Derwische sehr fasziniert hatten. Aber war es nicht Hamid selbst gewesen, der mich auf diesen Pfad gebracht hatte, als er mich auf die Suche nach dem Scheich in Istanbul schickte? Das fragte ich ihn.

»Hast du mir nicht erzählt«, antwortete er, »der Scheich, oder wer immer er ist, habe gesagt, dass er mich nicht kenne?«

»Ja«, erwiderte ich.

»Ist deine Frage damit nicht beantwortet? Ich habe dich zum Scheich gesandt, um zu sehen, ob du ihn finden würdest oder nicht. Ich wusste, dass du, falls du ihn fändest, noch immer in der

Welt der Verlockungen verhaftet und vom Glanz all dessen gefesselt wärst. Hättest du ihn nicht gefunden, wärst du davon frei gewesen und hättest weitergehen können. Das Schlimme ist, dass du dich noch immer nicht unmittelbar Gott zuwendest. Noch immer setzt du deinen eigenen Willen durch, und da liegt das Problem. Wenn du dich umdrehen würdest, wüsstest du, dass dir genau das gegeben wird, was du brauchst, um Seinen Willen zu erfüllen. Sicher war das *dhikr* wundervoll und eine großartige Erfahrung für dich. Aber was war die ursprüngliche Absicht deiner Reise nach Konya? Du solltest hinfahren und den drei Heiligen deine Ehrerbietung bezeugen. Aber tatsächlich geschah Folgendes: Als du das *dhikr* in der Gruppe der Derwische erlebtest, nahmen dich augenblicklich dein eigener Wille und dein Hunger nach Erfahrung gefangen. Natürlich ist das eine Falle! Statt in Konya zu bleiben, bis dir die Grabstätten offenstanden, hat dich die Vorstellung gefesselt, mit dem Scheich nach Istanbul zu fahren und dort vielleicht nochmals an einem *dhikr* mit ihm teilzunehmen. Ist es nicht so?«

»Aber wenn mir doch gegeben wurde, was ich brauche, weshalb bist du dann so zornig, Hamid?«

»Ah,« sagte er und schwenkte seinen Zeigefinger vor meiner Nase, »in der Essenz ist zwar alles vollkommen, aber hier unten in dieser Welt sieht die Sache anders aus. Hättest du bewusst gehandelt, du hättest die Probe mit Leichtigkeit bestehen können. Aber so wie es gelaufen ist, hast du Zeit verschwendet, und Verschwendung, das habe ich dir immer wieder gesagt, ist die einzige wirkliche Sünde. Alles andere folgt aus ihr.

Nun musst du fortgehen und etwas über Geduld lernen. Es tut mir leid, aber du kannst sowieso nicht hier im Haus bleiben. Meine Cousine kommt heute von ihrer Reise zurück, und, wie du weißt, ist auch die junge Frau hier. Du wirst in einer nahegelegenen Pension absteigen müssen und dort warten.«

»Aber Hamid,« protestierte ich, »ich kann mir eine Pension nicht leisten. Ich habe nicht mehr viel Geld übrig.«

»Dann lass dir welches schicken«, sagte er. »Du hast Geld in England, oder zumindest Möbel oder irgendwas, das du verkaufen kannst. Auf diesem Pfad muss sich jeder selbst versorgen. Oder erwartest du, dass ich dich unterstütze? Hier, das ist die Adresse der Pension.« Er gab mir ein Stück Papier. »Man kommt zu Fuß dahin, aber mit deinem Koffer nimmst du wohl besser den Bus.

Lass dir Geld überweisen und warte in der Pension, bis ich dich rufe.«

»Wie viel soll ich mir denn schicken lassen? Wie lange werde ich in der Pension bleiben?«

»Ich habe nicht die geringste Ahnung,« erwiderte er. »Ich bin nicht der Richter, und es hängt von vielen Dingen ab. Nun geh bitte. Ich habe zu arbeiten.«

Während ich in dieser Pension am Bosporus wohnte, gab es für mich nichts zu tun, und nichts, wo ich hätte hingehen können; ich hatte noch nicht einmal Bücher zum Lesen. Langsam begann ich zu begreifen, wie vollkommen ohnmächtig wir in dieser Welt sind, solange in uns kein wirklicher Wandel stattgefunden hat. Tag für Tag stand ich früh auf, machte die verschiedenen Übungen, die mir Hamid im Laufe des vergangenen Jahres beigebracht hatte, sowie meine Morgengymnastik, um mich in Form zu halten. Wie das Haus von Hamids Cousine lag auch die Pension direkt am Wasser, doch mein Zimmer war eine kleine Hütte im Hinterhof, wo ein großer Deutscher Schäferhund angekettet war. Er lief nie frei herum, aber immer wenn jemand ans Tor klopfte, rannte er bellend und knurrend darauf los, bis ihn die Kette kurz vor der Person zurückriss. Dann kam der Besitzer herunter, zog den Hund weg und der Gast konnte eintreten. Diese Szene wiederholte sich jeden Tag mehrmals, und obschon die Kette nicht ganz bis an meine Zimmertür reichte, musste ich jedes Mal eng an der Hofmauer entlangschleichen, weil der Hund sich bei mir genauso aufführte wie bei allen, die von der Straße aus hereinkamen.

Nach meinen morgendlichen Übungen ging ich zum Frühstück hinüber ins Haus. Mein Geld aus England traf ungefähr nach einer Woche ein; aber die Tatsache, dass ich nun über genügend Mittel für eine praktisch unbegrenzte Zeit verfügte, gab meiner Stimmung keinen Auftrieb. Es gab hier absolut nichts zu tun, und niemand in der Pension sprach Englisch oder Französisch. Die meisten der anderen Bewohner gingen früh am Morgen zur Arbeit und kamen erst zum Abendessen zurück, das auf der geschützten Veranda serviert wurde. Das war die beste Zeit des Tages, denn man saß draußen, sah den Booten zu und genoss, bei schönem Wetter, den Sonnenuntergang. Meistens regnete es allerdings, und ein kalter Wind blies durch die Ritzen der Verandafenster. Tag für

Tag saß ich da und aß, ohne große Begeisterung, die Mahlzeiten, die mir vorgesetzt wurden. Manchmal schlief ich aus purer Langeweile bis spät in den Morgen hinein. Mir war bewusst, dass das eine Prüfung war – aber der Sinn dieser Prüfung war mir schleierhaft geworden, und wäre da nicht meine Angst vor den Konsequenzen gewesen, ich hätte die ganze Sache auf der Stelle hingeschmissen und wäre nach England zurückgefahren. Hamid war nur ein paar Minuten entfernt, doch nie klingelte das Telefon für mich. Es kam kein Brief, keine Nachricht, absolut nichts.

Wenn man nichts zu tun hat, nirgendwo hingehen kann und keiner da ist, mit dem man reden könnte, kommt irgendwann der Moment, in dem man erkennt, dass man tatsächlich völlig nutzlos ist. Man mag geglaubt haben, man hätte eine besondere Aufgabe, oder eine innere Stimme mag einem gesagt haben, man tue das Richtige, oder man mag sich eine Vorstellung davon zurechtgelegt haben, was es bedeute, seinen Mitmenschen zu helfen. Aber wenn man allein gelassen wird mit dem Auftrag, einfach nur eine unbestimmte Zeit lang zu warten, beginnt man zu erkennen, wie wenig man eigentlich weiß.

In den ersten Tagen kreisten meine Gedanken immer und immer wieder um die Ereignisse, die mich an den Punkt gebracht hatten, an dem ich nun war. Stundenlang grübelte ich aus verschiedenen Blickwinkeln über meiner Reise, um in ihr einen Sinn zu entdecken. Ich versuchte, mir darüber klar zu werden, ob ich Hamid wirklich vertraute oder ob ich mir nur etwas vormachte. Zwischendurch dachte ich, dass ich ihn im Grunde genommen hasste. Er war so rätselhaft. Er hatte von mir verlangt, ich müsse meinen Willen zugunsten von Gottes Willen aufgeben, aber mir schien eher, dass ich meinen eigenen Willen *ihm* geopfert hatte, und nicht Gott. Und nun war ich gefangen und willenlos. Ich machte, was man mir aufgetragen hatte, aber immer ernsthafter fragte ich mich, ob Hamid wirklich wusste, was er tat. Vielleicht, dachte ich, führt er mich in die Irre. Ich hatte angenommen, auf diesem Pfad würden sich einige meiner persönlichen Probleme lösen lassen und ich könne lernen, das Leben leichter zu nehmen. Aber eingetreten war genau das Gegenteil. Der bescheidene Seelenfrieden, den ich vor meiner Reise in die Türkei besessen haben mochte, war nun jedenfalls dahin. Hier saß ich also, mitten in Istanbul, ohne die geringste Ahnung, was geschehen würde oder ob irgendetwas von dem, was ich durchgemacht hatte, überhaupt einen Nutzen hatte.

Ich wusste nicht, wie lange von mir verlangt wurde, in dieser Pension zu bleiben; es konnten Monate sein – vielleicht sogar Jahre! Diese Aussicht stürzte mich in weitere Stunden und Tage der Verzweiflung. Ich fühlte mich immer nutzloser und fantasierte sogar, wie ich mich umbringen könnte. Dann erwischte mich die Grippe.

Eine ganze Woche lang war ich zu krank, um das Bett zu verlassen. Der Besitzer der Pension brachte mir Suppe und Obst, doch ich war fast zu schwach, meinen Kopf zu heben, und konnte kaum schlucken. Da es nicht besser wurde und ich hohes Fieber hatte, bestand er darauf, einen Arzt zu rufen, der mir gegen horrende Rechnungen Penizillin verabreichte und jeden Tag kam, die Prozedur zu wiederholen. Doch ich wurde schwächer und schwächer, und als das Fieber endlich nachließ, vermochte ich mich kaum noch über den Hof zu schleppen. Der Besitzer war nicht sonderlich mitfühlend – ihm war die Verantwortung für mich wohl lästig, und misstrauisch war er sowieso, da ich den ganzen Tag nichts weiter tat, als herumzusitzen oder zu schlafen.

Nach einer weiteren Woche fühlte ich mich wieder etwas kräftiger, und das Wetter war angenehm frühlingshaft geworden. Von Hamid hatte ich noch immer nichts gehört, und mittlerweile war ich überzeugt, versagt zu haben, worin die mir auferlegte Prüfung auch immer bestanden haben mochte. Ich war geschwächt, ich hatte Gewicht verloren, es war mir so ziemlich gleichgültig geworden, ob ich auf dem spirituellen Pfad war oder bereits davon abgekommen, und ich war nicht mehr wirklich daran interessiert, die »Wahrheit« zu finden – was immer das auch sein mochte. Alles, was ich wollte, war, so schnell wie möglich zu Kräften zu kommen und dann nichts wie weg von hier, zurück nach England, und zu versuchen, meinen Alltag dort fortzusetzen, wo ich ihn verlassen hatte. Das Leben war sinnlos geworden, diese ganze Reise hatte sich eher als Albtraum denn als Abenteuer herausgestellt, und obwohl ich mir einredete, ich hätte jederzeit den Mut, Hamid einfach anzurufen, wusste ich, dass ich in Tat und Wahrheit viel zu ängstlich war, zum Hörer zu greifen.

Schließlich, an einem warmen, sonnigen Tag, entschloss ich mich, einen Ausflug auf dem Bosporus zu machen. Zum Teufel mit Hamid und all seinen Übungen – und zudem konnte mir ein wenig frische Luft nur gut tun. Ich war noch immer geschwächt und hatte einen hartnäckigen Husten, so dass ich fand, eine Schiffsfahrt ans Schwarze Meer sei genau das, was ich jetzt brauche. Ich nahm all meinen Mut zusammen und rief Hamid an, um ihm zu berichten, was ich vorhatte.

Meinen Anruf oder die Nachricht von meiner Krankheit kommentierte er mit keinem Wort. »Es ist so ein herrlicher Tag, Hamid«, sagte ich, »dass ich dachte, ich mache eine kurzen Ausflug den Bosporus hinauf, um ein bisschen frische Luft zu schnappen.«

»Was für eine gute Idee«, antwortete er. »Ich hoffe, du hast einen schönen Tag.«

Er hatte nichts dagegen! Zum ersten Mal nach all den Wochen in der Pension fühlte ich mich glücklich und begeistert. Ich spazierte hinunter zum Landungssteg, wo die großen Boote anlegen, und nahm das erste, das den Bosporus hinaufschipperte. Ich verbrachte einen wunderbaren Tag, stieg entlang der Route an verschiedenen kleinen Orten aus und nahm dann die Fähre zum nächsten.

Es war bereits dunkel, als ich in die Pension zurückkam. Keine zehn Minuten war ich wieder da, als der Besitzer an meine Tür klopfte und mir ausrichtete, für mich sei ein Anruf eingegangen.

Es war Hamid. Seine Stimme klang kühl und weit entfernt. »Während du weg warst, wollte dich jemand besuchen. Leider konnte die Person nicht warten und ist wieder gegangen.« Dann hörte ich, wie am anderen Ende aufgelegt wurde.

Mein Zimmer war einsamer als je zuvor, und die altbekannte Verzweiflung hatte meine gute Stimmung weggeblasen. Was konnte das bedeuten, dass jemand mich hatte besuchen wollen? Außer dem Scheich kannte ich niemanden in Istanbul, aber er war es sicher nicht gewesen. Hamid hatte sich so angehört, als hätte ich erneut bei einer Prüfung versagt – aber statt mich anzuschreien oder mich nach Hause zu schicken, hatte er mich wieder einmal in der Luft hängen lassen. An diesem Abend bestellte ich mir Wein aufs Zimmer und leerte die ganze Flasche. Als ich schließlich einschlief, war ich fest entschlossen, am nächsten Tag nach England abzureisen.

Am anderen Morgen hatte sich meine Stimmung ein wenig aufgehellt, und ich entschied mich, einen letzten Versuch zu unternehmen, doch noch das zu erfüllen, wozu ich in diese Pension gesandt worden war, was immer es auch sein mochte. Die Prüfung, da war ich mir sicher, bezog sich auf meine Geduld; aber ich spürte auch, dass es noch um mehr ging. Nachdem eine weitere Woche in Langeweile dahingekrochen war, beschloss ich, eine zweite

Fahrt den Bosporus hinauf zu machen. Wieder rief ich Hamid an, und wieder sagte er, er halte den Ausflug für eine gute Idee, da ich mich von der Grippe noch immer nicht vollständig erholt hatte. Wiederum glaubte ich, dass alles in Ordnung sei. Und wieder war ich am Abend kaum zurück, als Hamid anrief: »Während du weg warst, waren sie hier«, sagte er.

Am anderen Morgen packte ich meinen Koffer, rief beim Flughafen an und buchte einen Flug nach England für den darauffolgenden Tag. Es wäre mir lieber gewesen, Hamid nicht noch einmal sehen zu müssen, auch nicht, um mich nur zu verabschieden, doch mir war klar, dass ich das musste.

Als ich an Hamids Tür klopfte, öffnete eine ältere Frau, die sich als seine Cousine vorstellte. »Kommen Sie herein«, sagte sie, »wir haben Sie schon erwartet. Das Mittagessen ist gleich bereit. Sie bleiben doch?« Sie führte mich ins Wohnzimmer, schenkte mir ein Glas Sherry ein, und kurz darauf erschien auch Hamid. »Da bist du ja«, sagte er und umarmte mich herzlich. »Ach du meine Güte, bist du dünn geworden. So eine Grippe kann einen ziemlich fertig machen. Und ich nehme an, der Doktor hat dir Penizillin gegeben – das macht alles nur noch schlimmer. Trotzdem, bist du wieder einigermaßen gesund?«

Das Mittagessen wurde aufgetragen, und wir aßen, als sei alles so wie immer. Über die Pension wurde nicht gesprochen; Hamid und seine Cousine unterhielten sich über die Krisen in der Welt, über türkische und griechische Politik und über dieses und jenes, wie man es bei einem ganz normalen Essen erwartet. Aber als sie den Kaffee servierte, sagte Hamids Cousine zu mir: »Sie wollen also ein Schüler des Weges sein, habe ich gehört. Wie kommt es, dass ein Engländer, der noch nicht einmal Muslim ist, dem Weg folgen möchte? Mein Cousin hat versucht, es mir zu erklären, aber für mich macht es überhaupt keinen Sinn. Mein eigener Scheich sagt immer, dass Leute wie Sie kaum eine Chance haben, weil Sie niemals etwas aufgeben können. Für Sie im Westen ist alles zu angenehm. Stimmt das nicht?«

Das Letzte, wonach mir der Sinn stand, war, noch einmal von der Reise anzufangen und über meine Beweggründe zu sprechen. Aber je mehr ich darauf beharrte, dass ich nun nach England zurückfahren würde, desto hartnäckiger verlangte sie eine Erklärung dafür. Ich hatte noch nicht einmal Gelegenheit gehabt, Hamid meinen Entschluss zu erläutern. Er saß mir gegenüber am

Tisch und lauschte meiner Argumentation, ohne eine Miene zu verziehen. Schließlich unterbrach er die Unterhaltung und sprach in raschem Türkisch mit seiner Cousine. Dann wandte er sich zu mir und sagte: »Du kannst gehen, wenn du willst, aber ich wollte dich eigentlich morgen mit einem sehr wichtigen Mann zusammenbringen. Das heißt, wenn du das wünschst. Es steht dir völlig frei, aber es könnte zu deinem Vorteil sein.«

»Ich dachte, es hätte keinen Sinn mehr weiterzumachen. Ich dachte, weil doch ›sie‹ – wer auch immer ›sie‹ waren – gekommen und wieder gegangen sind, da ich ja nicht da war, sei ich durchgefallen bei was auch immer für einer Prüfung.«

»Schon wieder brauchst du deinen eigenen Willen!«, sagte Hamid in gereiztem Ton. »Ich sage dir doch, du bist nicht der Richter. Wie willst du wissen, ob du bei der Prüfung versagt hast, wenn du nicht einmal weißt, worin sie bestand? Wenn du Geduld hättest, würdest du verstehen. Kannst du nicht begreifen, dass nichts geschehen kann, bis die Zeit dazu reif ist? Und nun ist die Zeit reif, dass du jemanden triffst, von dem ich wollte, dass du ihm begegnest. Du weißt nicht, ob du die Prüfung bestanden hast; du wirst es erst wissen, wenn sich herausstellt, ob diese Person dich empfängt oder nicht. Wenn du empfangen wirst, ist alles in Ordnung. Und wenn nicht, dann nicht. Aber du hast die Wahl. Fahr nach England zurück, wenn du willst. Mir persönlich ist es egal, was du machst.«

Damit erhob er sich und verließ den Raum. Verdammt nochmal! Was sollte das Ganze? Ich hatte genug von allem – und jetzt gab's noch mehr davon. Ich war frustriert und ging hinaus, um Hamid zu suchen. Er saß im vorderen Zimmer und sprach mit seiner Cousine. »Also gut«, sagte ich. »Ich werde meinen Flug stornieren. Aber verstehen tue ich es nicht.«

»Gut«, sagte er, »dann kannst du heute Nacht hierbleiben.«

»Die junge Frau ist also abgereist, und ihr habt ein Zimmer frei?«

»Nein, sie ist noch immer hier.«

»Aber du hattest doch gesagt, es sei nicht genügend Platz für mich.«

»Habe ich das?«, antwortete er mit einem Lächeln.

Am nächsten Tag fuhren Hamid, seine Cousine und ich im Wagen den Mann besuchen, von dem er gesprochen hatte. Alles, was man mir über ihn erzählt hatte, war, dass er alt sei und keine

Zähne mehr habe. Allerdings habe er eine Schwäche für Schokolade mit weicher Füllung; also hielten wir unterwegs bei einem kleinen Laden, um eine Schachtel ganz besonderer Pralinen zu kaufen, die dort hergestellt wurden.

Weiter hatte man mir nur gesagt, ich solle meine besten Sachen anziehen und ich würde jemandem begegnen, der auf dieser Reise sehr wichtig sei. »Du musst auf alles achten, was dort vor sich geht«, hatte Hamid gesagt, »auch wenn du nicht verstehen solltest, was gesprochen wird. Sei einfach wach und respektvoll. Das ist das Wichtigste heute.«

Wir fuhren schweigend zu einem Wohnviertel auf der anderen Seite Istanbuls und hielten vor einem Haus, das etwas zurückversetzt von der Straße lag. Auf Hamids Klopfen wurde die Tür sogleich von einer Frau geöffnet, die uns in ein großes, mit modernen Möbeln ausgestattetes Zimmer führte. Vor einer der Wände stand ein Sofa hinter einem niedrigen Tisch. Die Frau legte die Pralinen darauf und bat uns, Platz zu nehmen. Der Stuhl, der mir angeboten wurde, stand genau gegenüber der Mitte des Sofas. Kurz darauf traten mehrere Mitglieder der Familie und einige weitere Gäste ein. Nach der allgemeinen Begrüßung fielen alle in Schweigen.

Schließlich öffnete sich die Tür und ein alter Mann trat herein. Er war groß und schlank, und sein schütteres Haar war fast weiß. Er schien sehr gebrechlich, doch das Auffallendste waren seine Augen. Es waren dunkle, tief in ihren Höhlen liegende Augen, und sein Blick war unwiderstehlich und direkt. An der Türschwelle hielt er kurz inne, schaute im Raum umher und grüßte schweigend jeden Anwesenden, indem er diese außergewöhnlichen Augen kurz auf ihm ruhen und dann zum nächsten wandern ließ. Seine Frau nahm ihn am Arm, führte ihn durch das Zimmer zum Sofa, wo er genau mir gegenüber Platz nahm. Er sagte nichts, sondern lehnte sich zurück und nahm einige tiefe Atemzüge. Seine Frau, die sich rechts neben ihm auf einen Stuhl gesetzt hatte, öffnete die Pralinenschachtel und reichte sie ihm. Er lächelte sichtlich erfreut, bestand jedoch darauf, dass zuerst sich jeder von uns bediene. Ich war beeindruckt, wie er die Schokolade auf seinem Zahnfleisch kaute, denn er hatte tatsächlich keine Zähne mehr.

Nach einer, wie es mir vorkam, sehr langen Zeit wandte er sich an Hamid und fragte ihn etwas. Das führte zu einer Unterhaltung zwischen den beiden, in deren Verlauf mehrfach Namen erwähnt wurden, die ich bereits zuvor gehört hatte, insbesondere »Mevlana Jalaluddin Rumi« und »Konya«. Schließlich lehnte sich der alte Mann wieder auf dem Sofa zurück und schloss seine Augen. Er schien sich auszuruhen; die Stille war vollkommen, und jeder im Zimmer hatte die Augen geschlossen. Also tat ich dasselbe und versuchte, offen zu sein für alles, was vor sich ging. Nach einigen Minuten spürte ich, dass mich jemand anstieß. Es war die Frau des alten Mannes. Sie lächelte mich an und zeigte auf das Sofa. Zu beiden Seiten von einem Familienmitglied gestützt, erhob sich der alte Mann langsam. Nachdem er sein Gleichgewicht gefunden hatte, begann er mit geschlossenen Augen und seinem rechten Arm vor sich ausgestreckt, etwas auf Türkisch zu rezitieren. Ich spürte, wie mich eine heftige Gefühlswoge durchströmte. Es war so, als empfinge ich einen Segen. Dann öffnete er seine Augen, lehnte sich vor, hielt seine Hände über meinen Kopf und hauchte: *»Hu…«* Dann nahm er meine Hände in seine, schaute mir tief in die Augen und sprach dabei wieder etwas auf Türkisch. Zwei Minuten später war er gegangen. Seine Frau hatte ihn hinausgeführt, nachdem er sich noch einmal zu uns umgedreht, seine Hand gehoben und in den Raum hineingehaucht hatte.

Hamid lehnte sich zu mir herüber. »Es ist alles in Ordnung«, sagte er. »Er hat dich angenommen. Er sagte, dass du sofort nach Konya fahren musst.«

»Aber – ich war doch bereits in Konya.«

»Und du wirst nochmal hinfahren«, sagte er. »Du musst das Grabmal Mevlanas besuchen. Du wirst dich darauf vorbereiten, indem du Shams-i Tabriz deine Verehrung bezeugst. Anschließend sollst du drei Tage und drei Nächte lang an Mevlanas Grab sitzen, um zu erfahren, ob du dieses Mal empfangen wirst.«

»Was hat er mir sonst noch gesagt?«, fragte ich. »Ich habe einen Segen gespürt.«

»Ah«, sagte Hamid. »Er hat für dich ein Gebet gesprochen, aber ich fürchte, ich kann dir nicht sagen, was für eines. Übrigens, die Person, die dich besuchen kam, als du in der Pension wohntest, war eine Gemüseverkäuferin vom Markt. Sie klingelte an unserer Tür und sagte: ›Ich habe gehört, bei Ihnen sei ein Freund zu Besuch, der sehr gerne Gemüse isst. Ich habe ihm welches mitgebracht.‹ Du siehst also, wenn du nicht auf den Bosporus hinausgefahren wärst, hättest du etwas lernen können. Erinnere dich: Es gibt nur *ein* Absolutes Sein, und Er manifestiert Sich in verschiedener Gestalt. Ich kannte die Gemüseverkäuferin nicht, doch in ihrem Erscheinen lag eine Botschaft, und das ist der Grund, weshalb ich dich heute hierhergebracht habe.«

Damit gingen wir, nachdem wir uns von der Familie verabschiedet hatten. Ich fragte nicht, wer der alte Mann war. Es schien mir nun nicht mehr nötig, denn ich wusste, dass etwas Tiefgründiges geschehen war und es eigentlich nichts mehr zu sagen gab. Schweigend fuhren wir zum Haus zurück, und später an diesem Tag bestieg ich erneut den Bus nach Konya.

❧

Wie auf der Stirn die Locke weht,
Im heil'gen Tanz euch wiegt und dreht!
Oh Herz, so dreh' in gleicher Weise
Und tanz auch du im Wirbelkreise
Und brenn' in dieser Flamme Meer.
Sag, ist nicht die Kerze – Er?

MEVLANA JALALUDDIN RUMI

Gott, lass Dein Wort zum Ausdruck meines Lebens werden.

HAZRAT INAYAT KHAN

Zehn

DER HOTELBESITZER BEGRÜSSTE MICH, ALS SEI ICH EIN GAST der Familie, und trug mein Gepäck auf dasselbe Zimmer, in dem ich bereits vor ein paar Wochen gewohnt hatte. Diesmal bestand er darauf, dass ich etwas essen müsse, und brachte mir ein Tablett mit Halwa, Honiggebäck und türkischem Kaffee. Er schien nicht überrascht, mich wieder zu sehen, und war zu höflich, um zu fragen, weshalb ich hier sei. Ich spürte, dass er neugierig war zu erfahren, was dieser Engländer im kalten Winter schon wieder in Konya wolle, aber es war schlichtweg unmöglich – schon nur mir selbst – zu erklären, wie es kam, dass ich erneut hier war.

Nachdem ich dem Hotelbesitzer eine gute Nacht gewünscht hatte, saß ich in meinem Zimmer und grübelte über meiner Aufgabe – drei Tage und drei Nächte sollte ich also vor dem Grabmal von Mevlana Jalaluddin Rumi sitzen.

Ich hatte gelesen, dass Konya vor siebenhundert Jahren, zur Zeit Rumis, das Zentrum bedeutender spiritueller Strömungen gewesen war. Viele der bedeutenden Sufi-Meister versammelten sich in dieser Stadt in Kleinasien, wo alle großen Religionen in engen Kontakt miteinander kamen. Wie in einem vorherbestimmten Zusammenlaufen aller Wege verwoben sich hier die inneren Wahrheiten, die den äußerlichen religiösen Formen zugrunde liegen. Aus China war zu jener Zeit der Buddhismus bis hierher gelangt, und natürlich war Konya bereits ein bedeutendes Zentrum des Judentums, des Christentums wie auch des Islams.

Rumi war 1207 nach Christus in Persien geboren worden und hatte sich in Konya niedergelassen, wo er angeblich zehntausend Anhänger gehabt haben soll, bevor er im Jahr 1273 starb. Rumis Name ist eng verbunden mit dem von Shams-i Tabriz, der »Sonne von Täbris«. Über die erste Begegnung dieser beiden außergewöhnlichen Menschen gibt es viele Geschichten. Eine davon erzählt, dass Shams-i Tabriz bei ihrem erstmaligen Zusammentreffen die Manuskripte von Rumis gesamtem bisherigen Lebenswerk ergriffen und sie in einen Brunnenschacht geworfen haben soll mit den Worten: »Willst du sie zurückhaben? Ich verspreche dir, sie werden trocken sein.« In diesem Augenblick der Entscheidung erkannte Rumi in Shams seinen spirituellen Führer und gab die Manuskripte, die sein vergangenes Leben repräsentierten, auf. Rumi verließ seine Familie und seine Schüler und folgte Shams für zweieinhalb Jahre in die Einsamkeit. Rumis Schüler wurden eifersüchtig auf Shams, und es wird gesagt, dass sie ihn schließlich ermordeten, obschon seine Leiche nie gefunden wurde. Aber da hatte er seine Aufgabe bereits erfüllt; und über siebenhundert Jahre lang verbreitete sich der Einfluss Rumis durch seine mystischen Schriften, durch seine Poesie und durch den auf seine Lehren gegründeten Orden der Mevlevi-Derwische über die ganze Welt.

Das war eigentlich alles, was ich über ihn wusste, doch konnte ich nicht so recht glauben, dass die Kraft dieses großen Sufi-Meisters so viele hundert Jahre nach seinem Tod noch immer präsent sein sollte. Und das, obwohl ich zugegebenermaßen bereits einmal erfahren hatte, wie es ist, offen zu sein für die Gegenwart von jemandem, der schon vor langer Zeit gestorben war. Nun erinnerte ich mich an die Worte Hamids, als er mir in England jene Ansichtskarte in die Hand gedrückt hatte: »So Gott will, wirst du diesen Ort eines Tages besuchen. Dann wirst du wissen, dass deine wahre Reise begonnen hat.«

Am nächsten Morgen, nachdem ich meine rituellen Waschungen mit besonderer Sorgfalt vollzogen hatte, ging ich die Straße hinunter zum Grabmal von Shams-i Tabriz. Dieses Mal standen die Tore offen. Der Platz vor dem Gebäude war menschenleer. Der Wind blies Papierfetzen um die Bäume herum, und ein kalter Nieselregen ließ das Pflaster glänzen. Draußen vor der Tür stand ein Regal, in dem drei oder vier Paar Schuhe ordentlich aneinandergereiht waren. Auch ich zog meine Schuhe aus und trat ein. Im schwachen Licht der Öllampen an der gegenüberliegenden Wand konnte ich die Umrisse einer Gruppe von Betenden ausmachen. Doch keiner dieser Eindrücke beschäftigte mich länger, denn kaum war ich über die Schwelle getreten, fing mich die unglaubliche Kraft ein, die diesen Raum erfüllte. Es war, als beträte ich eine andere Dimension, in der die Macht der Liebe so enorm ist, dass sie alle vorgefassten Konzepte zertrümmert, die Vergangenheit wegwischt, in uns hineinstürzt und eine Tür zu unserem Herzen aufreißt. Ich erinnere mich, dass ich zu beten versuchte; doch es war nicht notwendig, irgendetwas zu sagen oder zu tun. Es ging nur darum, mich zu öffnen und diese Präsenz der Liebe eintreten zu lassen. Ich weiß nicht mehr, wie lange ich dort stand, noch erinnere ich mich daran, wie ich diesen Ort verließ und mich auf den Weg zu meiner langen Wache vor Rumis Grab machte. Eben noch am Grab von Shams-i Tabriz, saß ich im nächsten Moment schon auf dem Vorhof von Rumis Grabstätte auf einer Bank neben dem Brunnen. Zum Schutz vor dem kalten Wind hatte ich den Kragen meines Pelzmantels hoch ins Gesicht geschlagen. Ich war durch das äußere Tor hereingekommen, hatte den Hof überquert und die Tür zum Grab und Museum offen gefunden. Ich war eingetreten, hatte die Pracht des Gebäudes gesehen und das Grab selbst, dessen Bild mir von Hamids Ansichtskarte her vertraut war, und war dann wieder auf den Vorhof hinausgetreten, um meine lange Wache zu beginnen.

Ich saß erst eine kurze Zeit auf der Bank, als mir jemand auf die Schulter klopfte. Unter großer Anstrengung öffnete ich meine Augen, die einen Moment brauchten, bis mein Blick klar wurde. Ich sah einen Mann in Uniform und Schirmmütze, der sich mit strengem Gesichtsausdruck über mich beugte. *»Yok«,* sagte er. »*Yok* was?«, erwiderte ich, ohne eine Ahnung zu haben, worum es ging. *»Yok«,* wiederholte er bestimmt, richtete sich auf und zeigte zum Tor. Ich begann zu protestieren, doch er unterbrach mich und winkte einen anderen Uniformierten herbei. Dieser klärte die Sache auf, denn er sprach Englisch: »Mir tut sehr leid, Sir, aber ist verboten, an Gräbern zu sitzen. Sie bitte besuchen Mevlana, und dann wir zeigen Ihnen Museum, ja?«

»Aber hören Sie«, versuchte ich zu erklären, »ich wurde gebeten, hier zu sitzen. Ich meine, mir wurde aufgetragen, drei Tage und drei Nächte lang hier zu sitzen.«

»Nicht möglich. Bitte, Sie jetzt gehen.«

Um uns herum hatte sich eine kleine Ansammlung von Menschen gebildet, die aufgeregt diskutierten. Der erste uniformierte Wärter hatte mir den Rücken zugedreht und erklärte der Menge, worum es ging, während der zweite drohend vor mir stand und auf das Tor wies. Ich war mehrere Tausend Kilometer von England angereist, war durch die ganze Türkei gefahren, war scheinbar kurz vor dem Ziel meiner Reise und hatte von jemandem, der in Istanbul offensichtlich eine bekannte Persönlichkeit war, besondere Anweisungen erhalten, drei Tage und drei Nächte lang hier an diesem Grab zu sitzen. Also war ich felsenfest entschlossen, mich nicht von der Stelle zu rühren. Schlimmstenfalls würden sie die

Polizei rufen, aber mittlerweile hätte mich das Anrücken einer ganzen Truppe nicht mehr groß beeindruckt. Ich schloss meine Augen wieder, atmete tief durch und tat so, als sei ich ganz allein.

Für ein paar Minuten schien das zu wirken, doch dann spürte ich erneut ein Klopfen auf meiner Schulter, diesmal viel fester, und dann wurde sie heftig geschüttelt. Ich versuchte, meine Schulter dem Griff zu entziehen, ohne meine Meditation zu unterbrechen. Aber dann vernahm ich eine neue Stimme, die so sanft und freundlich klang, dass ich meine Augen öffnete. Vor mir stand ein alter Mann mit grauem Bart in einem blauen Nadelstreifenanzug, der mich anlächelte.

Er nahm meine Hände, küsste sie und hob sie wie zur Begrüßung an seine Stirn. Dann winkte er jemanden aus der Gruppe herbei. Es war Farid, der junge Mann, der bei meinem ersten Besuch in Konya das Gespräch mit dem Scheich gedolmetscht hatte. Wir begrüßten uns herzlich. Ich war so überrascht, ihn hier zu sehen, und wollte ihn so vieles fragen, dass ich zuerst kaum ein Wort hervorbrachte.

Der alte Mann erklärte mir etwas auf Türkisch. Farid hörte ihm einen Augenblick zu und wandte sich dann an mich: »Dede sagt, er habe gewusst, dass du kommen würdest. Er sagt, du sollst mit ihm gehen, in sein Haus, wo er für dich ein Zimmer bereitgemacht hat. Du sollst gleich mitkommen, bitte. Ich werde euch begleiten und übersetzen.«

»Aber…«, erwiderte ich, doch mein Protest wurde in schnellem Türkisch unterbrochen.

»Dede sagt, er wisse, dass dir besondere Anweisungen gegeben wurden. Aber er meint, das spiele jetzt keine Rolle mehr. Übrigens stimmt es, dass es verboten ist, hier zu sitzen. Außerdem wird die Grabstätte in einer halben Stunde geschlossen.«

Der alte Mann strahlte mich an, als wären wir schon ein Leben lang Freunde. »Bitte frage ihn«, sagte ich zu Farid, »ob er den Mann aus Istanbul kenne, der mich hergeschickt hat.« Die Übersetzung meiner Frage ließ den alten Mann lauthals herauslachen, und die Menge lachte mit.

»Er sagt, natürlich kennt er ihn – woher sonst sollte er wissen, dass du kommen würdest?«

»Aber wenn sie sich kennen, warum wusste dann der andere Mann in Istanbul nichts davon, dass ich nicht hier sitzen und Mevlana meinen Respekt bezeugen darf?«

»Dede sagt, der Mann habe wohl gewusst, dass du hier nicht sitzenbleiben darfst. Aber das, worauf es ankam, war die Absicht, nicht das Sitzen.« Die Herumstehenden, die aufmerksam der Übersetzung lauschten, waren sichtlich fasziniert von dem, was hier vorging. Sogar die Wärter schauten jetzt freundlich drein. Jedes Mal, wenn das Wort »Mevlana« erwähnt wurde, folgte ein Augenblick der Stille. Ich war nun zum Mittelpunkt des Interesses geworden, und jeder wollte mit mir sprechen. Farid wandte sich von einem zum anderen und erklärte die Situation, so gut er konnte. Schließlich wurden die Tore geschlossen und die Menschenmenge löste sich langsam auf. Auch wir drei verließen die Grabstätte. Farid winkte ein Taxi herbei und wir fuhren durch das Labyrinth der Seitenstraßen davon.

Die Zeit, die ich mit Dede verbrachte, war eine echte Verschnaufpause vom Kampf, vom Schmerz und von der Anspannung der vorausgegangenen Wochen. Dede – der Name bedeutet »Großvater« oder »alter Mann« – war stets freundlich und vertrauensvoll und ließ mich spüren, dass er mich als einen Freund betrachtete. Von dem Augenblick an, in dem ich das Grabmal von Mevlana betreten hatte, war es, als sei ich aus einem Sturm, der mein ganzes Leben hindurch gewütet hatte, endlich in ruhiges Fahrwasser gelangt.

Dede drängte mich in keiner Weise, sondern schien nur eines im Sinn zu haben: mir die bestmögliche Gelegenheit zur Erholung zu bieten. Abends kochte seine Frau einfache Gerichte, und Farid war immer zur Stelle, wenn wir ihn brauchten. Die meiste Zeit allerdings verbrachten wir schweigend. Wir standen früh morgens auf, gingen nach draußen auf den kleinen Hof und vollzogen dort am Wasserhahn unsere rituellen Waschungen. Dann, auf den Ruf des Muezzins, verrichtete Dede seine Morgengebete. Nach dem anschließenden Frühstück zogen wir drei los zum Museum in der Grabstätte Mevlanas. Vor der Türschwelle hielt Dede jeweils kurz inne, kreuzte seine Arme über der Brust und verbeugte sich, bevor er eintrat. Farid erklärte mir, es sei Tradition, niemals auf die Schwelle einer Tür zu treten, sondern davor einen kurzen Augenblick zu verharren, um seine Probleme, Spannungen und negativen Gefühle draußen zu lassen, statt sie mit sich in Haus zu tragen, in dem man zu Gast sei. In einem der Räume verneigte sich Dede immer vor den Kalligrafien, die die Wände verzierten. Eine dieser

Zeilen bedeutete laut Farid: »Wahrlich, Gott ist schön und liebt das Schöne«, eine andere: »Der einzige Zweck der Liebe ist Schönheit.«

Nachdem wir die verschiedenen Räume des Museums durchschritten und an bestimmten Stellen etwas länger verweilt hatten, gingen wir wieder auf den Vorhof hinaus und unterhielten uns über das Leben und die Lehre Rumis.

Dede erläuterte mir, dass der Weg nichts mit einer bestimmten Form zu tun hat, obwohl es erscheinen mag, dass besondere Rituale befolgt werden. Farid erklärte es so: »Unsere Religion ist eine Religion der Liebe, aber es ist keine Religion der Art, wie du dieses Wort verstehst. Wir befolgen unsere Praktiken nicht, um dadurch Gott zu erkennen, sondern wir anerkennen zuerst die Einheit Gottes, und daraus folgt alles Weitere.«

Während dieser Zeit schien es mir unangebracht, Dede Fragen zu stellen. Nachdem er etwas erläutert oder uns eine Geschichte erzählt hatte, lächelte er jeweils nur und überließ es mir, die innere Bedeutung seiner Worte herauszuarbeiten. Einmal sagte er, es gebe vier Ebenen des Verstehens, und es liege an mir selbst, mit größtmöglicher Wachsamkeit zuzuhören, um nicht auf der wortwörtlichen Ebene zu verharren. »Dede sagt, die meisten Menschen verstünden nur auf der offensichtlichsten Ebene. Sie lesen den Koran oder die heiligen Bücher und erkennen gar nicht, dass alles dort Niedergeschriebene weitere und tiefere Bedeutungen hat, als es an der Oberfläche erscheint. Du magst zum Beispiel im Koran von einer Schlacht lesen und denken, die Geschichte handle nur von einer Schlacht, aber diese Schlacht war nicht nur ein historisches Ereignis. Sie ist jetzt. Wenn du sie so siehst, vermagst du, auf der zweiten Ebene zu verstehen – der allegorischen. Dede sagt, wenn du seinen Geschichten zuhörst und weißt, dass sie in Tat und Wahrheit Bilder für etwas anderes sind, dann stößt du vielleicht auf ihre Bedeutung, nicht nur auf ihre äußere Form. Die Form ist für jene Menschen, die die Wahrheit nicht hören wollen oder die noch nicht bereit sind, all das zu akzeptieren, was sie mit sich bringt. Dede sagt, es gebe noch zwei weitere Ebenen des Verstehens, die metaphysische und die mystische. Manchmal erzählt er eine Geschichte, so simpel sie sich auch anhören mag, nicht nur als eine Allegorie, sondern auch, um eines der großen Gesetze des Universums zu verdeutlichen. Mevlana hat immer auf diese Weise gelehrt, und Dede möchte, dass du alle seine Werke studierst. Er sagt, die tiefste Ebene des Verstehens ist die mystische. Auf ihr zählen weder die Worte noch die Allegorie, ja noch nicht einmal die universellen Gesetze, weil dein Herz dann so tief berührt wird, dass du die innere Wahrheit direkt erfährst in einem Zustand, der sogar noch über Erkenntnis und Gewissheit hinausgeht. Manchmal wirst du Derwische weinen sehen, weil die Schönheit Gottes, wenn sie dich vollständig umgibt, beinahe unerträglich ist.«

Über solche Dinge sprach Dede mit uns, während wir auf dem Vorhof des Museums saßen, wobei er Farid zwischendurch forschend anblickte, um sich zu vergewissern, dass er auch genau verstanden hatte, was er übersetzen sollte. Während dann die Geschichte oder die Darlegung auf Englisch wiederholt wurde, strahlte Dede mich an und beobachtete aufmerksam jede kleinste meiner Regungen oder Reaktionen. Er bemerkte sogleich, wenn ich in der richtigen Verständnistiefe zuhörte, legte dann jeweils seine rechte Hand auf sein Herz und verneigte sich leicht.

Es waren wundervolle Tage. Langsam entwickelte sich aus dem Wirrwarr, in dem ich gesteckt hatte, ein neues Gefühl der Ordnung. Etwas wuchs in mir heran, und allmählich begriff ich, dass dies mein wirkliches »Ich« war, das nach dem Lüften der Schleier sich zu zeigen begann. Dede erzählte mir von der Schulung der Mevlevi-Derwische, die sich über einen Zeitraum von tausendundeinem Tag dem Studium der Philosophie, der Geisteswissenschaften, der Werke Mevlanas und dem Drehen widmen. Ich beschloss, dass ich eines Tages, sollte mir jemals die Möglichkeit dazu geboten werden, nach Konya zurückkommen würde, um hier zu studieren und diesen Menschen die Liebe zu vergelten, die ich von ihnen erfuhr.

An manchen Abenden kamen Freunde von Dede zu Besuch, und es wurden bis spät in die Nacht Geschichten erzählt und Diskussionen geführt. Ein einziges Mal nur erlebte ich, dass ich nicht vollkommen akzeptiert wurde. Einer der Gäste musterte mich ständig über seine Schulter hinweg und sprach in gedämpfter Stimme mit Dede und Farid. Ich sah, wie Dede immer zorniger wurde, obwohl er eine ganze Weile geduldig versucht hatte, dem Mann etwas zu erklären. Soviel ich mitbekam, ging es um die übliche Frage, ob ich mich zum Islam bekannt hätte oder nicht. Schließlich schrie Dede den Mann an und schlug mit der Faust auf das Messingtablett, das vor ihm stand, so dass die Kaffeetassen zu Bruch gingen. Farid wandte sich zu mir und sagte: »Der Mann fragt, ob du ein orthodoxer Muslim seist. Dede hat geantwortet, dass du an Gott glaubst, und ob das nicht genügt.«

Seit meinem ersten Besuch in Konya war ich vom »Drehen« der Derwische fasziniert. Im Flur vor Dedes Zimmer hingen viele alte, gerahmte Fotografien von wirbelnden Derwischen mit ihren hohen Hüten und wehenden weißen Gewändern, den Kopf leicht zur Seite geneigt. Auch hatte mir Dede Bilder von seinem Sohn gezeigt, wie er sich anlässlich der großen Feier drehte, die jedes Jahr im Dezember zu Ehren Mevlanas veranstaltet wird, ihres Lehrers und Führers, der vor sieben hundert Jahren die Einheit erlangte.

Ich war sicher, dass diese besondere Form der Verehrung ihren Grund hatte. Dede sagte oft, die Frucht sei die Ursache des Baumes, nicht die Wurzel, denn er sei ja der Früchte wegen gepflanzt worden, und nicht wegen des Wurzelwerks. »Und der Grund, weshalb das Universum in Liebe hervorgebracht wurde«, sagte er, »ist der Mensch – das heißt, der Mensch, der fähig geworden ist, Gott vollkommen zu lieben. Er wird ›der vollendete Mensch‹ genannt, denn von ihm ist nichts mehr übrig, nur noch die ewige Gegenwart Gottes.« Wenn dem so war, dann musste im Drehen des Derwischs, in seinem ekstatischen Herumkreisen, dessen Zeuge ich geworden war, etwas viel Tieferes liegen als nur diese Erfahrung. Das darin verborgene Geheimnis – das war es, was ich entdecken wollte.

Eines Tages saßen wir in Dedes Zimmer und tranken Kaffee, als er sich zu mir wandte und etwas auf Türkisch sagte. »Dede sagt, du sollst das Drehen lernen«, übersetzte Farid. Der alte Mann zeigte auf den Boden und deutete an, ich solle mich in die Mitte des Raumes stellen. Etwas schüchtern erhob ich mich, und Dede bewegte seine Hand mit ausgestrecktem Zeigefinger im Gegenuhrzeigersinn durch die Luft, um mir zu zeigen, wie herum ich mich drehen solle. »Dede sagt, du sollst sehr langsam beginnen. Er sagt, du sollst deine Arme über deiner Brust kreuzen, so wie du es tust, wenn du das Museum betrittst. Verstehst du?« Ich kreuzte meine Arme, so wie es mir gezeigt worden war, indem ich meine rechte Hand auf die linke Schulter und die linke auf die rechte legte. »Dede sagt, du sollst beim Üben die Arme so belassen. Versuche es, bitte.«

So würdevoll wie möglich begann ich, mich ganz langsam linksherum zu drehen. Schon nach zwei oder drei Umdrehungen war mir so schwindlig, dass ich anhalten musste. Die beiden hatten großen Spaß dabei, und Dede fing wieder an zu sprechen. »Schau mal«, übersetzte Farid, »es ist wichtig, dass du dir hier, genau in der Mitte, ein Zentrum schaffst.« Er deutete auf meine Brust. »Ohne dieses Zentrum wird dir schlecht werden und du wirst hinfallen. Nur wenn du dich am rechten Ort befindest, kannst du richtig drehen. Dein linker Fuß darf den Boden niemals verlassen. Früher, wenn ein Schüler das Drehen lernte, wurde zwischen seinem großen und seinem zweiten Zeh ein Nagel in den Boden geschlagen, um den er sich dann drehen musste, ohne dass sich sein Fuß vom Boden lösen konnte. Das ist so, weil ein wahrer Derwisch sein Werk hier, auf dieser Erde, zu verrichten hat. Der Koran sagt uns: ›Stehe aufrecht in dieser Welt, aber verbeuge dich in der nächsten.‹ Du musst das Gleichgewicht sein zwischen dieser und der künftigen Welt. Nun versuch es nochmal.«

Mit voller Konzentration auf den Punkt in der Mitte meiner Brust und meinem linken Fuß fest auf dem Boden, schloss ich meine Augen und versuchte, mich zu drehen.

»Nein, lass deine Augen bitte geöffnet.«

Ich begann erneut und merkte, dass es mit offenen Augen viel einfacher war.

»Nun musst du lernen, den rechten Fuß so anzuheben, dass er hinter das linke Knie kommt, und dann setzt du ihn auf der anderen Seite des linken Fußes wieder auf den Boden. Dann dreht sich dein Körper sozusagen dorthin, wo du den Fuß hinstellst. Aber das ist schwierig und verlangt viel Übung.«

Als ich mich auf die Platzierung meines rechten Fußes konzentrierte, verlor ich das Gleichgewicht und vergaß dabei völlig das Zentrum im Herzen. Mir wurde so schwindlig, fast schon übel, dass ich mich abrupt hinsetzen musste. Dede hatte seine Freude daran und lachte lauthals heraus. Dann sprach er mit Farid.

»Dede sagt, er wird für dich drehen, aber er ist ein alter Mann und kann seine Arme nicht mehr richtig heben. Er sagt, wenn du es lernen willst, wird sein Sohn es dir beibringen. Doch es bedeutet mindestens sechs Wochen harter Arbeit. Wenn du dann nach England zurückgehst, kannst du es vielleicht anderen beibringen.«

Der alte Mann erhob sich langsam und ging zu einem Schrank an der gegenüberliegenden Wand. Er beugte sich hinein und zog ein schwarzes Gewand und einen hohen Hut aus beigem Filz hervor. Diesen reichte er Farid, nahm das Gewand, breitete es vor sich aus und küsste es, bevor er es überzog. Dann gab ihm Farid den Hut. Er setzte ihn auf und schritt bedächtig und schweigend zur Mitte des Raumes. Er kreuzte seine Arme, verbeugte sich tief und begann, sich ganz langsam zu drehen. Es war eine mühelose, leicht dahingleitende Bewegung, die mich an ein Boot erinnerte, dass sich in der Strömung eines Flusses dreht, der zum Meer fließt. Dann wurde das Drehen schneller und schneller, bis er seine Arme ausbreitete, so dass die Rechte mit der Handfläche nach oben, die Linke zum Boden hinab zeigte. Es war unglaublich schön, wie das Aufblättern einer vollkommenen Blüte. Sein linker Fuß verließ nie den Boden, und obschon seine Arme nicht so hoch erhoben waren wie die des jungen Derwischs, den ich das letzte Mal in Konya gesehen hatte, war seine Bewegung so leicht und würdevoll, dass es Farid und mich tief berührte. Dede hielt den Kopf etwas nach links geneigt und die Augen geöffnet, ohne dass sein Blick im Raum haften blieb. Er verbeugte sich in einer anderen Welt, aber sein Körper drehte sich in dieser. Nachdem er angehalten hatte, verneigte er sich wieder, legte Hut und Gewand ab, küsste dieses noch einmal, und reichte beides Farid. Dann setze er sich wieder ruhig hin.

»Jetzt«, sagte er, »werde ich dir etwas mehr über das Drehen erzählen.«

Die nun folgende Übersetzung unterbrach Dede immer wieder, um sicherzustellen, dass ich das, was er meinte, auch wirklich verstand, und er bat um meine Kommentare, die er sich genau übersetzen ließ.

»Es ist so«, begann er. »Wenn du drehst, tust du das nicht für dich, sondern für Gott. Wir drehen uns auf unsere Weise, damit das Licht Gottes auf die Erde herabkommen kann. Wenn du im Drehen zu einem Kanal wirst, tritt das Licht durch deine rechte Hand ein, und die linke bringt es in diese Welt. Es ist das, was man im Westen ›Alchimie‹ nennt, denn wenn du dich in deinem Gebet zu Gott richtig konzentrierst, machst du aus dir selbst das nötige Opfer. Auf diese Weise kann das Licht, das in sich die vollkommene Ordnung enthält, in diese Welt hereinströmen. Wir drehen uns für Gott und für die Welt, und das ist das Allerschönste, das man sich vorstellen kann.

Wenn du ruhig und in einem Zustand des Gebetes bist, während du drehst, und jeden Teil deiner selbst Gott darbietest, entsteht im Zentrum deines sich drehenden Körpers ein vollkommen stiller Punkt. Im Wissen, dass es nur Ihn gibt, kannst du erfahren, wie sich das Universum um dieses Zentrum dreht. Wenn du drehst, kreisen alle Sterne und Planeten und die endlosen Universen um diesen unbewegten Punkt. Die Himmel antworten, und all die unsichtbaren Reiche reihen sich ein in den Tanz. Jesus sagte: ›Wenn ihr nicht tanzt, wisst ihr nicht, was geschehen wird.‹ Deshalb drehen wir. Aber die Welt versteht das nicht. Viele Leute glauben, wir würden uns drehen, um uns in eine Art Trance zu versetzen. Es stimmt zwar, dass wir manchmal in jenen Zustand gelangen, den man ›Ekstase‹ nennt, aber das geschieht nur, wenn wir gleichzeitig erkennen und erleben. Wir drehen nicht für uns selbst.«

Nach dieser Einführung übte ich nun jeden Tag in dem kleinen Zimmer, in dem auch unsere Gespräche stattfanden, und langsam begann ich zu verstehen, was mir Dede über das Drehen zu vermitteln versuchte. Sein Sohn war abwesend, daher konnte ich noch nicht all das üben, was Dede mich gelehrt hatte. So waren dies Tage, in denen ich einfach nur *sein* und das Leben sich auf sanfte Art entfalten lassen konnte. Ein Tag schien in den nächsten zu gleiten, so natürlich und gemächlich wie der Wechsel der Jahreszeiten. Ganz allmählich ebbte die Erschütterung der vergangenen Wochen ab, und die Verworrenheit, die ich beinahe wie eine offene Wunde empfunden hatte, begann zu verheilen. Gerne wäre ich noch lange dort geblieben, hätte einfach mit dem alten Mann zusammensitzen und von ihm lernen können. Doch langsam begann ich zu spüren, dass ich mich mit diesem Aufenthalt auch vor etwas drückte. Früher oder später musste ich zu Hamid zurückkehren, der mir kurz vor meiner Abreise aus Istanbul gesagt hatte, er werde in Side auf mich warten. Es wurde mir immer klarer, dass dieser Abschnitt meiner Reise sich dem Ende zuneigte. Mir graute vor der Rückkehr nach Side, wo ich so viel Schmerz erfahren hatte. Mein Zusammenseins mit Dede und der geruhsame Tagesablauf in seinem Haushalt standen dazu in grellem Kontrast und ließen meine Erinnerungen an Side rau und leidvoll erscheinen.

Eines Morgens erwachte ich früh in der Dämmerung und mein Entschluss stand fest. Nach dem gemeinsamen Gebet und dem Frühstück bat ich Dede um eine Unterredung. Farid war für ein paar Tage weggefahren, aber ich fühlte, es sei wichtig, dass ich Dedes Erlaubnis zur Abreise einholte. Er hatte mich so sehr ins Herz geschlossen, dass ich mir fast wie ein Familienmitglied vorkam, und meine Hochachtung vor ihm war viel zu groß, als dass ich ihn auf irgendeine Weise hätte kränken können.

In einem Gemisch aus Zeichensprache und dem kümmerlichen Türkisch, das ich mittlerweile aufgeschnappt hatte, erklärte ich ihm, dass ich die Zeit für gekommen hielt, zu Hamid nach Side zurückzukehren. Er verstand mich nicht auf Anhieb, merkte aber wohl, dass wir einen Dolmetscher brauchten. Also gab er mir zu verstehen, ich solle im Haus bleiben, warf sich Hut und Mantel über und hastete die Straße hinab.

Nach einigen Minuten kehrte er zurück in Begleitung eines etwa vierzigjährigen Mannes, der fließend Englisch sprach. Wir tranken Kaffee und tauschten die üblichen Höflichkeiten aus. Dann bat ich den Mann, Dede zu fragen, ob er mir die Erlaubnis gebe, zu Hamid zurückzufahren.

Dede hörte meinen Worten und der anschließenden Übersetzung aufmerksam zu. Dann nahm er, wie er es an unserem ersten Tag getan hatte, meine beiden Hände, küsste sie und führte sie an seine Stirn. »Geh mit Gott und mit dem Segen Mevlanas und wisse, dass du hier immer zuhause bist.« Dabei hatte er Tränen in den Augen. Eine Weile saßen wir schweigend da, dann sprach er wieder mit dem Dolmetscher.

»Dede sagt, es tut ihm leid, dass du fortgehst, aber er weiß, dass du eines Tages wiederkommen wirst. Er sagt, es sei deine Pflicht, zu deinem Lehrer zurückzugehen, den er nicht kennt, der aber einer von jenen sein müsse, die nur selten gesehen werden. Er bittet dich, Hamid mit seinem Salam zu grüßen und ihm seinen Dank dafür zu überbringen, dass er dich nach Konya geschickt hat.«

»Aber nicht er hat mich geschickt«, unterbrach ich. »Es war der alte Mann in Istanbul.«

»Ja, aber es war Hamid, der dich zu dem alten Mann gebracht hat, und daher gebührt der Dank Hamid. Dede sagt auch, du sollst nie vergessen, dass es nur *ein* Sein gibt, nur Allah. Und so gebührt all unser Dank in Wirklichkeit nur Ihm. Er sagt, er möchte dir gerne etwas schenken. Willst du es annehmen?«

Ich wusste nicht, was ich sagen sollte. Manchmal ist es sehr schwer, etwas anzunehmen, und ich befürchtete, Dede wolle mir etwas schenken, das ihm gehörte, etwas Kostbares, an dem er sehr hing. Aber ich musste es annehmen, und so sagte ich, dass es eine große Ehre für mich sei.

»Dede sagt, er möchte dir ein sehr bescheidenes Geschenk machen und dir dazu eine Botschaft mitgeben. Er sagt, das eine ohne das andere sei nutzlos.«

Der alte Mann beugte sich vor, nahm ein graviertes Messingkästchen vom Tisch und öffnete es vorsichtig. Daraus holte er ein wunderschön geformtes, silbernes Fläschchen mit einem Zerstäuber hervor, wie man es im ganzen Mittleren Osten als Rosenwasserbehälter findet. Doch dieses war von ganz exquisiter Schönheit, und er reichte es mir mit beiden Händen, ohne seine Augen von meinem Gesicht zu lassen.

»Dede sagt, dies sei für Rosenwasser, für die Essenz der Rose. Er sagt, er sei sicher, dass du verstehst, und er hofft, dass du das Rosenwasser deinen Freunden wirst geben können. Seine Botschaft an dich ist folgende: Wenn du hinausgehst in den Garten und auf einen Dorn trittst, vergiss nie, Danke zu sagen. Der Dorn mag dir wehtun, aber er wird dir genauso gegeben, wie dir die Essenz der Rose geschenkt wird.«

Ich war zu bewegt, um mehr als Danke sagen zu können. Der Übersetzer fuhr fort: »Die Essenz der Rose wird nur freigesetzt, wenn der Rosenbusch immer wieder beschnitten wurde und die Knospe sich zur Blüte geöffnet hat. Dede sagt dir, dass den Sekundenbruchteil zwischen der Knospe und der Rosenblüte nur jene kennen, die zu Rosen werden.«

Ich verließ Dedes Haus am nächsten Tag. Es war besser, nun schnell zu gehen. Früh morgens gingen wir zur Moschee, wo Dede betete, und dann ein letztes Mal zu Mevlanas Grab. Er war sehr schweigsam, tief bewegt und traurig, und unser Rundgang durch das Museum war von anderem Charakter als sonst. Wie üblich schritten wir rückwärts aus dem Gebäude und verbeugten uns über der Türschwelle. Dann schlüpften wir in unsere Schuhe, holten den Koffer, den ich mit zum Museum gebracht hatte, und Dede winkte ein Taxi herbei, das uns zum Busbahnhof brachte. Dort wartete bereits Farid, um mich mit einem großen Früchtekorb zu verabschieden, und auch Dedes Frau war gekommen mit liebevoll verpackten Honigkuchen und gezuckerten Mandeln.

»Salam aleikhum«, rief Dede, als ich in den Bus stieg und ihnen von der obersten Stufe aus zuwinkte. Er sprach mit Farid, der hinzufügte: »Vergiss nicht – hier bist du zuhause.«

Der Bus setzte sich schon in Bewegung, als Farid rief: »Dede sagt: ›Vergiss nicht, das Rosenwasser in den Westen zu bringen.‹« Und dann bogen wir bereits um die Ecke auf die lange Straße Richtung Süden.

❧

Der Tag ist nicht mehr fern, an dem die Menschheit erkennen wird, dass sie biologisch nur noch die Wahl hat zwischen Selbstmord und Anbetung.

Pierre Teilhard de Chardin

Gott erscheint uns nie immateriell; und Sein Anblick in der Frau ist der vollkommenste von allen.

Muhyiddin Ibn Arabi

Der große Weg fällt nicht sehr schwer
Dem, der sich der Wahl enthält.
Wenn Hass und Liebe abseitssteh'n,
Wird alles klar und unverhüllt.

Sengcan

Elf

DAS WETTER HATTE SICH SEIT MEINEM LETZTEN AUFENThalt in Side geändert. Die kalten Winde waren abgeklungen, und die bereits recht warme Sonne ließ auf den Feldern und unter den Olivenbäumen die Frühlingsblumen sprießen. Die Männer waren auf den Straßen, kalkten die Häuser und das Café in neuem Weiß und richteten das Dorf für die Touristensaison her, während draußen auf den Feldern die Frauen, über die langen Ackerfurchen gebeugt, das Gemüse für die Sommerernte anpflanzten. In dem Jeep, den ich in Antalya für den Rest der Strecke gemietet hatte, fuhr ich Side mit ganz anderen Erwartungen entgegen als die vorherigen Male. Mein erster Besuch in der Türkei war noch von der Hoffnung getrieben gewesen, ich würde das Geheimnis der Derwische lüften, spezielle Kräfte entwickeln können und, im Licht der Erkenntnisse, die ich hier gewinnen würde, eine neue Lebensweise finden. Tatsächlich aber hatte ich nach Wochen des Herumreisens und der unablässigen Prüfungen und Enttäuschungen schließlich erkennen müssen, dass ich mich von all diesen Vorstellungen zu verabschieden hatte, falls ich auf diesem Pfad auch nur ein bisschen vorankommen wollte. In jedem Augenblick liegt ein Geheimnis, das sich nur dann entfalten kann, wenn wir all unsere Hoffnungen und Ängste loslassen. Als ich auf der staubigen Straße am Amphitheater vorbeifuhr, wusste ich, dies war für lange Zeit das letzte Mal, dass ich mit Hamid zusammen arbeiten würde. Was genau mit mir passiert war, vermochte ich nicht zu sagen, aber ich spürte, dass etwas in mir sich so grundlegend verändert hatte, dass es nun an der Zeit war, die Türkei zu verlassen und das, was ich erfahren und gelernt hatte, in meinem Alltag auf den Prüfstein zu legen. Meine Gedanken und Gefühle waren noch immer in Aufruhr und vieles blieb mir unerklärlich, aber ich wusste, und zwar ohne Hoffnungen oder Erwartungen, dass ich zu verstehen beginnen würde, wenn die Zeit dafür gekommen war.

Ich hatte keine Angst mehr vor Hamid. Tatsächlich wurde mir erst jetzt klar, wie sehr ich mich vor ihm gefürchtet hatte. Nachdem ich mit Begeisterung in der Türkei angekommen war, wuchs meine Angst stetig, bis sie sich manchmal fast zu panischem Schrecken steigerte. Hamid war mir noch immer ein Rätsel; doch trotz seines mysteriösen und seltsamen Verhaltens war ich von der Wahrheit und großen Wichtigkeit dessen überzeugt, was er mir zu vermitteln versuchte. Diese Überzeugung war es, die mich auch die allerschwierigsten Zeiten hatte durchstehen lassen.

Dede, mit seiner großen Freundlichkeit und vollkommenen Akzeptanz, die er mir entgegenbrachte, hatte mir sehr dabei geholfen, mich dem hinzugeben, was hinter Hamids Worten, seinem Zorn und seiner scheinbaren Härte verborgen lag. Nie hatte Dede in Frage gestellt oder kritisiert, was ich ihm über meine Erlebnisse mit Hamid berichtet hatte. Er hörte der Übersetzung einfach nur zu, lächelte, nickte und sagte dann: »Wie wundervoll sind doch die Wege Gottes, Der für jeden von uns all das hervorbringt, was wir im Augenblick brauchen.«

Bis ich bei meinem zweiten Besuch in Konya von Mevlana angenommen worden war, hatte ich mich stets gegen die Vorstellung gesträubt, es gebe ein allwissendes Wesen, eine Lebenskraft, mit der wir auf ewig verbunden sind, und dass ein Teil in uns daher die Wahrheit schon immer gekannt habe und immer kennen werde. Hamid hatte mir in England gesagt: »Die Seele ist eine wissende Substanz. Wenn du weißt, wer du bist, hast du auch sie erkannt. Diese Substanz durchdringt alles Leben. Doch zuerst musst du deine Seele finden, dein wahres Selbst. Du musst entdecken, wer und was du bist; erst dann wirst du an der Schwelle zum Weg stehen.« Erwartung und Hoffnung hatten so viele Ängste hervorgebracht – die Angst zu versagen, die Angst, den Beginn des Weges nicht zu finden, die Angst, unterwegs den Verstand oder die Gesundheit zu verlieren, die Angst vor dem, was es bedeuten könnte, für den Eintritt in die »wirkliche Welt« alles aufzugeben.

Nun, da ich zu lernen begann, welche Überheblichkeit im Erwarten und Erhoffen liegt, wurde mir klar, dass es nicht das Herz, der Sitz der Seele, war, an dem ich arbeiten musste, sondern es waren die unzähligen Schichten meines konditionierten Verstandes sowie mein Körper und jene Energien, die frei fließen müssen, wenn wir ausgeglichene Menschen werden wollen.

Als ich mit dem Jeep zum Hoftor hinauffuhr, kam Hamid aus dem Haus, mich zu begrüßen. Er tat es so lässig, als wäre ich nur kurz fortgewesen, doch er schien sich aufrichtig zu freuen, mich wieder zu sehen. Er ging sogleich in die Küche, um Kaffee zuzubereiten. »Setz dich draußen in die Sonne«, sagte er. »Die Frühlingsblumen fangen gerade an, sich zu zeigen. Ich bin gleich bei dir.«

In der Mitte des Hofes stand ein kleiner Tisch, bedeckt mit einem Stapel von Hamids Papieren. Ich setzte mich auf einen der weißgestrichenen Holzstühle und schaute zu meinem Zimmer hinauf. Im Raum darunter, bei der jungen Frau, waren die Vorhänge zugezogen, aber ich spürte, dass sie da war. Sie war ein weiteres Rätsel, eines, das ich immer noch zu entschlüsseln suchte.

Hamid setzte sich neben mich und schenkte Kaffee ein. »Ist es nicht schön, jetzt, da der Frühling kommt? Es ist meine liebste Jahreszeit hier in diesem Teil der Türkei, wenn die warme Luft die Kühle des Winters vertrieben hat. Später, wenn es unerträglich heiß wird, gehe ich nach Istanbul. Aber die Touristen kommen genau dann nach Side; sie scheinen es zu genießen, wie Treibholz am Strand zu liegen, bis sie ganz verbrannt und ausgetrocknet sind. Aber das ist es, was sie wollen.

Doch jetzt musst du mir alles erzählen, was du in Konya getan und erlebt hast. Ich habe mich sehr auf deine Rückkehr gefreut. Zunächst sage mir bitte genau, was geschehen ist, als du Shams-i Tabriz und Mevlana besucht hast. Hast du dort drei Tage und drei Nächte lang gesessen, wie es dir aufgetragen war?«

Ich beschrieb ihm in allen Details, was ich erlebt hatte. Besonders interessierte es ihn zu hören, welche Veränderungen in mir vorgegangen waren in dem Augenblick, als ich das Grabmal von Shams-i Tabriz betrat. »Als ich eintrat, spürte ich nur noch eine überwältigende Gegenwart von Liebe. So etwas habe ich noch niemals erlebt – ich konnte nichts tun, außer diese Kraft durch mich hindurchströmen zu lassen. Eigentlich war es fast so, als sei ›ich‹ überhaupt nicht mehr da.«

Hamid lehnte sich in seinem Stuhl zurück. Alles, was er sagte, war: »Ah, Shams.« Wir schwiegen eine Weile, dann fügte er hinzu: »Mögest du dich nie mehr davon erholen.«

Ich fuhr fort und schilderte Hamid meine Begegnung mit Dede, wie er mich in sein Haus eingeladen hatte und dass er den alten Mann in Istanbul kannte. Der alte Mann beschäftige mich, seit mich Hamid zu ihm mitgenommen hatte, und nun schien die Zeit gekommen, nach ihm zu fragen.

»Ich habe mich schon gewundert, ob du diese Frage irgendwann stellen würdest«, sagte Hamid. »Aber es spielt eigentlich keine

Rolle. Das Einzige, was zählt, ist, dass du von ihm angenommen wurdest. Das hat mir gezeigt, dass es dir erlaubt war – ganz egal, was du selbst dachtest, und trotz der schwierigen Zeit, die du in der Pension verbracht hast –, den nächsten Schritt zu tun. Selbst wenn ich dir seinen Namen verriete, wüsstest du dann irgendetwas über ihn? Sagen wir einfach, er ist ein Mann von großem Wissen. Er hat sich sehr für dich gefreut und war glücklich, dich noch einmal zu Mevlana schicken zu können. Er wusste, dass deine Absichten und Motive endlich befreit sein würden von jeglichem Ehrgeiz und allen Vorstellungen darüber, was es mit diesem Besuch auf sich haben könnte. Wäre deine Absicht nicht klar gewesen, dann wärst du nicht Dede begegnet, der für deine Ruhe und dein Wohlergehen gesorgt hat, die du so sehr brauchtest. Er wäre nicht aufgetaucht, wenn Mevlana dich nicht angenommen hätte, denn Dedes Liebe zu Mevlana ermöglichte es ihm zu erkennen, an welchem Punkt du standst und ob es dir erlaubt war, den nächsten Abschnitt deiner Reise anzutreten.

Nun stehst du am wirklichen Anfang. Es tut mir leid, dass es bisher eine so schwierige Zeit für dich war. Ich wollte das nicht, aber du kamst zu mir mit so vielen Vorstellungen darüber, was dieser Weg bedeutet, was du zu wollen glaubtest und was du für dich als richtig erachtetest, dass mir tatsächlich nichts anderes übrigblieb, als die bestmöglichen Umstände zu schaffen, so dass du tun konntest, was du tun musstest. Weil du wirklich und wahrhaft wissen wolltest, war es mir möglich, verschiedene Szenen zu gestalten, in denen du eine Rolle spielen und jedes Mal ein wenig dazulernen konntest.

Wir müssen heute noch über vieles andere reden. Aber lass uns zuerst neuen Kaffee kochen und zusehen, dass das Essen auf den Tisch kommt. Du bist sicher hungrig nach deiner Reise.«

Wir lachten beide, als er einen Topf schwarzer Oliven, gewürzt mit Minze und Zitrone, hervorholte. »Die haben auf dich gewartet«, sagte er. »Ich habe sie zubereitet, als du zum ersten Mal hierherkamst, und dann den Deckel fest verschlossen. Die müssten jetzt genau richtig sein.« Er zwinkerte mir zu und schöpfte ein paar auf meinen Teller. Wir aßen sie mit dunklem Brot und Käse und einem Salat aus Lattich, Tomaten und Dill.

Als wir fertig waren, stellte ich jene Frage, die mich in dem Augenblick am meisten beschäftigte. »Hamid – ist die junge Frau noch immer hier?« Er blickte mich scharf an, und für eine Sekunde fürchtete ich, er würde wieder zornig werden. »Ja, sie ist hier. Sie ist in ihrem Zimmer.«

»Sie hat mich tief beeindruckt, auch wenn ich sie kaum gesehen habe. Noch nie bin ich jemandem wie ihr begegnet – sie ist mir ein völliges Rätsel.«

»Als du damals hierherkamst«, sagte er schließlich, »wollte ich nicht, dass deine Aufmerksamkeit abgelenkt wird; aber jetzt müssen wir reden und alle losen Enden aus der Zeit, die wir zusammen verbracht haben, miteinander verknüpfen.

Es ist dir sicherlich klar, dass wir am Ende dieses Abschnitts unserer gemeinsamen Reise angelangt sind. Morgen wirst du nach England zurückkehren. Sei nicht traurig und hab keine Angst – dazu besteht kein Anlass.«

Ich konnte nicht gleich antworten. Zwar hatte ich angenommen, dass ich die Türkei schon bald verlassen würde, aber dennoch waren Hamids Worte ein großer Schock. Plötzlich hatte ich das Gefühl, ich könne es nicht ertragen, von ihm getrennt zu sein. Wie üblich schien er meine Gedanken zu lesen.

»Nun komm schon«, sagte er. »Hast du vergessen, dass Er, nach Dem du suchst, nicht in der Welt der Form zu finden ist? Solange du dich daran nicht erinnern kannst, wirst du immer enttäuscht werden.« Er lächelte freundlich und lehnte sich in seinem Stuhl zurück.

»Du hast mich nach der jungen Frau gefragt. Sie wurde zu mir geschickt, damit ich versuche, ihr irgendwie zu helfen. Wie du gesehen hast, war sie sehr krank und eine lange Zeit wie besessen von dieser blauen Wolle. Die Ärzte in England konnten ihr nicht helfen. Ich will dir ihre Geschichte erzählen – aber ich hoffe, du denkst daran, nach der wahren Bedeutung unter der Oberfläche der Dinge zu suchen. Sie hat dadurch Schaden erlitten, dass sie ohne die richtige Schulung zu weit gegangen ist. Ihre Sehnsucht, erkannt und dadurch befreit zu werden, hat sie zu verschiedenen Lehrern in vielen Ländern rund um die Welt getrieben, bis sie in ihrem großen Eifer den Kontakt zu ihrem wahren Selbst verlor. Seither ist es ihr nicht mehr gelungen, auf den Pfad zurückzufinden. Man könnte sagen, sie hat versucht, etwas aufzugeben, dass sie noch gar nicht gefunden hatte.

Die Entfaltung der Wahrheit geschieht in drei Stufen. Die erste besteht im Wiedererkennen, im Wiedererkennen unserer essenziellen Einheit mit Gott. Wir waren und sind immer eins mit Ihm;

aber wonach wir uns tief in unserem Herzen sehnen, ist das wirkliche Erkennen dieser Tatsache. Es genügt nicht zu denken, wir wüssten es, denn das ist nur ein Konzept, keine wahre Erkenntnis. Wiedererkennen bedeutet, wieder in jenen Zustand des Wissens, der Gnosis, zu gelangen, von dem wir getrennt wurden.

Wenn die Frau zu dir kommt, mit der Wolle um ihre Handgelenke gewickelt wie ein gefangenes Tier, dann fleht sie dich an, sie zu sehen, bittet dich, sie zu verstehen und sie zu befreien durch Wiedererkennen und Verständnis. Doch solange du dein wahres Selbst noch nicht gefunden hast, wie kannst du dann jemand anderen wiedererkennen?

Es ist beinahe so, als sei uns diese junge Frau als eine Botschafterin geschickt worden, als eine beständige Erinnerung an unsere Verantwortung, die darin liegt, als Mann und Frau geboren zu sein – an die Verantwortung, unser wahres Selbst zu finden, damit wir dazu beitragen mögen, andere in jene große Freiheit zu führen. Das ist die zweite Stufe: Erlösung. Die dritte Stufe ist das, was manchmal ›Auferstehung‹ genannt wird. Doch es braucht noch einige Zeit in unserer Welt, bevor man bereit ist, das zu verstehen.

Ich denke, die junge Frau ist dabei, sich zu erholen. Wir werden sie später noch sehen, und dann wirst du vielleicht eine Veränderung an ihr bemerken. Ich habe mit ihr gearbeitet, um ihr dabei zu helfen, die Matrix ihres wahren Selbsts neu zu formen. Ich habe mit einigen Freunden von ihr Kontakt aufgenommen, die bald herkommen werden, um sie wieder nach England zurückzubegleiten. Sie werden auch eine Weile hierbleiben, um mit mir zu arbeiten.«

Hamid lehnte sich wieder im Stuhl zurück und schloss die Augen. Dies war für mich mittlerweile zu einem Signal geworden, so offen wie möglich zu sein und zu versuchen, die Dinge, von denen er sprach, wirklich gründlich zu verstehen. In solchen Augenblicken schien es mir, als würde ich in eine andere Verständnisdimension gehoben, in der mein rationales Denken verstummte, als würde einer anderen Fähigkeit, die ich nicht mit Worten beschreiben konnte, zu wirken erlaubt. Als ich Hamid zuhörte, wusste ich, dass die Frau mit ihrem blauen Wollknäuel nicht einfach nur ein weiteres trauriges Geschöpf war, das nicht für sich selbst sorgen konnte; sie und ihr Schmerz standen für etwas weitaus Größeres, als ich es bis jetzt zu begreifen vermocht hatte. In diesem Augenblick erkannte ich ihre Bedeutung für meine Reise – und meine für ihre. Jedes der Teile dieses Puzzles schien in sich selbst vollkommen zu sein. Nun war es an der Zeit, sie alle zusammenzufügen.

Nach fast einer Ewigkeit öffnete ich wieder meine Augen und sah, dass Hamid mich beobachtete. Wir saßen noch eine Weile schweigend da, dann sagte er: »Uns bleibt nicht mehr viel Zeit zusammen. Du musst noch viele Fragen auf dem Herzen haben.«

In dem Moment spürte ich bei dem Gedanken, Hamid nun schon bald verlassen zu müssen, einen großen Schmerz. Gleichzeitig fühlte ich, dass ich eigentlich das Leid der jungen Frau durchlitt. Mir schien, es gab nur noch eine einzige Frage zu stellen.

»Warum muss das alles so schmerzhaft sein?«

»Habe ich nicht gesagt: ›Du tust mir leid‹? Wenn man zu einem Leben des Gott Dienens aufrichtig und vorbehaltlos ›Ja, ich will‹ sagt, ist das zuerst immer schmerzhaft und verwirrend. Am Anfang fühlst du ›deinen‹ Schmerz oder ›meinen‹ Schmerz. Aber wenn wir beginnen, das Wesen des von uns gewählten Pfades zu verstehen, sehen wir den Schmerz nicht länger nur als unseren, sondern fangen an, das Leiden einer Welt zu fühlen, die die Wahrheit nicht kennt. Es ist der Trennungsschmerz, der Schrei des Menschen, der seine essenzielle Einheit mit Gott erfahren will. Doch dieses Leiden war nie beabsichtigt. Gott wollte nie, dass wir leiden. Aber wenn wir zur vollständigen Erkenntnis gelangen wollen, müssen alle Schleier der Illusion gelüftet werden, bis nur noch Klarheit verbleibt. Es sind unsere eigene Überheblichkeit und unser Stolz, die uns leiden lassen. Je stärker wir glauben, wir selbst könnten irgendetwas tun, desto weniger erkennen wir unsere vollständige Abhängigkeit von Gott und desto schlimmer wird der Schmerz.

Und du, mein Freund, bist besonders eigensinnig.«

Er lächelte mich an, und ich verstand, dass das Leben im Grunde einfach ist und dass wir selbst es sind, die es verkomplizieren, indem wir vor unserem wahren Selbst davonlaufen.

Hamid fuhr fort: »Schließlich kommt eine Zeit, wo du so sehr liebst und in der Gegenwart Gottes aufgehst, dass du alles begrüßt, was dir gegeben wird, weil du weißt, dass es aus der *einen* Quelle von allem kommt. In diesem neuen Verständnis wird das Leiden zu einem bewussten Leiden. Dieses bewusste Leiden ist nicht dasselbe wie Schmerz; auch bedeutet es nicht, das Leiden zu genießen oder zu glauben, Leiden sei gut für uns, weil es weht tut. Bewusstes Leiden entspringt dem Wissen darum, was für die gegenseitige

Erhaltung des Planeten notwendig ist. Diese Erde wurde für den Menschen geschaffen, und wir sind für sie verantwortlich. Genauso wie wir, braucht die Welt bestimmte Arten von Nahrung. Sie braucht den Regen und die Sonne und die Jahreszeiten, so dass sie Frucht hervorbringen kann, und sie braucht andere Formen von Energie, die die Menschheit heute noch nicht versteht.

Jedes Mal, wenn ein Mensch zu wahrem Wissen gelangt, wird eine bestimmte Art von Energie freigesetzt, die es für diesen großen Prozess der gegenseitigen Erhaltung braucht. In genügender Menge wird diese Energie normalerweise nur in Zeiten großer Krisen frei, vor allem im Augenblick des Todes. Doch nun haben wir im Leben unseres Planeten den Punkt erreicht, an dem wir lernen müssen, in jedem Augenblick uns selbst sterben zu lassen, wiedergeboren zu werden und dann bewusst zu leben und zu sterben, damit sich die Erde weiterentwickeln kann. Ich hoffe, dass du eines Tages begreifen wirst, was ich dir hier sage. Aber nun müssen wir noch über andere Dinge sprechen.

Verstehst du, weshalb es notwendig ist, dass du jetzt nach England zurückkehrst?«

»Ich denke, vielleicht ist es jetzt an der Zeit für mich, fortzugehen und zu versuchen, einiges von dem zu verdauen, was mir in den letzten Wochen gegeben wurde.«

»Das ist einer der Gründe«, antwortete er. »Aber es gibt noch einen weiteren. Schau, auf diesem Pfad kommt einmal der Moment, in dem man auch seine Abhängigkeit vom Lehrer opfern muss. Die Aufgabe des Lehrers besteht darin, dich dazu zu bringen, dass du dich ein für alle Mal zu Gott drehst, von Dem alles kommt. Der Lehrer, den du auf der Erde findest, ist nur eine Manifestation Dessen, Der alle lehrt. Doch wenn man abhängig wird von der Form des Lebens, besteht keine Aussicht auf wahres Verstehen. Und weil du in so kurzer Zeit derart viel lernen musstest, besteht die zusätzliche Gefahr, dass du glauben könntest, du seiest von mir abhängig. Das ist eine tückische Falle, denn in Wirklichkeit bin ich überhaupt nicht hier. Vergiss nie – es gibt nur *einen* Lehrer!

Weil du mir dein Vertrauen geschenkt hast, als du noch nicht an Gott geglaubt hast, konnte ich für eine Weile die Rolle deines Führers übernehmen. Aber jetzt musst du weitergehen. Kehre zurück nach England und verarbeite all das Wissen, das dir geschenkt wurde. Und dann, wenn du dir ganz sicher bist, dass du bereit bist, wird es an dir sein, das, was du gelernt hast, weiterzugeben, um das Wissen von der Einheit in der Welt zu verbreiten. Der große Sufi-Scheich Muhyiddin Ibn Arabi hat einmal gesagt: ›Hört auf Gott und kehrt zu Ihm zurück! Und wenn ihr gehört habt, was mir offenbart wurde, dann prägt es euren Herzen ein; und wenn ihr die Einheit dessen, was ich geschrieben habe, verstanden habt, dann zergliedert es in seine Teile und setzt es wieder zusammen. Dann enthüllt es jenen, die danach dürsten, und enthaltet es ihnen nicht vor! Das ist die Gnade, die ihr empfangen habt; also gebt sie anderen weiter.‹ Darum sagen wir: ›Sich Gott hingeben heißt, Ihn in all Seinen Aspekten zu erforschen; Gott dienen heißt, andere zu lehren, was man von Ihm weiß.‹

Gott dienen – was könnte es Schöneres geben? Die einzig wahre Freude ist es, ein Diener Gottes zu sein, und das bedeutet, jederzeit wach zu sein für die Bedürfnisse des Augenblicks. Solange wir schlafen, werden wir nie wissen, was von uns verlangt wird. Darüber, was das Dienen bedeutet, können wir keinerlei vorgefasste Meinungen haben. Wir wissen nie, was der nächste Augenblick von uns verlangt. Wenn du den Pfad betrittst, begibst du dich für den Rest deines Lebens in den Strom des Dienens. Es gibt kein Zurück. Glaube nicht, du könntest nur dann dienen, wenn dir gerade danach ist! Du musst wach sein für das, was der Augenblick braucht, was Gott braucht, nicht was du selbst brauchst. Nur dann mag es dir vergönnt sein zu dienen.

Es wird gesagt, es gebe nur zwei Dinge, die Gott uns nicht geben kann, sondern die wir Ihm geben müssen – Unterwerfung und Abhängigkeit. Wenn wir unsere völlige Abhängigkeit von Gott erkennen, ohne dafür irgendeine Art von Belohnung zu erwarten, wird uns genau das gegeben, was wir zur Erfüllung unserer Aufgabe benötigen. Es heißt auch: ›Gott hat keinerlei Mängel – also gib Ihm deine.‹

Du hast eine besondere Beziehung zu Mevlana; darum wurdest du nach Konya geschickt und darum wurdest du so empfangen, wie es geschah. In Konya beginnt deine Reise.

Es gibt etwas, das ich dir jetzt versuchen will zu erklären. Bitte hör aufmerksam zu und gib dir Mühe zu verstehen.

Mevlana war ein Mensch, der die Einheit mit Gott erlangte, und so gab es keine Trennung mehr. Mevlana und Er, Dem er sich hingab, waren *eins*. Viele von denen, die dem mystischen Pfad folgen, erhaschen einen flüchtigen Blick auf das, was dies bedeuten könnte, doch vollständige Versunkenheit, die vollkommene Vereinigung, wird nur sehr wenigen gewährt. Als Mevlana die Vereinigung erreichte, versank nicht nur er vollständig in der Göttlichen Liebe, sondern alle, die ihm vorangegangen waren, versanken in ihm. Verstehst du, was ich dir sage? Wenn du jetzt zur Vereinigung kämst, in diesem Augenblick, würde dir alles, was jemals war, offenbart werden, weil Er alles, was jemals war, von Anbeginn an weiß. Er ist die Liebe, der Liebende und der Geliebte. Er ist der Lehrer, der Schüler und die Lehre. Es gibt nur Ihn, zu Dem alles zurückkehrt. Ich bete darum, dass du eines Tages zum wahren Verstehen gelangen und dadurch fähig wirst, anderen weiterzugeben, was du weißt.«

Ich merkte, dass Hamid sehr müde wurde, und mir war es unmöglich, das immense Maß an Wissen und Energie, das er mir gewährte, auf einmal aufzunehmen. Doch ich spürte, dass er mir noch mehr mitgeben wollte, bevor ich am nächsten Morgen wegfahren würde. Plötzlich wechselte er erneut das Thema.

»Du denkst vielleicht, dass ich zu sehr dränge und dass du unmöglich all das aufnehmen kannst, was ich dir sage. Aber die Lage ist dringlicher, als du glaubst, und ich weiß nicht, wann wir wieder eine Gelegenheit haben zusammenzusein. Ich habe dir schon einmal vom zweiten Zyklus der Menschheit erzählt. Ich denke, du hast verstanden, dass wir am Ende einer großen geschichtlichen Epoche stehen und am Beginn einer nächsten. Da die Evolution nicht in einer geraden Linie oder Kurve voranschreitet, sondern in ganz bestimmten Zyklen, erlaubt uns das Verstehen der Gesetzmäßigkeiten, die unser Leben auf der Erde bestimmen, einiges von dem vorherzusehen, was uns erwarten mag. Genau jetzt, da wir uns dem Ende des alten Zyklus nähern, wird mehr und mehr Wissen freigesetzt, um bewahrt und in den nächsten Zyklus weitergetragen zu werden. Es ist kein Zufall, dass wir einander auf diese Art begegnet sind und hier einige Zeit zusammen verbracht haben oder dass du nach Konya gesandt wurdest. Das Wissen, das dir gegeben wurde, muss nun weitergetragen werden, da der erste Zyklus der Menschheit erfüllt ist. Was das bedeuten wird, kann ich dir nicht sagen; niemand kann das. Aber es sind jene, die zur Erkenntnis ihrer essenziellen Einheit mit Gott gelangt sind, die den Weg bahnen und eine neue Welt aufbauen werden. Es heißt jedoch, dass es, bevor diese neue Welt ins Sein gebracht werden kann, zu zwei Konfrontationen kommen wird. Die erste Konfrontation wird die sein zwischen denen, die wissen, und denen, die nicht wissen wollen; und die zweite ist die zwischen denen, die wissen, und denen, die wissen müssen.«

»Willst du damit sagen, Hamid, dass es eine Art Krieg geben muss? Es scheint, dass zumindest die halbe Welt nichts von solchen Dingen hören will.«

»Schau in dein Inneres. Ist es nicht so, dass jede dieser Konfrontationen in uns selbst stattfinden muss? Ein Teil von dir, so wie bei jedem Menschen, will nicht wissen; und ein anderer Teil muss, wenn es soweit ist, schlicht und einfach wissen, damit die Trennung überwunden werden kann.

Was außerhalb von dir zu sein scheint, ist in Wirklichkeit in dir. Nichts ist außerhalb, und daher findet der Kampf zuallererst in dir selbst statt. Aber da immer mehr Menschen diese beiden Konfrontationen durchmachen, ist es wahrscheinlich, dass wir erleben werden, wie sich der Kampf auch in der äußeren Welt niederschlägt. Ich sage nicht, es wird Krieg geben oder es wird keinen Krieg geben. Was ich aber sage, und zwar ohne den geringsten Zweifel, ist, dass eines Tages die ganze Welt zur Erkenntnis ihrer vollständigen Abhängigkeit von Gott gebracht werden wird. Die Wahl, die jeder von uns treffen muss, ist, sich Gott hinzugeben, und zwar jetzt, heute, in jedem Augenblick – nicht erst in irgendeiner nebelhaften Zukunft, wenn wir nicht länger frei sein werden zu wählen. Doch auf die eine oder andere Weise wird es zur Konfrontation kommen.

Vielleicht gelingt es, eine größere Katastrophe zu verhindern, wenn beizeiten genug spirituelle Arbeit geleistet wird. Ich kann es nicht sagen. Doch der zweite Zyklus der Menschheit wird kommen, und mit ihm die Wiederkunft des Christus. Einige glauben, dass er wieder in menschlicher Gestalt kommen wird, einige sagen etwas anderes. Das ist nicht wichtig. Aber wichtig für dich ist es zu wissen, dass wir uns in der Erkenntnis der Einheit begegnen werden. Was immer die Wiederkunft, das Zweite Kommen, bedeuten und wie es auch vonstatten gehen mag, es kann nur geschehen im inneren, verborgenen Wissen, das allen großen Religionen zugrunde liegt und uns alle eint. Das Neue Zeitalter, das New Age, bedeutet nicht die Gründung einer neuen Religion. Ganz und gar nicht. Es wird keinen Bedarf mehr geben für irgendeine Form von Religion. All das wird vergehen müssen. Wenn du zur Essenz gelangst, was willst du dann noch mit der Form? Wenn du vom

Wasser des Lebens getrunken hast, brauchst du dann noch das Glas, in dem es war? Das Glas hat seinen Zweck erfüllt, also kann etwas Neues entstehen. Und über dieses Neue kann ich nur sagen, dass es anders sein wird als alles, was wir jemals zuvor gesehen haben – anders als alle großen Kulturen der Vergangenheit. Ich spreche von einer vollkommen neuen Art der Lebensweise; und diejenigen, die um die Einheit wissen, müssen ihr jetzt den Weg bereiten. Diese Menschen sind es, die Entscheidungen aufgrund von wahrem Wissen treffen können und dem Neuen Zeitalter Leben und Ordnung einhauchen werden.

Doch nun genug. Machen wir eine Pause und ruhen wir uns ein Weilchen aus. Ich habe uns aus Anlass deines Abschieds ein besonderes Abendessen im Restaurant bestellt. Danach können wir weiterreden. Warum gehst du in der Zwischenzeit nicht etwas an den Strand hinunter? Das Meer ist zwar noch kalt, aber der Sand schon angenehm warm, und ich bin sicher, du kannst jetzt etwas Ruhe gebrauchen.«

Er ging langsamen Schrittes zum Haus zurück. In der Mitte des Hofes blieb er kurz stehen und bückte sich, um an einer der Blumen zu riechen. Ich fühlte mich sehr allein und traurig. Es kam mir so vor, als hätten die Erkenntnisse und Erfahrungen, die Hamid mit mir teilte, seit Jahrhunderten geschlummert und als könnten jene, die sie besitzen, erst dann frei sein, wenn sie sie weitergegeben haben. Meine Furcht vor Hamid war dem einzigen tiefen Verlangen gewichen, all das zu verstehen, was er mich lehrte.

Ich ließ die gemeinsame Zeit mit ihm noch einmal an mir vorüberziehen und versuchte, mich an alles zu erinnern, was gesagt worden und was geschehen war. Die Reise erschien mir nun wie ein Muster, wie eine Spirale, auf der man bis ins Zentrum und dann postwendend wieder nach außen getragen wird. Der Weg führte durch bestimmte Momente der Erschütterung, denen man die Möglichkeit verdankte, zum nächsten Abschnitt überzugehen. Beim Erreichen des Zentrums selbst waren auch die letzten Konzepte zerschellt, und es verblieb nur noch das Bedürfnis, nach außen zu blicken und wieder zurückzureisen an den Ort, von dem man gekommen war. Diesen Ort jenseits aller Form, allen Dogmas und aller religiöser Frömmelei, jenseits jeglicher Verstandeskonzepte, repräsentierte für mich Mevlana Jalaluddin Rumi, denn es war die Erfahrung der absoluten Liebe, die sämtliche Konzepte und die äußere Form zertrümmert hatte. Eines wusste ich mit

Bestimmtheit: Wenn wir einander helfen wollen, müssen wir wissen, wer wir sind. Und um zu wissen, wer wir sind, müssen wir Gott mehr lieben als alles andere, so dass schließlich nur noch Er verbleibt. Nur dann können wir wahrhaft dienen.

Erst als die Sonne unterging, spazierte ich den Strand entlang zurück. Morgen standen mir die Rückreise nach London und der kühle englische Frühlingsregen bevor. In gewisser Hinsicht fürchtete ich mich, denn ich war schutzlos wie ein Neugeborenes oder wie ein Verbrannter, der, den Elementen ausgesetzt, darauf wartet, dass ihm eine neue Haut wächst. Es war eine Herausforderung; aber ich spürte, wie sich in mir eine neue Kraft regte, die mir durch die unvermeidlichen Veränderungen hindurchhelfen würde, die mein Verlangen mit sich brachte, das Gelernte in mein alltägliches Leben zu integrieren.

Als ich den Pfad vom Strand hinaufkam, sah ich, dass vor dem Haus ein fremder Wagen, ein VW-Bus, parkte. Mittlerweile hatte ich mich so sehr daran gewöhnt, mit Hamid allein zu sein, dass meine erste Reaktion auf die Anwesenheit fremder Leute eine eifersüchtige Verärgerung war. Ich hielt kurz inne, um mich zu sammeln. Dann fiel mir ein, dass dies wahrscheinlich der Bus jener Gruppe war, von der mir Hamid erzählt hatte und die gekommen war, um bei ihm zu studieren. Warum war ich bloß so besitzergreifend? Wollte ich denn nicht, dass das Wissen, das er mir vermittelt hatte, an so viele andere Menschen wie möglich weitergegeben werde?

Ich wusste nun, dass der Kampf mit all dem, was zwischen uns und der Wahrheit steht, nie endet und dass wir jeden einzelnen Tag unseres Lebens kämpfen müssen gegen alles, das zur Trennung führt.

»Da bist du ja«, begrüßte mich Hamid freundlich, als ich eintrat. »Wir haben eine Überraschung: Das sind die Leute, von denen ich dir erzählt habe. Sie sind von Indien die ganze Strecke durch Afghanistan gefahren. Es ging ein bisschen schneller, als sie dachten; darum sind sie schon etwas früher hier. Komm, du musst sie kennenlernen.«

Ich wurde herumgeführt und vorgestellt. Sie waren zu fünft, drei Frauen und zwei Männer. Einer von ihnen kannte die junge Frau mit der blauen Wolle von London her und war mit ihr in Kontakt geblieben, als sie hierher zu Hamid kam.

»Ich habe ihnen gerade von dir erzählt und von einigen der Sachen, die du angestellt hast. Sie scheinen ziemlich beunruhigt zu sein.« Hamid lehnte sich in seinem Stuhl zurück und lachte. Der Ernst des heutigen Morgens und der Dinge, die er mir zu vermitteln versucht hatte, war verflogen. Er war wieder er selbst, der Hamid, den ich von London her kannte. Mit meinen Augen flehte ich, er möge mir zu Hilfe kommen; der Schreck der unvermittelten Begegnung mit diesen vielen Menschen und die Tatsache, dass nur noch wenige Stunden blieben für all das, was es noch zu bereden gab, war fast zu viel für mich.

Als ob er auf meine unausgesprochene Bitte antworten würde, sagte er: »So weit so gut. Wie wunderbar! Doch der Herr weiß es am besten, und so scheint es, dass wir heute Abend ein bisschen feiern werden.«

Mit einem Augenzwinkern zeigte er auf mich. »Er fährt morgen wieder nach Hause, und ihr werdet eure Reise beginnen. So ist das. Der eine kommt und geht, und ein anderer kommt. Und dann geht auch er wieder. Und doch ist Er es, der *eine* Gott, Der gleichzeitig kommt und geht.

Nun müssen wir uns aber erst mal darum kümmern, wo ihr alle schlafen werdet, und dann sollten wir uns fürs Abendessen fertig machen. Ich werde im Restaurant Bescheid geben, dass wir jetzt zu acht, statt nur zu dritt sind. Ah, das wird sie freuen!«

Als wir uns für den Gang zum Restaurant versammelten, hörte ich von den Abenteuern ihrer Reise durch Indien und Afghanistan. Aber es war mir unmöglich, ihnen von meinen eigenen Erlebnissen zu berichten. Wir standen alle an einem Neuanfang, doch ich kehrte nach England zurück und sie blieben in der Türkei. Sie waren voll von erfrischendem Wissensdrang, genau wie ich es gewesen war. Sie glaubten, von den Derwischen oder von Hamid etwas lernen zu können, und obwohl sie andere Beweggründe hatten, konnte ich sehen, dass ihre Vorstellungen davon, was sie finden würden, ähnlich waren wie damals meine eigenen. Ich war sehr still und brachte kaum ein Wort heraus. Ich sah, dass diese Menschen noch nicht gelernt hatten, Fragen zu stellen; und ohne eine Frage kann es keine Antwort geben. Wie bei Hamid gelernt, versuchte ich, den Augenblick sich vor mir entfalten zu lassen, ohne dem Zwang zu verfallen, meine Konzepte und Meinungen darüber, wie er sein müsse, in ihn hineinzuprojizieren. Alles war exakt so, wie es war, und es war ganz genau, wie es sein sollte. Als

Hamid gemeinsam mit der jungen Frau erschien, war das Bild vollkommen. An diesem Abend war sie hübsch gekleidet, ihr Haar war gekämmt und etwas in ihren Augen hatte sich verändert. Die Verzweiflung war weg. Und mehr noch – die blaue Wolle war nicht länger um ihre Handgelenke geschlungen, sondern ordentlich zu einem Ball aufgewickelt, den sie in ihrer linken Hand trug.

Sie begrüßte jeden einzeln, und dann führte Hamid sie zu mir herüber. »Nun«, sagte er und sah uns beide an. Sie blieb vor mir stehen, ein Hauch von einem Lächeln auf ihren Lippen. »Nun?«, wiederholte er. Sie zögerte und blickte Hilfe suchend zu Hamid hin, doch der stand nur da, hielt ihren Arm und lächelte. Es herrschte vollkommene Stille im Raum und eine ungeheure Spannung. Langsam löste sie sich von Hamid und kam einen weiteren Schritt auf mich zu. Wir berührten uns jetzt fast. Sie atmete schnell, und ich hatte das Gefühl, sie würde gleich schreien. Ohne ihre Augen von meinen abzuwenden, streckte sie ihre Hand aus und reichte mir das Wollknäuel.

Hamid nahm uns in die Arme; wir weinten beide vor Erleichterung. Schließlich nahm er ihre Hand und führte sie zu den anderen hinüber. »Schaut gut zu ihr«, sagte er. Dann drehte er sich lachend um: »Kommt, das Essen wartet.«

Wir aßen vorzüglich an diesem Abend: auf Holzkohle gebratene frische Sardinen am Spieß und in Olivenöl eingelegten Oktopus. Es gab kleine, scharf gewürzte Fleischbällchen, gefüllte Auberginen und Tomaten und Reis mit Nüssen und Kräutern. Zum Hauptgang hatte Hamid einen riesigen Fisch bestellt, der in der Nacht zuvor gefangen worden war. Er wurde auf einer großen Platte serviert, die Haut knusprig, mit Butter und frischem Rosmarin übergossen und mit Zitronenschnitzen und Gurkenscheiben garniert.

Am Strand schalteten die ersten Fischer ihre Bootslampen für die nächtliche Ausfahrt ein. Das Licht fiel auf die Netzte, die auf den engen Decks ausgelegt waren. Einige der Männer sangen beim Zurechtmachen der Segel. Der Himmel war voller Sterne.

»Jetzt kommt deine Aufgabe«, sagte Hamid und sah mich an. »Erzähl diesen Leuten von der Pilgerreise, die du unternommen hast, und von dem, was du gelernt hast. Mittlerweile hast du ja erfahren, dass das Leben in Wirklichkeit etwas ganz Einfaches ist.«

Ich weiß nicht mehr genau, was ich ihnen erzählte, aber ich erinnere mich, dass ich vom Dienen sprach und von der wirklichen Welt – der Welt der Ordnung, des reinen Lichts, der Welt, die darauf wartet und sich danach sehnt, in dieser relativen Welt manifestiert zu werden, was jedoch nur geschehen kann, wenn wir, als bewusste Menschen, erwachen und die Wirklichkeit erkennen. Ich erzählte wohl auch davon, dass man alle Vorstellungen und Konzepte darüber aufgeben müsse, was es mit diesem Pfad auf sich hat und was wir zu wollen geglaubt haben. Ich sprach vom *dhikr* und der Erinnerung an Gott. Ich erzählte von Dede und wie ich schließlich zu Mevlana gelangte. Aber ich denke, es waren nicht so sehr meine Worte, die sie bewegten, sondern vielmehr das, was ich beim Erzählen fühlte und erlebte. »Die Sprache des Herzens«, sagte ich ihnen, »ist die Sprache der Liebe.«

Dann, genau in dem Augenblick, als ich fast etwas zu leidenschaftlich wurde, kamen die Zigeuner. Ich glaube, ich wollte gerade zu einer tiefgründigen Erörterung des Wiedererkennens ansetzen, als ich von einem Pistolenschuss und lautem Geschrei unterbrochen wurde. Eine Gruppe von etwa zehn Zigeunern erschien auf dem Platz. Einer feuerte mit einer kleinen Pistole in die Luft, andere schlugen Tamburins und einer stimmte seine Geige.

Der Besitzer des Restaurants lief hinaus, rief ihnen zu und zeigte dabei auf unsere Gruppe. Ich saß Hamid und der jungen Frau gegenüber. Er sah mich freundlich an, und ich fühlte in dem Moment die gleiche Liebe, die ich in Konya gespürt hatte. Die anderen hatten mittlerweile zwischen den Tischen Platz geschaffen und tanzten zur Musik der Zigeuner.

»So, nun tanzen wir«, sagte Hamid. »Morgen fährst du, doch vorher werden wir uns noch einmal zusammensetzen. Da gibt es noch ein Hindernis, das wir überwinden müssen. Es ist die letzte Schranke, bevor du in eine neue Lebensweise befreit werden kannst. Aber jetzt tanzen wir.«

»Nur eins noch, Hamid«, sagte ich. »Die Geschichte mit dem Ei in London.«

»Was ist damit?«, fragte er unschuldig, während er den Tanzenden zusah.

»Nun, weil du doch gesagt hast, wir dürften uns nicht von Äußerlichkeiten verlocken lassen und solche Dinge seien gar nicht notwendig – warum hast du dann das Ei auf der Stirn des Mannes zerbrochen?«

Er drehte sich zu mir um. »Gerade das geschah nicht nur zum Wohl des kranken Mannes«, sagte er. »Das habe ich auch für dich getan. Denk daran – ich weiß, was sie anlockt.«

☙

Der Verstand ist machtlos angesichts der Liebe.
Allein die Liebe ist imstande, die Wahrheit der Liebe
und des Liebenden zu enthüllen.
Der Weg unserer Propheten ist der Weg der Wahrheit.
Wenn du leben willst, stirb in Liebe.
Stirb in Liebe, wenn du am Leben bleiben willst.

Mevlana Jalaluddin Rumi

Wenn er der Welt entsagt hat, so dass er sich ihr nicht aus eigener Begierde oder aus Unterwürfigkeit unter sein forderndes Selbst zuwendet, sondern allein zur Erfüllung von Gottes Gebot, dann ist er verpflichtet, auf sie zuzugehen und mit ihr zu sprechen. Denn nun hält sie eine Mitgift für ihn bereit, die er nicht ausschlagen kann und die für niemand anderen geschaffen wurde.

Abd al-Qadir Gilani

Epilog

UNTER EINEM ALTEN OLIVENBAUM AN EINEM AUSGETROCKNEten Flussbett verlangte Hamid, dass ich mich hinsetze. Den frühen Morgen hatten wir zusammen im Hof verbracht, bevor wir an den Strand hinuntergingen. Den ganzen Tag über war es heiß gewesen. Nun war die Nachmittagsbrise aufgekommen, ließ das trockene Laub rascheln und wirbelte den braunen Staub in kleinen Spiralen um meine Füße. Das unablässige Zirpen der Grillen erinnerte mich an die Hügel über Ephesos. In meinen Gedanken sah ich, wie das Meer hinter der Biegung des Flussbetts die Bucht heraufrollte. Dort war sie jetzt und lag mit den anderen in der Sonne. Hamid und ich waren vom Strand hier heraufspaziert, um die letzten Stunden vor meiner Abreise nach London ungestört zu verbringen. Wir hatten nicht viel geredet, nur zufrieden den spärlichen Geräuschen des trägen Nachmittags gelauscht. Schließlich begann er zu sprechen.

»Es gibt noch etwas, das ich dir weitergeben möchte«, sagte er. »In gewisser Weise ist es die wichtigste Lektion von allen, aber wenn du nicht bereits wüsstest, was ich dir jetzt erzählen werde, könntest du nicht hören, was ich dir zu sagen habe.«

Sein Ton änderte sich unvermittelt, und auf einmal war er wieder der Lehrer und ich der Schüler. »Setz dich aufrecht hin«, forderte er. »Dein Rücken muss gerade sein, so dass die Energie ungehindert fließen kann. Ohne freien Fluss ist dein Verstehen eingeschränkt. Die Worte an sich sind nur Schleier über der Wahrheit. Wenn du nicht wach bist, erreichst du nichts außer einer weiteren Trennung. Verstehen entspringt nicht den Sinnen; Verstehen entspringt aus sich selbst. Es ist das Überfließen des Wissens, das uns geschenkt wird in einem Akt der Gnade, für den wir uns vorbereiten müssen.

Heute machen wir uns gemeinsam auf, dem vollendeten Menschen zu begegnen, dem Meister, der Gott so vollkommen liebt, dass Gottes Eigenschaften sich durch ihn hindurch unverschleiert in die Welt ergießen. Bisher haben wir uns in unseren Gesprächen und Übungen nur der Arbeit gewidmet, die wir an uns selbst verrichten müssen, um uns für die Reise vorzubereiten. Heute soll dir ein Geschmack gewährt werden vom Werk, das dir bevorsteht.

Sitze ganz still, mit geradem Rücken, und atme ruhig und gleichmäßig. Wähle die feinstmögliche Luft aus deiner Umgebung und atme sie tief in dich hinein. Halte sie einen Augenblick in dir, und lass sie dann als Licht aus deinem Zentrum hinausströmen. Nun schließe deine Augen und ziehe deine Sinne aus der äußeren Welt zurück…

Die Initiation, die du nun empfangen wirst, ist gefährlich. Es gibt viele Fallen auf dem Weg, und du musst mir bedingungslos vertrauen. Falls du kein Vertrauen hast oder den Mut verlierst, kann ich dir nicht helfen und dann könnten wir beide unser Ziel nicht erreichen. Es ist ungeheuer wichtig, dass du mir genau zuhörst und sofort befolgst, was ich dir sage. Trödle nicht, zögere nicht, und denk daran – vertraue!«

Wie oft hatte er das schon zu mir gesagt? Früher hatte ich geglaubt, ich wüsste, was Vertrauen ist, doch dann begannen die Prüfungen, und ich erfuhr, was es bedeutet, immer und immer wieder zu versagen und das Vertrauen zu verlieren. Es braucht so viel Hingabe und solch großen Mut, fähig zu sein, vollkommen zu vertrauen.

»Ich möchte, dass du dir nun vorstellst, du würdest entlang eines Pfads in einem Tal wandern. Vor dir liegt ein Berg. In der Nähe des Gipfels sitzt vor einer Höhle der vollendete Mensch und erwartet dich. Du wanderst den Pfad hoch und bist dir bei jedem Schritt der Erde unter deinen Füßen bewusst. Die Erde ist warm; zieh deine Schuhe aus, so dass du sie besser spüren kannst. Nimm das hohe Gras um dich herum wahr… Kannst du die Schmetterlinge sehen, die den Nektar der Wildblumen schlürfen? Hörst du die Insekten? Schau genau hin – was siehst du, während du wanderst? Nun steigt der Pfad zum Berg hin an. Er wird steil, aber du musst das Tal hinter dir lassen und weiter hinaufsteigen.«

Ich bemerkte die Veränderung, als ich das Tal verließ. Es war ein anderes Gefühl. Um mich herum erhoben sich Kiefern in den Himmel; jede versuchte, ins Licht emporzustreben. Es wurde dunkel im Wald, kein Sonnenstrahl drang durchs Geäst. Nur der Gesang des Windes in den Zweigen war zu hören. Einen Augenblick lang befiel mich Angst, dann hörte ich wieder Hamids Stimme.

»Geh weiter – du hast noch einen langen Weg vor dir. Kehre jetzt nicht um.«

Ich ging weiter den Pfad hoch. Nach einer Weile hörte ich zu meiner Linken den Klang von Wasser. Ich wandte mich in seine Richtung und kam zu einer Kaskade von Wasserfällen, die über riesige graue Felsen herabstürzten. Auf dem Grund hatte sich ein tiefer Strudel gebildet, der in einer rasenden Spirale alles in sich hineinzog und es erneut herausschleuderte in einer glitzernden Gischt, die zwischen die Felsbrocken und wieder daraus hervor brandete, um neue Strudel und Wirbel zu bilden. Ich setzte mich, um einen Augenblick auszuruhen, und schaute und lauschte. Plötzlich merkte ich, dass das Wasser lebendig war! Jede Schaumblase nahm beim Zerplatzen eine zarte Gestalt an, jede Strömung, jeder Wirbel rief: »Schau her, siehst du, wer ich bin? Kannst du meine Stimme hören?« Ich sah, dass das Wasser mich beobachtete. Nicht ich sah das Wasser an, sondern es sah mich an. Als mir das bewusst wurde, erkannte ich, was das Wasser war und was es sagte. Ich fragte mich, wie ich mein bisheriges Leben damit hatte verbringen können, die Elemente anzuschauen, ohne es jemals zuzulassen, dass ich selbst gesehen wurde, ohne jemals den Raum umzukehren.

Wieder sprach Hamid: »Sei vorsichtig. Was du siehst, kann dich in die Irre führen, denn es wird dich in sich hineinziehen wollen. Du hast geschaut, damit du verstehen kannst und schließlich bestimmte Aspekte der Energie zu beherrschen lernst. Das ist alles. Nun atme tief durch; fühle dich durch das Element des Wassers gereinigt. Lass dich durchspülen, und dann gehen wir weiter.«

Für einen Augenblick wanderten meine Gedanken zurück an den Strand. Das Geräusch aufschlagenden Wassers erinnerte mich an die Brandung in der Bucht. Dort lag sie wohl jetzt mit ihrer sandfarbenen Haut neben ihren Freunden. Vielleicht schwamm sie auch, weit draußen bei den Klippen.

Ich stand auf und ging weiter. Die Luft wurde feiner, und ich konnte auf dem Pfad und unter einigen Bäumen Flecken von Sonnenlicht sehen. Der Wald lichtete sich; bald würde ich die Baumgrenze überstiegen haben und auf den Felsen gelangen.

»Gut. Du hast das Sonnenlicht durch die Bäume hindurch und im Wasser aufblitzen sehen. Nun möchte ich, dass du die Sonne auf deiner Brust spürst, während du die letzten Bäume hinter dir lässt. Fühle die Sonne wie zum ersten Mal in deinem Leben – oder wie zum letzten Mal. Es ist die frühe Morgensonne; sie wärmt jeden Teil von dir und strahlt vom Zentrum deiner Brust aus:

durch die Adern, deine Arme entlang, hinab durch deine Beine und wieder den Rücken hinauf in deinen Kopf, so dass dein ganzer Körper erwärmt wird. Das ist das Element des Feuers, das alle Schlacke verbrennt und nur reines Licht zurücklässt. Fühle dich durch das Feuer der Sonne geläutert.«

Als ich mich im warmen Sonnenlicht entspannte, merkte ich, dass auch dieses Licht Bewusstheit und eine Stimme besaß, die ich hören konnte. Sie war anders als die der Erde und die des Wassers, doch auch sie sprach zu mir und führte mich zu sich. Beinahe sofort vernahm ich Laute und Rufe: »Warum willst du weiter?« »Was willst du mehr als das hier?« »Wir werden wieder eins sein.«

Ich spürte, wie mein Körper glühte und eine nie gekannte Sehnsucht mich durchfuhr, so als sei eine große Kraft geweckt worden, die mich in sich hineinzog. Ich fühlte Hamid an meinem Ärmel zerren. »Wach auf! Komm, weiter. Dafür bist du nicht hergekommen. Diese Elemente wurden dir nur gezeigt, damit du sie wiedererkennst und lernst, diese Aspekte der natürlichen Welt und deiner selbst zu beherrschen.

Nimm jetzt meine Hand. Wir müssen weiter.« Gemeinsam gingen wir voran. In der Ferne hörte ich noch immer die Stimmen rufen, doch ihre Verlockung ließ nach, als meine Zuversicht zurückzukehren begann.

»Wir kommen jetzt zum letzten der Elemente, zum Element der Luft. Du musst sehr vorsichtig sein, denn es ist das mächtigste von allen. Antike Kulturen verehrten diese Kraft häufig als einen Gott mit seinen eigenen Gesetzen und Geheimnissen. Du musst dich nun einer Prüfung unterziehen, aber ich werde dir als Führer zur Seite stehen. Denk daran zu vertrauen, und alles wird gut gehen.

Nun stell dir vor, du wärst ein Adler und stündest dort auf diesem Felsen. Los, geh dahin. Lockere alle deine Glieder, wie der Adler in der Morgenluft sein Gefieder spreizt. Breite deine Arme etwas aus, so dass du den Wind zwischen ihnen und deinem Körper spürst, und stelle deine Beine ein wenig auseinander. Atme die Luft. Atme, wie du noch nie zuvor geatmet hast. Werde geatmet! Lass den Wind dich atmen! Fühle, wie der Wind durch deinen Körper weht, durch die Muskeln und Fasern, durch die Adern, zwischen den Atomen hindurch…«

Ich entspannte mich und versuchte, mir vorzustellen, wie es sich anfühlen würde, ein Adler auf dem Felsen zu sein. Ich spürte eine Art großer Kraft – vielleicht *könnte* ich mich auf dem Wind emporschwingen! Ich fühlte die Luft durch mich hindurchgehen, wie sie die Atome aus den Molekülen trennte und die Muskelfasern durchströmte. Nicht ich atmete mehr, ich wurde geatmet! Gleichzeitig spürte ich das Aufwallen eines Schwindels und ich merkte, dass mich etwas vom Felsen hinabzuziehen versuchte. Ich rang darum, wach zu bleiben, aber konnte nicht verhindern, in einen tiefen Schlaf zu versinken. Aus weiter Ferne konnte ich Hamids Stimme hören, doch seine Worte gingen unter im Rauschen der Luft, die mich durchwehte. Es wäre so einfach, jetzt loszulassen, mich dem Wind hinzugeben. Es war angenehm und so leicht. Schon immer hatte ich weit hinausfliegen wollen ins All, weg von der Erde und den Meeren, mich erheben mit den aufsteigenden Winden, höher und höher. Es war nicht nötig weiterzugehen…

In dem Augenblick ließen mich undeutliche Rufe zusammenfahren, ein Durcheinander vieler Stimmen, und jemand schüttelte mich. »Du darfst nicht einschlafen. Du musst wach bleiben. Wach auf! Wach auf! Der Wind versucht, dich von der Klippe zu reißen. Du bist nicht so weit gekommen, um jetzt zu schlafen. Wach auf!«

Mit allerletzter Kraft kämpfte ich mich ins Erwachen. Der Wind brauste noch immer durch mich hindurch, doch ganz langsam konnte ich meine Umgebung wieder erkennen. »Vertrau – halte durch mit all deiner Kraft. Zeige diesem Element, dass du es anerkennst, aber dass du eines Tages sein Herr sein wirst. Dann wird der Wind dein Freund sein.«

Ich stieg vom Felsen hinab, zurück auf den Pfad. »Du hast nun die Elemente durchschritten; von hier an, musst du allein weitergehen. Dort vor dir, über jenem Felsen, ist der, dem zu begegnen du so weit gereist bist.«

Das hatte ich fast vergessen! Dort war der Meister, der Vertreter der Wahrheit auf der Erde. Aber was war diese Wahrheit jetzt noch? Nichts konnte schöner und gewaltiger sein als die Elemente der Luft und des Feuers, als die Mächte des Wassers und der Erde. »Geh weiter, geh weiter. Ich war da; nun ist es meine Aufgabe, andere zu führen, die vorbereitet wurden so wie du. Geh bewusst und demütig. Er wartet auf dich. Wenn du ihn gefunden hast, musst du dich etwa zwei Meter vor ihm hinsetzen. Ich werde hierbleiben, doch wenn du ihn erreicht hast, wird meine Stimme dich anweisen. Tu, was ich dir sage, und hab keine Angst.«

Dann blieb er stehen, und ich ging allein weiter. Der letzte Teil des Aufstiegs war steil und schwierig. Ich hatte Angst; es war nicht mehr Angst vor dem Tod, auch nicht vor dem Versagen, sondern Angst vor dem, was jenseits aller Erscheinungen liegt, jenseits von Raum und Zeit.

Ich kletterte um den Felsen herum. Mein Fuß glitt aus, und ich nahm meine Hände zu Hilfe, um mich die letzten Meter hinaufzuziehen. Das Kratzen meiner Schuhe auf dem Fels war das einzige Geräusch. Mein Mund war trocken. Auf der anderen Seite des Felsens war eine enge Spalte, die ich durchklettern musste. Ich rang darum, mit jedem Atom meines Wesens wach zu bleiben, denn ich wusste: Er war dort. Meine Hände in den steilen Fels klammernd, die Schultern zu beiden Seiten gegen die Wände gedrückt, zog ich mich hindurch.

Ich war in seiner Gegenwart! Einen Augenblick lang fürchtete ich mich zu sehr, um weiterzugehen, und vermochte nicht, ihn anzublicken. Aber ich konnte Hamids Stimme hören: »Geh weiter. Tu, was ich dir gesagt habe. Setz dich etwa zwei Meter vor ihm hin. Es ist alles in Ordnung.«

Ich setzte mich, doch meinen Blick konnte ich für eine lange Zeit nicht heben. Tränen liefen mir übers Gesicht; keine Tränen der Bitterkeit oder des Kummers, sondern Tränen der reinen Freude und Dankbarkeit. Ich schaute hoch. Es schien mir, als blickte ich in ein Gesicht, das aus vielen Gesichtern bestand und um das sich alles herum drehte, doch das Gesicht selbst ruhte unbewegt. Das Lächeln, das er mir schenkte, vertrieb meine Angst; alles, was blieb, war dieser eine Augenblick, der alles enthielt, was jemals gewesen war und was jemals sein wird.

»Spüre die vollkommene Liebe, die von unserem Meister in dich einströmt, die Liebe, die alle Illusion zertrümmert, die Liebe, die keine Bedingung kennt, die Liebe, die heilt und erlöst. Es gibt nur den Meister und dich und diese absolute Liebe, die sich durch ihn manifestiert und jeden Teil von dir erfüllt.«

Ich fühlte, wie mein Herz sich seinen Worten öffnete. Ich hatte nicht gewusst, dass Liebe einen Klang hat, doch es war dieser Klang, der mich zu zerschmettern schien. Er war anders als jeder irdische Klang und umfasste doch alle anderen Klänge. Nichts vermochte seiner Kraft zu widerstehen; jeder Teil meines Wesens erbebte in den Schwingungen dieses Klangs, die kreisend dem Zentrum entsprangen. Alles war Klang, kreisend und wirbelnd, die Planeten auf ihren Bahnen bewegend, jedes Molekül und jedes Atom durchdringend. Was ich zu sein geglaubt hatte, starb darin, ging darin unter, wurde darin erlöst und zurückgetragen zur Quelle des Lebens.

Dann hörte ich erneut Hamids Stimme: »Schlaf nicht ein, egal, was du tust. Du musst wacher sein als jemals zuvor. Dir wurde erlaubt, die zeitlose Gegenwart der Liebe zu fühlen. Spüre nun, wie sich das Licht Gottes durch den Meister in dich ergießt.«

Langsam verebbte der Klang, und ich begann ein Glühen von reinem Licht zu spüren, das von ihm ausging und mich vollständig durchdrang und immer heller strahlte. Zuerst war es farbig, Myriaden funkelnder Farbtöne innerhalb dieses einen Lichts, wie Leuchtkäfer am Meer. Jeder flog auf mich zu, zersprang in mir, blendete mich. Es war wunderschön und ergriff mich zutiefst.

»Wende dein Gesicht nicht ab!«, kam die Ermahnung. Als ich diese Worte hörte, wurden die Farben noch intensiver, bis sie zu einem vollkommenen Blau verschmolzen, das alles erleuchtete. Es war, als sei der Meister zur Quelle eines derart hellen blauen Lichts geworden, dass davon jede andere Farbe aufgesogen wurde: das Gold der Sonne, das Gelb und das Rosa der Dämmerung, das kräftige Rot, das Blasslila, das Grün. Alles war nur noch ein grenzenloses Blau.

Ich erinnerte mich an die Worte: »Wende dein Gesicht nicht ab«, und von irgendwo tauchte der Gedanke auf: Wäre man tapfer genug und gut vorbereitet, im Leben zu sterben, dann würde aus der Schönheit der Farben das reine weiße Licht erscheinen, das Licht, das Farbe sichtbar macht. Ich war sehr lange gereist, und nun fühlte ich, dass ich dieses Licht annehmen konnte. Nichts anderes wollte ich.

In dem Augenblick, in dem ich dieses Verlangen erkannte, setzte eine Veränderung ein. Zuerst begannen in dem Blau, silbrige Streifen zu schimmern und dann mit enormer Leuchtkraft zu funkeln, dann brach aus dem Innern des Blaus ein blendendes Weiß hervor. Es schien aus dem Mittelpunkt allen Lebens zu kommen. Dieses Licht war heller als Licht, heller als alles Licht dieser Welt. Ich gab mich in dieses Licht, öffnete mich ihm, überließ ihm die letzten Fünkchen meiner Vergangenheit, läuterte mich darin, bis nichts mehr von mir zurückblieb.

Hamids Stimme erreichte mich aus weiter Ferne: »Damit sich in dieser Welt etwas manifestieren kann, muss die Göttliche Kraft die Schleier durchdringen, die uns von der wirklichen Welt trennen. Lass dich nun von dieser Kraft erfüllen.«

Ich wartete vollkommen still, betäubt von allem, was mir geschah. Dann hörte ich, anfangs noch weit weg, ein Grollen, wie Donner über fernen Hügeln. Das Grollen wuchs zu einem Krachen an, und ich hielt mir die Ohren zu, um es zu dämpfen. Da merkte ich, dass auch dieser Klang aus mir selbst kam und ich nichts tun konnte, um ihm zu entgehen. Ich wollte Stille, mehr als alles andere auf der Welt. Ich sah den Meister flehend an, doch er verharrte völlig ungestört und teilnahmslos; die Kraft des Klangs ging einfach durch ihn hindurch. Ich kam an den Punkt, an dem ich glaubte, es nicht länger ertragen zu können, als ich durch das Dröhnen wieder Hamids Stimme vernahm, fest und ruhig. »Hab keine Angst«, sagte er. »Diese Chance wird nur wenigen Menschen gewährt. Gib dich der Kraft, die alles ins Sein bringt, einfach hin, und du bist in Sicherheit.«

Erneut öffnete ich mich und gab jeden Widerstand auf. Aus dem Klang erwuchs eine Vision von Welten, die geboren werden, von ganzen Galaxien, die ins Leben bersten, von Licht, das in Form kristallisiert. Dann hörte ich eine Stimme zu mir sagen: »Wisse und verstehe. Jedes Mal, wenn ein Mann oder eine Frau sich wahrhaft hingibt, entspinnt sich ein galaktisches System, und jedes Mal, wenn ein menschliches Wesen zu seinem wahren Selbst findet, erblüht ein Universum zum Leben. Nun, da du gesehen hast und gesehen wurdest, wirst du einen Frieden fühlen, den du nie gekannt hast.«

Als die Vision verblasste, hatte ich das Gefühl, einen Einblick in die Erkenntnis von Vollkommenheit erhascht zu haben. Es war mir möglich, bedingungslos zu akzeptieren, was ist, was war und was sein wird. Alles war da. Es gab keinen Anfang und kein Ende; Schöpfer und Schöpfung waren eins. Alles ist in einem Augenblick. Alles ist Er. Das ist das Geheimnis der Vorherbestimmung. Nichts ist jemals geschehen, denn alles ist bereits hier.

Die überwältigende Gegenwart strahlte einen Frieden aus, der alles Verstehen wahrhaft überstieg, und alle Trennung war aufgehoben. Er und ich waren eins, und der Friede, der von Ihm ausging, war in mir selbst, in der Erkenntnis der Einheit und Vollkommenheit Gottes. Es schien, als bliebe nichts weiter zu tun. Es galt nur noch zu sein.

Ich saß lange da auf dem Berg, ihm gegenüber. Im Erkennen gibt es keine Zeit. Die Erde drehte sich, die Jahreszeiten kamen und gingen, Männer und Frauen wurden geboren und starben,

Welten entstanden, und alles durchquerte den Raum, in dem ich saß. Sämtliche Meister, Heiligen und Propheten aller Zeiten erschienen auf dieser Bühne, erzählten ihre Geschichten und glitten in die Ewigkeit des Seins. In diesem vollkommenen Frieden erkannte ich, dass all die großen Lehrer aus dieser Gegenwart des Seins kommen und ihren Weg gehen, so wie die Sonne und die Sterne, der Blitz und der Regen und die Kinder, die geboren werden. Dann hörte ich Hamids Stimme.

»Es ist Zeit für dich, die Augen zu öffnen. Doch bereite dich sorgfältig vor, denn was du sehen wirst, wird dich erschüttern. Das ist die letzte Prüfung auf diesem Abschnitt unserer gemeinsamen Reise – die letzte Schranke, die du überwinden musst.

Ich möchte, dass du dein Bewusstsein behutsam wieder der Welt zuwendest. Kannst du deinen Körper spüren? Gut. Nun nimm deinen Atem wahr. Lausche dem Atmen deines Herzens, fühle, wie das Blut durch deine Adern fließt. Bewege deine Finger leicht. Spüre deinen Körper. Rieche die Bergluft, schmecke den Speichel in deinem Mund…«

Plötzlich fühlte ich mich sehr verwirrt. Ich befand mich nicht mehr in der wirklichen Welt, die ich soeben erfahren hatte, noch schien ich in jener Welt zu sein, die ich im Tal zurückgelassen hatte. Hamids Stimme konnte ich hören, aber in meiner Verwirrung wusste ich nicht, wo sie herkam. Ich bewegte meine Finger, atmete tief durch und versuchte, mir immer deutlicher meines Körpers bewusst zu werden, der dort auf dem Berg saß.

»Nun öffne sehr langsam deine Augen.«

Mit einem Schlag verstand ich, was es heißt, ganz und gar allein zu sein. Da war niemand!

Ich schloss meine Augen wieder und versuchte zu verstehen. Träumte ich? Wo war ich? Wo war Hamid? Wo war der Meister, den Hamid den ›vollendeten Menschen‹ genannt hatte? Ich war völlig allein vor dieser Höhle auf dem Berg.

Da war niemand, nicht einmal der Stein, auf dem er gesessen hatte. Vor mir lag die Höhle. Hinter mir erstreckte sich das Tal und der Pfad, dem ich hier hinauf gefolgt war. Eine Weile wagte ich nicht, meinen Kopf zu bewegen; nur mit den Augen konnte ich versuchen zu erfahren, was vor sich ging.

»Jetzt wende dich zum Tal. Los! Dreh dich um. Dreh dich um.«

Langsam wandte ich mich um. »Schau dort aufs Tal hinab. Das ist deine Welt. Unten im Tal sind all die Menschen, die darauf warten, diesen Berg zu besteigen und die Wahrheit zu erkennen. Und nun hast du noch eine letzte Aufgabe zu erfüllen. Als deinen Akt der Hingabe in dieser Welt musst du dein eigenes Leben ein für alle Mal aufgeben für ein Leben des Dienens.

Es gab keinen Meister auf dem Berg. Das war ein Spiel deiner Einbildung. Aber dennoch ist es so – erst wenn wir Gott vollkommen lieben, wissen wir, was die Liebe ist. Die Liebe wird in dir zum Leben erweckt, wenn du dich Gott hingibst, so dass es nur noch Ihn gibt; das ist die Möglichkeit des vollendeten Menschen. Alles, was du jemals wissen musstest, ist hier, jetzt, in dir. Wenn du dich selbst sterben lässt, wirst du in der Ewigkeit neu geboren, in der alles, was jemals war oder jemals sein wird, darauf wartet, befreit zu werden und der sterbenden Menschheit das Leben zu bringen. Das ist eine furchtbare Freiheit, aber es ist die einzige wirkliche Freiheit.«

Ich blickte mich erneut um. Da war niemand, keine Spur von Bewegung im Sand auf dem Pfad oder von dem Stein, auf dem er gesessen hatte. Ich war allein.

Ich atmete langsam und leise und beobachtete, wie sich meine Brust hob und senkte. Mein Rücken schmerzte vom Anlehnen an die raue Rinde des Olivenbaums. Meine Beine waren verkrampft und gefühllos. Ich musste lange dort gesessen haben. Die Szenerie veränderte sich. Das Tal, das sich vor mir erstreckte, wurde zu einem ausgetrockneten Flussbett, das hinter einer Biegung zum Meer hinabführte. Grillen zirpten in den Olivenhainen und in weiter Ferne glaubte ich, die Brandung in der Bucht zu hören.

Dann spürte ich eine Hand auf meinem Arm, und ich schaute zu Hamid auf. Aus seinen Augen leuchteten Liebe und Vertrauen. Er lächelte. »Komm, Reshad«, sagte er, »wir müssen nach Hause. Sie werden auf uns warten.«

❧ ❧ ❧

Vierzig Jahre später

Vierzig Jahre später

WENN ICH AUF MEIN LEBEN ZURÜCKBLICKE UND ES EINER Karte gleich um mich herum ausbreite, komme ich mir ein bisschen vor wie mein Vorfahr Sir John Feild aus dem sechzehnten Jahrhundert. Er war Mathematiker, Mystiker und ein enger Gefährte des Renaissance-Magiers John Dee, der am 28. Mai 1577 Königin Elisabeth I auf Schloss Windsor traf und ihr empfahl, England solle dem spanischen Anspruch auf die Neue Welt entschlossen entgegentreten. Es war das Vorspiel zu Francis Drakes epochaler Weltumseglung. John Feild, so erzählt es unsere Familiengeschichte, hatte Dee beim Zeichnen einer Weltkarte geholfen. Drake besaß ein Schiff und umsegelte den Globus mit Hilfe dieser Karte. Sie brauchten einander. Wie hätte Drake ohne Karte wissen sollen, wohin er fuhr? Und ohne Schiff hätte die Korrektheit von John Feilds Karte nie bestätigt werden können.

Francis Drake kehrte 1580 nach England zurück und wurde von der Königin zum Ritter geschlagen. John Feild war für sein astronomisches und mathematisches Werk die Ritterwürde bereits 1558 verliehen worden. Nachdem er seine Rolle bei Drakes Weltumseglung erfüllt hatte, zog er sich zurück und führte seine wegweisende Arbeit bis zum Ende seines Lebens fort.

Vielleicht habe ich meine Wanderlust von diesem Vorfahren geerbt. Kurz vor meinem einundzwanzigsten Geburtstag bin ich zum ersten Mal um die Welt gereist. Abgesehen von meiner Gitarre und einem Rucksack voller Lieder trug ich nicht viel bei mir. Tatsächlich ist meine ganze Lebensgeschichte eine Reise, eine Reise, die nie wirklich enden kann. Trotz meiner engen Verbindung zur Sufi-Tradition bin ich kein Sufi und auch an keine der anderen spirituellen Lebenslinien der Welt gebunden. Ich trage keine Etiketts, doch reise ich mit allen wahrhaft Suchenden bis ans Ende der Zeit, von wo immer sie herkommen, aus welchem religiösen oder spirituellen Hintergrund sie auch stammen mögen.

Die spirituelle Lebensreise mag vielen Wegen folgen. Es ist unwahrscheinlich, dass Japaner auf der Suche nach Derwischen die weite Entfernung nach Side in Südanatolien zurücklegen würden;

vielleicht würden sie sich nordwärts halten in Richtung Mongolei und den Pfad der Schamanen erkunden, oder sie würden nach Süden, in die weiten, offenen Ebenen Australiens fahren. Ein Suchender, der sich voller Entschlossenheit auf die Reise des Lebens macht, wird schließlich seine eigene Richtung finden. Kein Land ist besser als ein anderes, obwohl zu gewissen Zeiten mehr wahre spirituelle Lehrer in einer Weltgegend leben mögen als in einer anderen. Wissen ist universell, doch wenn beispielsweise einige Menschen, die weiser sind als die anderen, sehen können, dass in dem einen oder dem anderen Land ein Krieg unvermeidlich wird, ziehen sie vielleicht in eine sicherere Gegend, so dass das für die Bedürfnisse des gegenwärtigen Moments aufbereitete Wissen besser zugänglich bleibt. Unter dem Schatten der anrückenden Armeen von Dschingis Khan verließ Jalaluddin Rumis Vater das heute afghanische Balkh und ging nach Konya in der damals seldschukischen Türkei. Obwohl dies über siebenhundert Jahre her ist, hat das Wissen überdauert, und Rumi gilt heute als der bekannteste mystische Dichter.

»Die Reise von tausend Meilen beginnt mit einem Schritt.« Wir alle haben dies aus der einen oder anderen Quelle schon gehört. Nur selten sagt man uns jedoch, was dieser eine Schritt oder die Folge dieses Aufbruchs ins Unbekannte sein könnte. Wüssten wir es, würden wir den Schritt vielleicht gar nie tun. Viele Menschen haben mich gefragt, wieso mein Lehrer, den ich in diesem Buch »Hamid« nenne, so streng mit mir gewesen sei. Die Antwort lautet, dass ich dieser Art Disziplin offensichtlich bedurfte, weil sie mir half, mich dem Leben zu stellen, wie es tatsächlich ist, und nicht, wie ich es haben wollte. Ich war dickköpfig. Seit jener ersten Reise um die Welt war ich bei vielen spirituellen Lehrern gewesen. Ich denke nicht, dass ich sehr gut zugehört hatte. Für die Zeichen, die uns das Universum immer bietet, war ich blind. »Ich Armer« war mit meinem Selbstmitleid identifiziert und im Allgemeinen etwa so bewusst wie ein Igel, der mit einem Luftballon spielt. Ich wollte die Wahrheit auf meine Weise. Sicherlich erwartete ich keine Behandlung der Art, wie sie mir manchmal von Hamid zuteil wurde, und wenn ich Ihnen, liebe Leserinnen und Leser, die ganze Geschichte erzählen würde, kämen Sie wahrscheinlich nie über das erste Kapitel hinaus. Doch ich bereue keinen einzelnen Moment dessen, was ich in jenen Jahren mit dem Mann durchzumachen hatte, der mein Führer und Lehrer werden sollte.

Bulent Rauf (»Hamid«)

Mit Dusty und Tom Springfield 1962

Sein richtiger Name war Bulent Rauf, und er war einer jener Meister, die es vorziehen, zu Lebzeiten praktisch anonym zu bleiben, obwohl sein Einfluss sich auf verschiedenste Weise in der Welt verbreitete, unter anderem durch seine Bücher und ausgedehnten Übersetzungen einiger Werke des großen Sufi-Meisters Muhyiddin Ibn Arabi. Erst heute, in dieser neuen Ausgabe meines Buches wird sein Name enthüllt. Auch wenn uns Bulent mittlerweile verlassen hat, gibt es im Wissen um die Einheit Gottes keine Trennung. Bulent kannte die für mich richtige Karte. Vielleicht brauchte er ein Schiff, das dabei helfen konnte, die Botschaft der Liebe, des Mitgefühls und des Dienens zu verbreiten, und ich war ein williger und brauchbarer Sucher, der endlich an jenen Punkt gebracht worden war, wo er bedingungslos sagen konnte: »Ich will.« Die Rolle meines Vorfahren aus dem sechzehnten Jahrhundert hatte sich umgekehrt.

Was also ist dieser Schritt, den alle wahrhaft Suchenden tun müssen? Es ist ein Schritt der bedingungslosen Hingabe. Wenn wir die Wahrheit wirklich wissen wollen, müssen wir früher oder später alle unsere vorgefassten Meinungen aufgeben über das, was wir zu wollen glauben. Nur selten ist das, was wir wollen, auch das, was wir brauchen. Wir können unsere beschränkten Konzepte von Freiheit nicht mitnehmen in die Freiheit, wie sie wirklich ist. Es ist noch nicht einmal möglich, die Bedeutung der Wahrheit zu finden oder zu erkennen, wie wir in den Plan des Lebens auf der Erde passen, bis wir soweit sind, dass wir – wie es die Sufis sagen – »sterben, bevor wir sterben.« Um zur rechten Zeit am richtigen Ort zu sein, brauchen wir Geduld und Ausdauer, und wir müssen in der ewigen Frage leben, die schließlich zur wahren Freiheit führt – Freiheit von Unwissenheit, Freiheit im Wissen um die Liebe und Freiheit für alle fühlenden Wesen. Um die Wahrheit zu kennen, müssen wir um der Wahrheit willen arbeiten, und nicht nur für uns selbst.

Wir suchen nach Erkenntnis, aber Erkenntnis ist nicht einfach Information. Sie ist Selbsterkenntnis. »Wer sich selbst kennt, kennt seinen Herrn.« Nur in der Einheit, wenn wir ohne jeglichen Hauch eines Zweifels wissen, dass es nur *ein* Absolutes Dasein gibt, können wir erkennen, was von uns gefordert wird. Für zwei ist kein Platz! Die Wahrheit winkt uns heran, doch wir können nichts mit uns nehmen. Nach und nach müssen wir uns aller Etiketts und Gepäckstücke entledigen, derer wir in der Vergangenheit scheinbar bedurften. Jedes noch so bescheidene Konzept und jeder

Schutzmechanismus, hinter dem wir uns versteckt haben, muss verschwinden. Alle Systeme der Selbstentwicklung entpuppen sich als Illusion. Unsere Koffer werden leichter und leichter, und schließlich lösen sich alle Etiketts, die uns als Richtungsweiser und Schutz erschienen, und fallen in den Staub der Straße. Endlich sind wir zu dem geworden, was Bulent »Leute des Weges« nannte.

Es gibt eine bekannte Geschichte über eine Gruppe von Mystikern in Indien. Sie waren Reisende, die von Stadt zu Stadt zogen und zum Lobpreis Gottes sangen und tanzten. Wo immer sie hinkamen, traten die Leute aus ihren Häusern, sie zu begrüßen und an der Göttlichen Gegenwart teilzuhaben, die jedermann zu sehen und zu fühlen vermochte. Eines Tages starb ein Mitglied dieser Gruppe unvermittelt. Die anderen saßen im Kreis und sangen die Namen Gottes im Gedenken an ihren Freund. Plötzlich tauchte der Mann, von dem sie dachten, er sei tot und bereits im Himmel, wieder auf und bahnte sich einen Weg in den Kreis.

»Aber wir dachten, du seist tot«, sagten sie erschrocken.

»Nein«, entgegnete er. »Auch ich dachte, ich sei endlich frei. Ich klopfte ans Himmelstor, doch sie warfen mich wieder hinaus, und nun bin ich in diese Welt zurückgekehrt.«

»Aber was ist denn geschehen?«, fragten sie alle.

»Der Pförtner sagte, ich hätte geschmuggelt und könne daher den Paradiesgarten nicht betreten.«

»Aber Schmuggeln ist in unserer Arbeit nicht erlaubt«, sagte einer seiner Freunde.

»Wie konntest du so etwas tun? Was hast du denn geschmuggelt?«, fragte ein anderer.

Es entstand eine Pause, dann hob der Mann den Kopf und sagte zerknirscht: »Ich habe versucht, mich selbst hineinzuschmuggeln.«

Vor der Zeit der Geschichte, die ich in diesem Buch erzähle, war ich Popsänger an der Seite von Dusty Springfield und ihrem Bruder Tom. Wir nannten uns The Springfields und wurden mit dem New Musical Express Award als damals beste Gesangsgruppe im Vereinigten Königreich ausgezeichnet. Unser Song mit dem Titel *Silver Threads and Golden Needles* schaffte es sogar an die Spitze der Country-and-Western-Hitparade in den USA. Doch dann kamen die Beatles. Als diese so richtig populär wurden, lösten wir unsere Gruppe auf. Dusty startete ihre Solokarriere. Ich wurde Antiquitätenhändler und Designer, nahm mein inneres Studium wieder auf und verbrachte mehr und mehr Zeit in einem tibetischen

Scheich Suleyman Dede beim Drehen

Mit Scheich Suleyman Dede in Konya 1977

Zentrum in Schottland unter Führung von Chögyam Trungpa Rinpoche. Später traf ich auf die Sufi-Tradition. Ich hatte in London einen kurzen Vortrag von Pir Vilayat Inayat Khan gehört. Obwohl ich mich nicht mehr daran erinnern kann, was er sagte, erkannte ich, dass das, was hinter dem Klang seiner Worte lag, eine Botschaft für mich trug. Gleich am nächsten Tag flog ich nach Paris, ihn zu besuchen. Es war der Beginn eines ganz neuen Abschnitts meiner spirituellen Reise.

Ein paar Jahre später traf ich Bulent in einem Antiquitätengeschäft, und es gab keinen Zweifel mehr. Ich wusste von ganzem Herzen, dass ich dieses Mal endlich bereit war, jenen Schritt zu tun, der schon zuvor von mir verlangt worden war, als ich mich auf den spirituellen Weg gemacht hatte. Nun stand ich am Scheideweg meines Lebens.

Von dieser Geschichte handelt dieses Buch.

Viele Menschen haben gefragt, was wohl aus Reshad wurde nach der Veröffentlichung von *Die letzte Schranke – Ich ging den Weg des Derwischs* und der Fortsetzung, *Wissen, dass wir geliebt sind – Das Siegel des Derwischs.* So will ich denn die vergangenen fünfundzwanzig Jahre kurz zusammenfassen. Ich habe vor, eines Tages eine vollständige Autobiografie zu schreiben, doch muss sich zuerst der Staub dieser fast ununterbrochenen, fünfzigjährigen Reise setzen.

In den frühen 1970er-Jahren leitete ich ein spirituelles Zentrum in England mit dem Namen Beshara (*beshara* bedeutet »frohe Botschaft« und wird manchmal zur Bezeichnung von Sufi-Orden verwendet). Es lag mitten auf dem Land, und Tausende von Suchenden kamen aus der ganzen Welt, um Wochen oder gar Monate in unserer Gemeinschaft zu verbringen. Bis zum heutigen Tag bleibt sie für alle, die dort gelebt und gearbeitet haben, legendär.

Zu jener Zeit lernte ich Scheich Suleyman Dede kennen, der im Buch einfach »Dede« genannt wird. Er bat mich, die Linie der Mevlevi-Derwische, die im Volksmund als »die drehenden Derwische« bekannt sind, in den Westen zu bringen, wozu mich Bulent natürlich ermutigte. Dede, dessen Familienname Loras lautete, war ein frommer, einfacher Mann, den ich später auch die Ehre hatte, persönlich nach Kanada und in die Vereinigten Staaten einzuladen. Er berührte die Herzen aller, denen er begegnete, und jemand sagte zu mir noch dreißig Jahre später: »Dede besaß ein Herz wie Seide.«

Im September 1973 erhielt ich einen Abschiedsbrief von Bulent, in welchem er mir mitteilte, ich müsse weiterziehen, mein Haus und meinen Garten zurücklassen und nach Nordamerika reisen. Ich wusste, dass dies nur ein weiteres One-way-Ticket auf einem lebenslangen Weg war. Einmal mehr sollte ich mein Zuhause für eine gänzlich ungewisse Zukunft hinter mir lassen. Beshara sollte an andere übergeben werden. Mir gefiel es dort und ich mochte all die Menschen, mit denen ich zusammengearbeitet und Zeit verbracht hatte. Ich liebte die Landschaft und den Wechsel der Jahreszeiten. Es war eine schwierige Zeit, doch ich erinnerte mich daran, dass ich zu diesem Werk »ich will« gesagt hatte, und die innere Stimme war stärker als die fadenscheinigen Ausflüchte, die ich Bulent gegenüber vorbrachte, weshalb ich glaube, es sei mir nicht möglich zu gehen. Wie schon gesagt brauchte Bulent jemanden, um die Lehren weiterzugeben. Also schluckte ich meinen Zorn und meinen verbliebenen Stolz herunter und brach mit zwei Koffern, ein paar Büchern und meiner Gitarre auf. Ich war damals neununddreißig Jahre alt.

Weiter unten folgt Bulents Brief, der letzte, den ich von ihm erhalten sollte. Ich teile ihn mit Ihnen, liebe Leserinnen und Leser, weil er so viel von den inneren Lehren enthält. Wie darin vorgeschlagen, begann ich den nächsten Schritt meiner Reise in Vancouver, doch die Aufgabe, die mir anvertraut worden war, nahm viele Jahre in Anspruch und führte mich bis in den Süden ins mexikanische Tepoztlán (worüber ich in *Wissen, dass wir geliebt sind* geschrieben habe) und dann quer durch die Vereinigten Staaten und Hawaii. Ich war am Aufbau vieler Zentren beteiligt, die aber nicht mehr den Namen Beshara trugen. Ich war einer der »Reisenden«, ein moderner spiritueller Zigeuner, ständig unterwegs, und lehrte, wo immer ich dazu eingeladen wurde: von New York über Los Angeles und San Francisco, über Boulder in Colorado und Sedona in Arizona, bis nach West Virginia und Texas. Schließlich landete ich in Santa Fe in New Mexico, bevor ich nach Europa zurückkehrte, wo ich einige Jahre in der Schweiz lebte.

Nun bin ich fast achtzig, und meine drei Söhne wohnen in verschiedenen Ecken der Welt. Während ich weiterhin lehre, lebe ich zurückgezogen in meinem geliebten England, wandere durch die Moore von Devonshire und sitze am Fluss Dart. Manchmal fahre ich in den Norden auf die Orkney-Inseln vor der Ostküste Schottlands. Es ist eine wilde Gegend mit wenigen Touristen. Es regnet

29th Sept. 73

Dear Reshad,

To say Goodbye is to say God Be With You-He always is;but this is a reminder that one should be aware of His being with you and so harmonise all your actions with His Wish.In other words it is a reminder to fide oneself to His Will so that all personal direction,desire,and action is, in complete accordance with His plan.

To found a Beshara is a part of His plan and if you keep this always in mind He will make your undertaking easier for you.You have been chosen to do His work for Him; Surely this is a great Beneficence bestowed on you.Your part of Gratitude in this case is to see to it that your personal interest is only second to His,that your personal choice is consequent to His and that your personal impulses are in complete harmony with His-and then easy success and victory is yours.Like all perfect victories should be,it will then be beneficial to Him,to you,and to Vancouver.

Tell the people of Vancouver and Canada,that man who is the complete image of God is eternally linked to Him whose image they are in consciousness of this fact and they were not invented to be a lot of foot-loose and fancy-free robots unguided,irresponsible,and left to their guise to be tossed about by waves of a fate brought about as a consequence to their own action,a consequence the control of which has slipped their hands.Ralph Waldo Emerson says:"Woe unto him who suffers himself to be betrayed by fate."But mankind accepts this fate with its ebb and tide as an opportunity for self-satisfaction ~~as a birth-right wit~~ as a birth-right, without any obligation in return. They forget that all right incorporates an obligation. To bring out this inherent obligation in being Man, is your job - difficult job which can only be resolved by a certain Knowledge which inevitably leads to Love. This is the knowledge of one-self. To know oneself is surely to know Him in who's image one is. For the image and the subject of that image to unite is fulfillment; and complete fulfillment is only possible in Love.

Tell them that if they come to you with reservations, with prejudices, with self-centered and self-protective pettiness and bigotry, it is better for them not to come to you, but to find a suitable confined form and dogma which will placate their self-righteousness. Because, our way is just the opposite of this, whereby we give up the self we have nurtured up to then, for a Universal Truth which is the Matrix of our true-self. For those of us who have come on this way with you, we have discovered that ourselves will never again be satisfied, fulfilled, except through that reunion with the Universal Truth. If they want to give themselves up to this joy of realization, then lead them to come to Him - and this is why "God Speed" to you and "Goodbye"! Know that a part of all of us goes with you whereever you go, together with all our prayers for success in your undertaking, and Love which is mutually His and ours. May He in His all enfolding Compassion lend you Grace and ease your task for you and protect you. God be with you.

Bulent

häufig und meist weht ein kalter, rauer Wind. Und dennoch geben mir diese Inseln stets, was ich brauche. Sie festigen wieder dieses tiefe Überzeugtsein von der wahren, unveränderlichen Schönheit Gottes, das durch endlose Jahre des Reisens und des Stadtlebens so leicht verloren gehen oder geschwächt werden kann.

Ich frage mich, was das nächste Kapitel meines Lebens wohl bringen mag. Aber ich weiß: Wann immer ich diesen Brief von Bulent lese, bläst er frischen Wind in die Segel dieses alten Schiffes. Die Karte liegt im Wind verborgen.

29. September 1973

Lieber Reshad,

good-bye zu sagen, heißt, Gott sei mit dir. Das ist Er zwar immer, doch dies ist eine Erinnerung daran, dass man sich der Begleitung durch Ihn bewusst sein und alle seine Handlungen mit Seinem Wunsch in Einklang bringen soll. Mit anderen Worten, es ist eine Ermahnung, sich Seinem Willen anzuvertrauen, so dass jedes persönliche Lenken, Streben und Handeln in vollständiger Übereinstimmung mit Seinem Plan erfolgt.

Ein Beshara zu gründen, ist Teil Seines Plans, und wenn du dir das stets vor Augen hältst, wird Er dir dein Unterfangen erleichtern. Du wurdest dazu erwählt, Sein Werk für Ihn zu tun; sicher ist dir damit eine große Wohltat zuteil geworden. Deine Rolle der Dankbarkeit liegt in diesem Fall darin, deine persönlichen Interessen den Seinen hintanzustellen, deine eigene Wahl in Übereinstimmung mit der Seinen zu treffen und deine persönlichen Beweggründe in vollständige Harmonie mit den Seinen zu bringen – dann sind dir leichter Erfolg und Sieg gewiss. Wie es bei jedem vollkommenen Triumph der Fall sein sollte, wird dieser dann Ihm, dir und Vancouver förderlich sein.

Sag den Menschen in Vancouver und Kanada, dass der Mensch, welcher ein vollständiges Abbild Gottes ist, wenn er sich dieser Tatsache bewusst ist, ewig mit Ihm – Dessen Abbild sie sind – verbunden ist. Sie wurden nicht als ein Haufen richtungslos umhergetriebener Roboter erschaffen, ohne Führung, verantwortungslos und ihrer Unechtheit überlassen, umhergeworfen von den Wogen des Schicksals, die der Konsequenz ihrer eigenen Handlungen entspringen –

einer Konsequenz, deren Kontrolle ihren Händen entglitten ist. Ralph Waldo Emerson sagt: »Wehe dem, der sich vom Schicksal betrügen lässt.« Die Menschen jedoch nehmen dieses Schicksal, mit seiner Ebbe und seiner Flut, als Anlass zur Selbstzufriedenheit und sehen darin ein Geburtsrecht, das keinerlei Verpflichtung mit sich bringt. Sie vergessen, dass jedes Recht eine Pflicht einschließt. Dieses zum Menschsein gehörende Pflichtbewusstsein wachzurufen, ist deine Aufgabe – und sie ist schwierig. Sie kann nur mit einem bestimmten Wissen erfüllt werden, das unweigerlich zur Liebe führt. Es ist die Erkenntnis seiner selbst. Sich selbst zu kennen, heißt sicher, Ihn zu kennen, Dessen Abbild der Mensch ist. Denn Erfüllung bedeutet, das Bild und den Gegenstand dieses Bildes zu vereinen; und vollständige Erfüllung ist nur in Liebe möglich.

Sag ihnen, dass, wenn sie mit Vorbehalten, mit Vorurteilen, mit egozentrischer und sich selbst schützender Engstirnigkeit und Bigotterie zu dir kommen, es besser für sie ist, wegzubleiben und geeignete beschränkte Formen und Dogmen zu finden, die ihrer Selbstgerechtigkeit schmeicheln. Denn unser Weg ist das genaue Gegenteil davon. Wir geben das Selbst, das wir genährt haben, für eine Universelle Wahrheit auf, welche die Matrix unseres wahren Selbsts ist. Denn diejenigen unter uns, die sich mit dir auf diesen Weg gemacht haben, haben entdeckt, dass unser Selbst nie wieder zufrieden und erfüllt sein kann, außer in jener Vereinigung mit der Universellen Wahrheit. Wenn sie sich dieser Freude oder Erkenntnis hingeben wollen, dann führe sie zu Ihm. Und daher: Gottes Glück auf deiner Reise und *good-bye.* Wisse, dass ein Teil von uns allen mit dir ist, wo immer du hingehst, zusammen mit all unseren Gebeten für ein Gelingen deines Unterfangens und aller Liebe, Seiner wie auch unserer. Möge Er dir in Seiner allumfassenden Barmherzigkeit Gnade verleihen, deine Aufgabe erleichtern und dich beschützen. Gott sei mit dir.

BULENT

Ich sah Bulent noch zweimal, bevor er 1987 verstarb. Er liegt in Schottland begraben.

❧

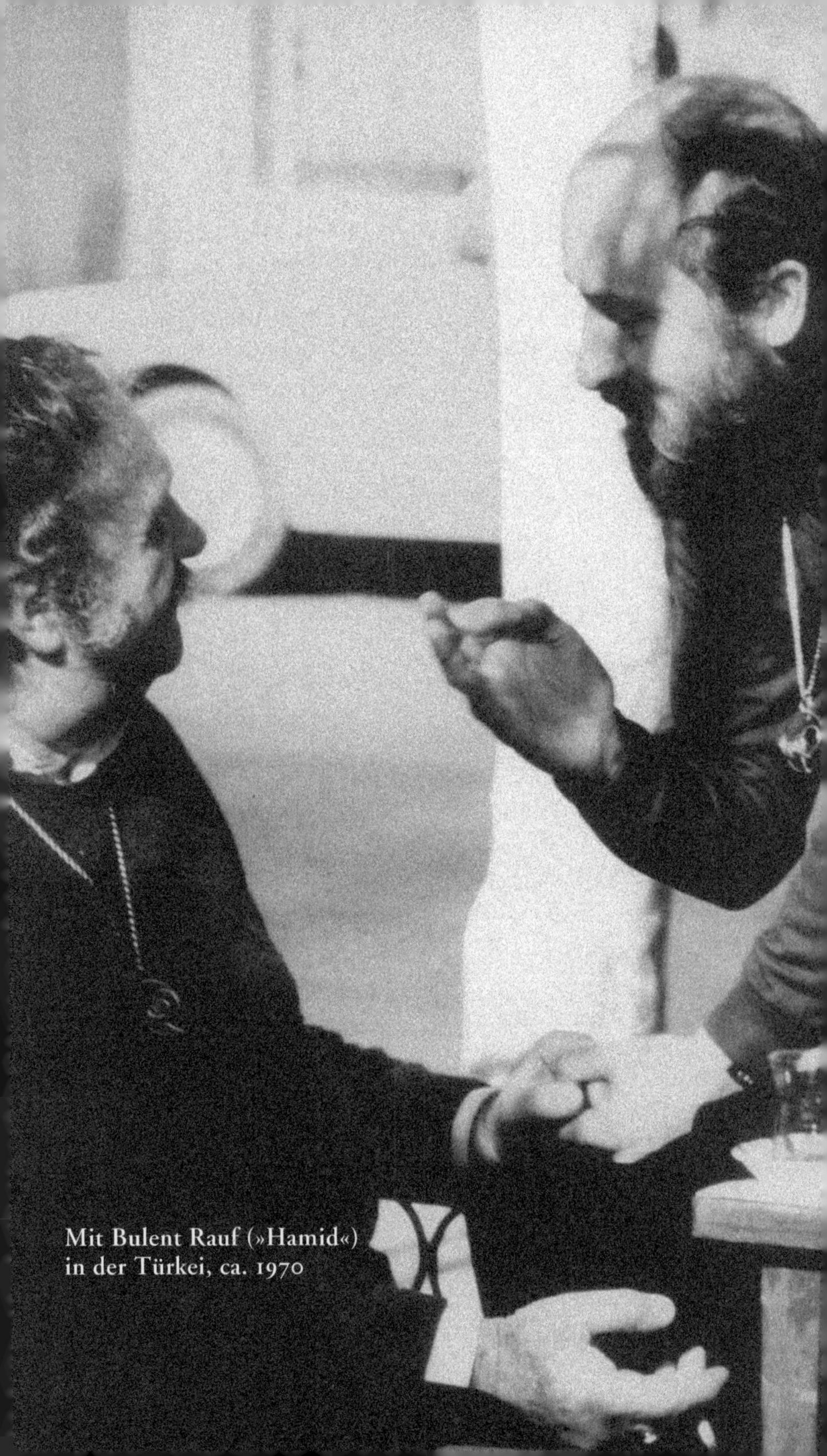
Mit Bulent Rauf (»Hamid«)
in der Türkei, ca. 1970

Bildnachweis

Umschlag-Titelbild und Frontispiz:
Reshad Feild und Waylon Brinck / iStockPhoto
Seite 190: Ruth Linauer
Seiten 193, 197, 198, 201, 202 und 205: Reshad Feild
Seite 194: The Springfields / Philips Records
Umschlag-Rückseite: Pat Keene

Der Chalice Verlag widmet sich
der Publikation des Werkes von Reshad Feild
und wertvollen Texten aus verschiedenen
spirituellen Traditionen

Unser Verlagsprogramm und weitere Informationen
finden Sie auf unserer Website

www.chalice-verlag.com

Weitere Titel
im Chalice Verlag

Die Fortsetzung von *Die letzte Schranke* ist ein weiterer faszinierender Bericht über die Suche nach der wahren Bedeutung des Lebens, eine spannende Reise in die Wirklichkeit und – eine bewegende Liebesgeschichte. Nach seiner Rückkehr aus der Türkei und der Welt des Sufismus trifft Reshad in England auf Menschen, die ihm auf seinem Weg der Transformation weiterhelfen und ihn tiefer in das Geheimnis des Atems einführen. Da ist Elizabeth, in strengem Tweed-Kostüm und »vernünftigen« britischen Schuhen, die sich als profunde Lehrerin herausstellt. Da ist die schöne, rätselhafte Nur, in die sich Reshad Hals über Kopf verliebt. Und da ist John, der weise Mystiker in Wales, der an Krebs stirbt und den beiden eindrucksvoll zeigt, wie ein wahrer Sufi bewusst loslässt, während er bei jedem Atemzug wach bleibt für die Gegenwart Gottes, an nichts mehr festhaltend außer am Wissen um die Liebe. »Dieses Buch ist die Geschichte einer Liebe – einer Liebe, die sich dem Tod stellt. Zu wissen und zu akzeptieren, dass dieser Körper stirbt, dass dies die einzige Zeit ist, die wir haben, ist die mächtigste Waffe, die wir jemals besitzen können. Mit diesem Wissen kann für uns ein leidenschaftliches Leben beginnen, in dem wir keinen Augenblick der kostbaren Zeit mehr vergeuden, die uns zugeteilt ist, und uns dankbar in die Unmittelbarkeit des Lebens stürzen. Wir arbeiten jetzt für die Zukunft der Menschheit, und wenn wir wissen, dass wir geliebt sind, wird die Zeit auf unserer Seite sein.«

ISBN 978-3-942914-12-3
180 Seiten

Im letzten Teil seiner autobiografischen Trilogie rundet der Autor die Erzählung der ersten beiden Bände, *Die letzte Schranke* und *Wissen, dass wir geliebt sind,* mit einer bunten Sammlung von Geschichten ab, die frühere und spätere Stationen seiner jahrzehntelangen Suche nach der Wahrheit und dem Sinn des Lebens auf der Erde ebenso hintergründig wie humorvoll schildern. Wir begleiten ihn auf seinen Reisen zu spirituellen Zentren und esoterischen Schulen nach Kanada, den Vereinigten Staaten, Mexiko, England, Deutschland oder Südfrankreich. Dabei begegnen uns weitere eindrückliche und geheimnisvolle Gestalten – ein afghanischer Derwischkoch, ein milliardenschwerer Alchimist, ein indianischer Flötenmacher, eine bezaubernde Hollywood Schauspielerin, ein entflohener Strafgefangener und viele andere – sowie bekannte Mystiker und Lehrer wie Mikhael Aivanhov, Pir Vilayat Inayat Khan oder E.J. Gold. Diese vom Leben geschriebenen Geschichten bieten uns farbige Einblicke in die innere Essenz des Sufismus, aber auch in die spirituellen Traditionen der Hopi-Indianer oder der Zigeuner, und lehrreiche Ausführungen über Transformation, Geomantie oder die Heilkunst und über »die Weisheit der Unbeständigkeit«.

»Ich schreibe in Bildern, die meine Leser, wie ich hoffe, ohne endgültige Antwort zurücklassen, dafür aber mit einer ewigen Frage – mit jener Frage, die das Blut in unseren Adern bewegt. Schließlich gibt es keine Antworten; es gibt nur immer einfacher werdende Fragen.«

ISBN 978-3-942914-13-0
220 Seiten

Das Buch enthält einen Schatz an tiefen Einsichten aus spiritueller Perspektive in das große Mysterium des Atems. Inspirierende Vorträge, praktische Übungsanleitungen und eine Auswahl poetischer Texte aus unterschiedlichsten Traditionen laden die Leser ein, das Wunder des Atems auf vielen Ebenen zu erforschen.

Was ist dieser Atem? Welche Bedeutung liegt in diesem Leben spendenden Geheimnis? Wie wichtig ist das bewusste Atmen für echte spirituelle Transformation? Was sagt uns die Tatsache, dass unser Leben all seine Möglichkeiten zwischen einem Einatmen und einem Ausatmen entfaltet? Wie hängt das alles mit dem Rhythmus des Universums und der Zeit zusammen? Welche Rolle spielt der Atem im »Werden des Seins« aus dem immerwährenden »Schoß des Augenblicks«? Wie können wir Nahrung einatmen und sie ins alchimistische Exilier destillieren, das wir für die nachhaltige Verwandlung unseres Lebens brauchen? Wie können wir ausatmen, um die Atmosphäre in einem Raum oder in einer Situation zu verändern, in Verantwortung für unsere Mitmenschen und für die »kommende Welt«? Was könnte es bedeuten, dass Jesus »auf dem Wasser wandelte« und dass »Atem und Geist eins sind«? Welches ist die esoterische Beziehung zwischen Maria, Jesus, dem Geist Gottes, *Ruh Allah,* und Christus?

Vor dem Hintergrund seines lebenslangen Studiums der großen spirituellen Traditionen der Menschheit und insbesondere der inneren Essenz der Sufi-Lehren liefert uns der Autor Gedankenanstöße und praktische Tipps zur Atemarbeit in unserem Alltag.

ISBN 978-3-942914-09-3
172 Seiten

»Ein spirituelles Leben zu führen, heißt, ganz natürlich und normal zu leben und nicht dauernd zu versuchen, vor dem Leben zu fliehen. ›Natürlich‹ meint das Gleiche wie ›spirituell‹, und beides bedeutet, mit dem Fluss des Lebens selbst eins zu sein. Ein spirituelles Leben zu führen, heißt, dem Ewigen zu gestatten, sich durch uns im gegenwärtigen Augenblick zu äußern, ohne es allzu sehr von unseren inneren Schleiern färben zu lassen. Diese Schleier verzerren die Erscheinungsformen und blockieren den Fluss der Essenz, die sich manifestieren möchte.«

Aus dem Inhalt dieser *Vorträge über das Abenteuer der Selbstfindung:* Die Frage stellen · Die Suche nach Identität · Die Notwendigkeit wirklicher Veränderung · Bewusste Liebe · Erinnerung, Meditation, Vertrauen und Dienen · Freiheit · Der Pfad der Rückkehr · Notwendigkeit des Willens · Demut und das Wirken der Liebe · Entscheidung · Einstimmung · Der einzige Zweck der Liebe ist Schönheit · Nahrung · Der Atem · Erkenntnis der Wahrheit · Bewusstes Leiden · Lieben · Verlangen · Trennung überwinden · Das Fixieren von Gold im Herzen · Hindernisse für die Transformation · Das Werk beginnen · Transformation und Energien · Sein und Aufnahmefähigkeit · Muster · Dem Gast dienen · Gemeinschaft · Brüderlichkeit · Gebet · Stirb, bevor du stirbst · Gotteserkenntnis · Der Pfad des Mystikers · Symbolik der Hochzeitszeremonie · Grenzen des Verstandes · Erschaffung der Seele · Alchimie des Herzens.

ISBN 978-3-905272-14-8
184 Seiten

Die innere Arbeit – Studienmaterial einer lebenden esoterischen Schule Band I bis III

Mit diesen grundlegenden Studientexten von Reshad Feild bietet der Chalice Verlag zum ersten Mal einem breiteren Publikum Einblick in die Arbeitsweise einer lebenden esoterischen Schule. Das dreibändige Werk mit insgesamt 1200 Seiten und zahlreichen Abbildungen ist eine zweisprachige Sammlung von Textmaterial, welches bisher ausschließlich Initiierten vorbehalten war, und stellt ein eindrückliches Zeugnis der über vierzigjährigen, weltweiten Lehrtätigkeit des bekannten englischen Autors dar.

»Als Erstes muss man verstehen, dass auf dem Weg der Lehrer den Schüler auswählt, und nicht anders herum. Es ist deutlich zu erkennen, dass dies die Umkehrung des üblichen Schulsystems ist, wo wir sozusagen ›bekommen, wofür wir bezahlt haben‹.«

»Ich betrachte ›für die Eingeweihten oder die Vorbereiteten‹ als die beste Definition des Begriffs ›esoterisch‹. In anderen Worten: Eine esoterische Schule besteht für bestimmte Typen von Menschen, die an einer besonderen Art von Wissen interessiert sind, und in diesem Fall ist es – natürlich – die Kenntnis seiner selbst. Bis zu diesem Ziel gibt es offensichtlich viele Etappen und ebenso viel zu opfern wie zu lernen und zu studieren. In dem Moment, in dem wir auf eine solche Schule treffen, ist es fast so, als ob wir alles aufzugeben hätten, von dem wir dachten, es sei für uns wirklich, da sie auf nichts Geringerem basiert als der Universellen Liebe.«

ISBN
978-3-905272-21-5
400 Seiten · € 35,–

ISBN
978-3-905272-22-2
400 Seiten · € 36,–

ISBN
978-3-942914-01-7
424 Seiten · € 36,–

Der Atem ist vielleicht eines der größten Geheimnisse überhaupt. Wenn wir uns unseres Atems bewusst werden, erhalten wir die Fähigkeit, tiefgreifende Veränderungen hervorzurufen: in unserem Körper, unserem Geist und unseren Sinnen, aber auch in unserer unmittelbaren Umwelt. Was ist dieser Atem, der den Grund bildet für das Wunder des Lebens?

In diesem Klassiker der Atemliteratur gibt Reshad Feild, der bekannte englische Mystiker, spirituelle Lehrer und Bestsellerautor (*Die letzte Schranke – Ich ging den Weg des Derwischs*) wertvolle Gedankenanstöße und Übungsanleitungen zur Beleuchtung dieser zeitlosen, existenziellen Fragestellung.

Einen bewussten Atemzug zu tun, heißt, die Verantwortung zu übernehmen für diesen einen gegenwärtigen Augenblick – diesen einzigen Moment, der uns wirklich zur Verfügung steht. Das bewusste Atmen bringt die Dinge in Fluss, und dann erst kann wirkliche Veränderung geschehen. Wir müssen durch Erfahrung verstehen lernen, wie der Atem unser Leben buchstäblich umkrempeln kann.

Aus dem Inhalt: Atemthemen · Zeit zählt · Ein Gedanke im Geist Gottes · Die Triade der Freiheit · Erwartung · Reinkarnation und ewige Wiederkunft · Bestimmung · Sensibilität · Wie oben, so auch unten · Die Pforten-Übung · Stirb, bevor du stribst · Das Licht jenseits der Sonne · Der Mutteratmen.

ISBN 978-3-905272-15-4
156 Seiten

Sex ist eine der machtvollsten Kräfte in unserem Leben, und doch vermögen nur die wenigsten Menschen, ihn ganzheitlich zu betrachten. Weit über Fortpflanzung und Vergnügen hinaus kommt ihm besondere Bedeutung für die spirituelle Transformation des Menschen zu. Suchenden, denen sich zu diesem Thema schwierige Fragen stellen, bietet dieses Buch neue Denkanstöße und überraschende Blickwinkel auf eines der größten Wunder und tiefsten Rätsel der Schöpfung. In diesen zusammengestellten Auszügen aus seinen Vorträgen behandelt der Naturwissenschaftler, Philosoph und spirituelle Lehrer Bennett Themen wie den Ursprung der Sexualität, ihr Verhältnis zur Liebe, die Bedeutung des Geschlechtsakts, die komplementären Rollen von Mann, Frau und Kind, Ehe und Partnerschaft, Fortpflanzung, Elternschaft, Kreativität, »negativen Sex« sowie psychologische und gesellschaftliche Aspekte.

»Die innere Spaltung des Menschen ist die Trennung seiner geistigen und materiellen Hälften. Sie führt zur Unzufriedenheit und Suche, die seine Transformation erst ermöglichen. Die wirkliche Freude am Sex liegt weder in gedanklicher Stimulation noch in emotionaler Erregung, sondern in verbesserter Klarheit, Kraft und Stärke der Erfahrung auf allen Ebenen. Im Geschlechtsakt können wir wahrhaft wir selbst sein, und dies sollte uns in Sachen Sex sehr feinfühlig machen.«

ISBN 978-3-942914-06-2
120 Seiten

Die reich illustrierte Neuausgabe der fesselnden Lebensgeschichte des kompromisslosen Sinnsuchers, inspirierenden Denkers und kreativen Wissenschaftlers John G. Bennett zeichnet ein spannendes Historienbild der spirituellen Strömungen des zwanzigsten Jahrhunderts. Nach einem prägenden Nahtoderlebnis im Ersten Weltkrieg lernt »JGB« bereits als junger Leiter des britischen Geheimdienstes in Istanbul, am Brennpunkt zwischen Ost und West, den Sufismus kennen und seine späteren Lehrer P.D. und Madame Ouspensky sowie den rätselhaft genialen G.I. Gurdjieff. Auch während seiner weiteren beruflichen Karriere – als Rechtsvertreter der osmanischen Sultanserben, als Mathematiker an der einheitlichen Feldtheorie, als Forscher in der Kohleindustrie und als innovativer Bildungsreformer – sucht Bennett unerschrocken weiter und fragt intelligent und respektvoll, mit universaler Bildung und gesundem Menschenverstand nach der gemeinsamen innersten Wahrheit aller Religionen. Seine jahrzehntelange Lehrtätigkeit und seine bahnbrechenden Schriften beeinflussen Tausende sinnsuchender Menschen und machen östliche Meister wie Pak Subuh, Shivapuri Baba, Idries Shah und Hasan Shushud im Westen bekannt. Schließlich findet Bennett, am Ende seines hier mit beeindruckender Ehrlichkeit bilanzierten Lebens, den Weg zur absoluten Befreiung.

ISBN 978-3-942914-02-4
525 Seiten

Guter Geschmack will gelernt sein: *Le bon-goût s'apprend.* Das gilt insbesondere für das spirituelle Schmecken der Einheit des Seins. In dieser einzigartigen Anthologie beschreiben liebestrunkene Sufis, wahrheitshungrige Gnostiker, erkenntnisdurstige Geisterseher und verschmitzt-weise Skandalgurus, hingebungsvolle Brotbäcker, humorbegnadete Geschichtenerzähler, ägäisverzauberte Lebensreisende und extremfastende Meisterspione Möglichkeiten und Wege, das Feine vom Groben zu unterscheiden, das Obere mit dem Unteren zu verbinden und so die scheinbare Trennlinie zwischen dem Körperlichen und dem Spirituellen zu überwinden. Wenn wir die ›Küchenarbeit an uns selbst‹ in der richtigen, nämlich dienenden Haltung angehen, kultivieren wir in uns diesen guten, feinen Geschmack für die Nähe Gottes. Bewusstes Kochen und Gekochtwerden lässt uns die Heiligkeit in der Transformation von Äußerem und Innerem entdecken.

Neben Ausgesuchtem von Jalaluddin Rumi, Bahauddin Walad, Hafis, Khalil Gibran, Bulent Rauf, Reshad Feild, Muzaffer Ozak, G.I. Gurdjieff, P.D. Ouspensky, Idries Shah, Osho, Scotus Eriugena, Emanuel Swedenborg oder Henry Miller finden sich hier zum ersten Mal auf Deutsch vorliegende Trouvaillen von Annemarie Schimmel, Muhyiddin Ibn Arabi, John G. Bennett, Christopher Bamford und Paul Dukes.

ISBN 978-3-942914-20-8
324 Seiten